Das Buch

Im Jahre 1530 waren die maltesischen Inseln dem seit seiner
Vertreibung aus Rhodos heimatlos gewordenen Johanniterorden von Kaiser Karl V. geschenkt worden. Der größten Insel,
Malta, verdankt der Orden seinen neuen Namen, und die
Hauptstadt Maltas ist noch heute nach dem bedeutendsten
Großmeister des Ordens benannt, nach Jean Parisot de la Valette. Gegen ihn und seine Ritter beschloß 1564 Sultan Soliman
der Prächtige ein türkisches Heer und seine Flotte aufzubieten,
um im Mittelmeerraum Fuß zu fassen und von hier aus weiter
ins christliche Abendland vorzudringen. Dreißig- bis vierzig-
tausend Elitekriegern des Sultans stand im Mai 1565 die ver-
schwindend kleine Zahl von neuntausend Verteidigern unter
dem Befehl des siebzigjährigen Großmeisters gegenüber. Diese
ungleichen Streitkräfte lieferten sich erbitterte Kämpfe, doch
nach mehr als dreimonatiger Belagerung mußten sich die Reste
des türkischen Heeres geschlagen geben und den Rückzug antreten. »Bradfords Schilderung vereint in idealer Weise histori-
sche Detailkenntnis – basierend auf dem Tagebuch des Mit-
kämpfers Francisco Balbi di Correggio – und glänzenden Stil.
Er arbeitet die gesamte verfügbare Literatur ein, nimmt seine
Dialoge etwa stets nur aus belegten Stellen und erzielt so einen
farbenprächtigen Bericht, der sich ungeheuer spannend liest
und dennoch nie in die Niedergründe der vereinfachenden
›Volksausgabe‹ absinkt. Ein hochinteressantes Buch, das nicht
nur jedem Freund der Historie wärmstens empfohlen werden
muß, der sich über einen der wich........ Abwehrkämpfe des
Abendlandes informieren will.« (N

Der Autor

Ernle Bradford, geb. 1922, diente von 1940 bis 1944 als Freiwil-
liger in der britischen Marine. Nach dem Krieg kehrte er nach
England zurück. Mit einem eigenen Segelschiff unternahm er
ausgedehnte Seereisen im Mittelmeerraum und überquerte
zweimal den Atlantik. Einige Werke: ›Reisen mit Homer‹
(1964; 1976), ›Kreuz und Schwert‹ (1974), ›Die Reisen des Paulus‹ (1974), ›Nelson‹ (1977), ›Der Verrat von 1204‹ (1978).

Ernle Bradford:
Der Schild Europas
Der Kampf der Malteserritter
gegen die Türken 1565

Deutsch von Hartmut Georgi

Deutscher
Taschenbuch
Verlag

Von Ernle Bradford
ist im Deutschen Taschenbuch Verlag erschienen:
Die Reisen des Paulus (1455)

Ungekürzte Ausgabe
Dezember 1979
Deutscher Taschenbuch Verlag GmbH & Co. KG,
München
Lizenzausgabe mit freundlicher Genehmigung des
Universitas Verlags, München · ISBN 3-8004-0826-0
© 1961 Ernle Bradford
Titel der englischen Originalausgabe:
›The Great Siege, Malta 1565‹
Umschlaggestaltung: Celestino Piatti
Umschlagbild: Museum and Library The Order of
St. John, London
Gesamtherstellung: C. H. Beck'sche Buchdruckerei,
Nördlingen
Printed in Germany · ISBN 3-423-01505-5

Inhalt

Zum ersten Mal kam ich im Jahre 1942 nach Malta, zu einer Zeit, da die Insel die zweite große Belagerung ihrer Geschichte erlebte. Ich gehörte damals als Navigationsoffizier eines Zerstörers zur englischen Kriegsmarine und hatte anderes zu tun, als mich mit der Vergangenheit der Insel zu beschäftigen und mit jener anderen großen Belagerung, welche dieser, an der ich teilnahm, fast vier Jahrhunderte vorhergegangen war. 1943, während der Landungsoperationen in Sizilien, kam ich wieder nach Malta. Damals erlebte ich mit, wie die Insel jene Rolle spielte, die ihr Soliman der Prächtige 1565 zugedacht hatte. Von Malta aus griffen die alliierten Streitkräfte Sizilien und Italien an und eroberten beide.

1951 kehrte ich nach Malta zurück, diesmal am Ruder meiner eigenen kleinen Segeljacht. Jetzt hatte ich Muße genug, um der Geschichte Maltas und seiner ersten großen Belagerung etwas nachzuforschen. Es war mein Glück, daß damals Kapitän John Tothill von der Royal Navy das Fort St. Angelo kommandierte. Er erlaubte mir freundlicherweise, mein Boot in dem kleinen Hafenbecken hinter der Festung vor Anker zu legen. Fünf Monate lang lebte ich auf diesem schmalen Wasserarm, der einst als Wallgraben St. Angelo von dem Dorf Birgu trennte. Hier lagen die Galeeren des Ordens während der großen Belagerung vertäut.

In dieser Zeit lernte ich allmählich alle Details der Festung kennen, ihre Bastionen, die Kapelle, den Beratungssaal wie auch die langen unterirdischen Gänge und Höhlen, in denen vor Zeiten die Galeerensklaven eingekerkert waren. Meine täglichen Einkäufe machte ich in den engen Straßen und Gäßchen der Ansiedlung, die jetzt Vittoriosa, »die Siegreiche«, heißt, bei den Maltesern aber immer noch Birgu – wie schon jahrhundertelang. Ich besuchte alle Orte, die während der großen Belagerung von 1565 eine Rolle gespielt hatten. Und manches Mal erschien mir diese realer und sogar lebendiger vor meinen Augen als jene andere Belagerung, die nur wenige Jahre zurücklag.

Seitdem habe ich Malta viele Male wieder besucht – im Frühling, Sommer, Herbst und Winter. Ich habe in verschiedenen Gegenden der Insel gewohnt, die kleine Inselgruppe ganz umsegelt. Ich lernte ihre Bevölkerung kennen und achten. Ohne deren freundliches Entgegenkommen wäre es mir schwer, wenn nicht unmöglich gewesen, dieses Buch in Angriff zu nehmen.

Bei der großen Belagerung Maltas handelte es sich um eines der entscheidenden Unternehmen in der Geschichte des Mittelmeeres – ja eigentlich des ganzen Abendlandes. »Nichts ist bekannter als die Belagerung Maltas«, sagt Voltaire einmal. Die Bibliographie französischer, italienischer und spanischer Werke über diesen Gegenstand ist auch recht umfangreich – in englischer Sprache dagegen ist wenig erschienen, obgleich die Insel schon seit 1814 anerkannter britischer Besitz war. Am Ende dieses Buches habe ich die wichtigsten von mir benutzten Quellen angegeben. Ich möchte jedoch durchaus nicht behaupten, dies sei so etwas wie eine vollständige Bibliographie. Den kürzlich verstorbenen Major H. E. Balbi riß der Tod mitten aus der Sammelarbeit für eine solche Bibliographie. Einem anderen – Liebhaber oder zünftigen Forscher – bleibt die Aufgabe, das Werk zu vollenden.

In der neueren Zeit sind Malta und seine bedeutsame Geschichte eher etwas vernachlässigt worden – vielleicht deswegen, weil man den Namen der Insel unwillkürlich mit einem Flotten- und Heeresstützpunkt in Verbindung brachte. Es ist bemerkenswert, daß das erste umfassende Werk über die maltesische Architektur erst in den letzten zehn Jahren veröffentlicht worden ist, über eine Architektur, die in mancher Hinsicht mehr Aufmerksamkeit verdient als die vieler bekannterer und publizistisch mehr behandelter Mittelmeerinseln.

Man darf hoffen, daß Malta jetzt seine letzte Belagerung überstanden hat. Im Blick auf den sich vollziehenden Wandel in seinem Status – von der Inselfestung zu einem ländlichen Wohngebiet – ist es wahrscheinlich, daß viele Historiker, Studenten und Kunstliebhaber diese bedeutsame kleine Insel besuchen werden. Denn Malta, so schrieb 1773 der Reisende Patrick Brydone an William Beckford, ist »ein Extrakt aus ganz Europa«.

Maltesisch ist eine schwer lesbare Sprache. Deshalb war ich in meiner Orthographie nicht immer folgerichtig. Zum Beispiel habe ich den Haupthafen im Süden der Insel stets mit Marsasirocco (dem italienischen Ortsnamen) bezeichnet anstatt mit Marsaxlokk. In ähnlicher Weise gebrauchte ich den Namen Marsamuscetto für den großen Hafen auf der Nordseite des heutigen Valetta anstatt Marsamxett.

Malta besaß auch bis ins 19. Jahrhundert hinein, als man das römische Alphabet einführte, keine Schriftsprache, nicht einmal ein maltesisches Wörterbuch gab es. Die Sprache, semitischen Ursprungs und möglicherweise von den Phöniziern stammend, fügt sich nicht leicht in dieses alphabetische System. Ich habe die alte Hauptstadt Maltas durchweg mit ihrem maltesischen Namen Mdina bezeichnet anstatt mit »Città Notabile« (unter welchem Namen sie den Rittern bekannt war). Der Name Mdina ist ohne Zweifel vom arabischen Medina oder El-Medina (»die Stadt«) abgeleitet. Die zweitwichtigste Halbinsel im Großen Hafen habe ich mit Senglea bezeichnet anstatt mit L'Isla – ihrem maltesischen Namen seit jeher. Das Dorf Senglea wurde von dem Großmeister Claude de la Sangle (1553–57) gegründet. Andererseits habe ich, wo kein englisches oder italienisches Äquivalent existierte, die moderne maltesische Schreibweise der Ortsnamen gegeben, wie Ghain Tuffieha (das »Gh« wird nicht gesprochen); wörtlich übersetzt bedeutet es »Apfelbaumquelle«.

Für zu verschiedenen Zeiten und über eine Reihe von Jahren hinweg erfahrene Hilfe und Ermutigung möchte ich vielen Menschen gerne meinen Dank aussprechen: Sir Hannibal Scicluna, der mir zum ersten Mal 1951 erlaubte, seine einzigartige Bibliothek zu benutzen; dem Malta Government Tourist Bureau und dem Direktor für öffentliche Arbeiten; weiter Herrn Dr. L. Galea für seine Hilfe in den ersten Stadien meiner Forschungen. Meinen besonderen Dank möchte ich Dr. Vincent DePasquale abstatten, dem Vorstand der Königlich-Maltesischen Bibliothek, für all seine freundliche Hilfe während vieler Monate, ebenso Herrn Joseph Galea und Herrn E. R. Leopardi. Unschätzbaren Dank bin ich Dr. Joseph Spiteri schuldig, der mir in einer großen Zahl von Unterhaltungen vieles Wissenswerte über maltesische Sitten und Gebräuche, Legende, Folklore und Sprache mitteilte. Weiter habe ich eine Dankesschuld abzutragen gegenüber den Bibliothekaren der Garnisonsbücherei Malta und der British Council Library.

Ich widme dieses Buch dem Andenken meines Vaters, Major Jocelyn Ernle Sidney Patton Bradford.

Malta, St. Paul's Bay, 16. April 1961   *E. B.*

Von draußen rief man ihr zu; von den Wällen kam die Antwort.
»Goldenes, silbernes Malta, Malta aus edlem Metall,
Malta, wir werden dich nicht erobern, selbst wenn du nur eine
   Melone wärest,
selbst wenn dich nur die Schale einer Zwiebel schützte.«
»Ich bin es, welche die Galeeren des Groß-Türken dahinraffte,
all die Tapferen aus Konstantinopel und Galatien.«

Aus einer zypriotischen Ballade
des 16. Jahrhunderts

I
Der Sultan der Türken

Solimans Titel hallten wie Trommelwirbel durch den hohen Beratungssaal:

»Sultan der Ottomanen, Allahs Stellvertreter auf Erden, Herr der Herren dieser Welt, Herr über Menschennacken, König über Gläubige und Ungläubige, König der Könige, Kaiser des Ostens und Westens, Kaiser über großmächtige Khane, Fürst und Herr unter glücklichen Sternen, Majestätischer Cäsar, Siegel des Sieges, Zuflucht aller Menschen auf der ganzen Welt, Schatten des Allmächtigen, der Frieden auf Erden spendet.«

Solimans Minister, Admirale und Generale warfen sich vor ihm nieder und zogen sich dann zurück. Man schrieb das Jahr 1564; Soliman der Erste, Sultan der Türkei, war siebzig Jahre alt. Soeben hatte er den Entschluß gefaßt, im Frühling des kommenden Jahres die Insel Malta anzugreifen.

Von dem Augenblick an, da er mit sechsundzwanzig Jahren seinem Vater, Selim, auf dem Thron gefolgt war, hatte ihn das Leben auf beispiellose Höhen geführt. In seinem eigenen Land als »der Gesetzgeber« und in ganz Europa als »Soliman der Prächtige« bekannt, hatte er sich diese Bezeichnungen in der Tat verdient. Er hatte Regierung und Verwaltung des türkischen Reiches reformiert und verbessert und sein Land zum größten Militärstaat der Welt gemacht. Als Staatsmann fand er nicht seinesgleichen und war zudem ein Dichter von eigenem Rang.

Wenn ihn das türkische Volk aus diesen Gründen den »Gesetzgeber« nannte, besaßen die Völker Europas ihrerseits gute Gründe, ihm den respektvollen Titel »der Prächtige« beizulegen. Allein seine Eroberungen rechtfertigten dies, und die Europäer haben stets freudiger den Eroberern als den Gesetzgebern Respekt gezollt. Im Verlauf seines Sultanats hatte Soliman Aden, Algier, Bagdad, Belgrad, Budapest, Nakshivan, Rhodos, Rivan, Täbris und Temesvar seinem Herrschaftsgebiet hinzugefügt. Unter ihm hatte das Ottomanische Reich den Scheitelpunkt seines Ruhms erreicht. Seine Galeeren schwärmten über die Meere aus, vom Atlantik bis zum Indischen Ozean, und sein Königreich erstreckte sich von Österreich bis zum Persischen

Golf und zu den Ufern des Arabischen Meeres. Erst vor den Mauern Wiens waren seine Heere zum Stillstand gekommen.

Nun, da er siebzig war und auf so viele weithallende Triumphe zurückblicken konnte, hätte man erwarten können, der Sultan werde sich jetzt Ruhe gönnen und den Sonnenuntergang über dem Goldenen Horn betrachten wollen. Aber Soliman waren in seinen hohen Jahren nur der Hunger nach Macht geblieben und das Streben, seine Eroberungen zu erweitern. Und wenn er selbst ohne Ehrgeiz gewesen wäre, seine Umgebung hätte ihm nie erlaubt zu ruhen.

»Solange Malta in der Hand der Ritter bleibt«, schrieb einer seiner Ratgeber, »solange wird aller Nachschub von Konstantinopel nach Tripolis Gefahr laufen, gekapert oder versenkt zu werden ...« – »Dieser verfluchte Felsen«, schrieb ein anderer, »legt sich wie eine Barriere zwischen uns und unsere Besitzungen. Wenn Ihr Euch nicht entschließt, ihn in aller Eile zu nehmen, wird er binnen kurzer Zeit alle Verbindungen zwischen Afrika, Asien und der Ägäis unterbrechen.«

42 Jahre waren vergangen, seit Soliman, im Frühling seines Lebens und an der Spitze einer ungeheuren Flotte und eines riesigen Heeres, die Ritter vom heiligen Johannes von ihrer Inselfestung Rhodos vertrieben hatte. Damals hatte er widerwillige, aber respektvolle Bewunderung für diese Ritter empfunden. »Ich zwinge diesen Christen in seinem hohen Alter nicht ohne Bedauern dazu, seine Heimat zu verlassen.« Zu diesen nachdenklichen Worten hatte ihn der Anblick des siebzigjährigen Großmeisters Villiers de l'Isle Adam veranlaßt, als dieser sich anschickte, mit seinen Rittern von der eroberten Insel aus an Bord zu gehen. Nun, da der Sultan im selben Alter stand, trieb ihn weniger die Ritterlichkeit als der Durst nach Rache.

Der Sandsteinfelsen von Malta hatte sich als eine noch größere Herausforderung erwiesen als Rhodos. Rhodos war so dicht vor den Küsten der Türkei gelegen, daß man die militärischen Unternehmungen der Ritter während der letzten Jahre ihres Dortseins fast vollständig unter Kontrolle halten konnte. Die Bewegungen der Ordensgaleeren waren den Kriegs- und Handelsschiffskapitänen des Sultans jeweils schnell bekannt geworden. Jedoch war es den Rittern selbst unter diesen Umständen gelungen, den Levantehandel zu stören und den Schiffsverkehr zwischen Alexandria und Konstantinopel zu unterbrechen. Malta aber war gefährlicher, weil es von Konstantinopel so weit entfernt lag, daß man die Bewegungen der Ordensschiffe weniger leicht auskundschaften konnte. Weiter ermöglichte die Lage der Insel genau im Herzen des Mittelmeeres eine Beherrschung der ost-westlichen Handelsrouten. Alles, was die Meeresstraße zwischen Sizilien, Malta und Nordafrika passierte, war den Malteser Galeeren auf Gnade und Ungnade ausgeliefert. Und die ließen sich nur wenige Gelegenheiten entgehen.

Einem Herrscher, der seinem Reich Tausende von Quadratmeilen hinzugefügt hatte, konnte der Besitz einer fast gänzlich unfruchtbaren Insel vielleicht unwichtig erscheinen. Für einen Herrscher aber, dem Schmeichelei tägliches Brot war, der den Titel »Eroberer des Ostens und des Westens« bis zum Überdruß zu hören bekam, bedeuteten die Insel und ihre Ritter eine fast unerträgliche Herausforderung.

Es hatte den Anschein, als seien die Ritter, Stechmücken gleich, entschlossen, den Zorn des Löwen zu reizen. Soliman mochte dem Rat seiner Minister mißtrauen. Er konnte jedoch kaum das Wort des größten mohammedanischen Seemanns seiner Zeit, des Korsaren Dragut, in den Wind schlagen.

Dragut war zwar Pirat, aber trotzdem mit der Pforte verbündet und in den vergangenen Jahren sorgfältig bemüht gewesen, dem Sultan Tribute und Achtung zu zollen. Wie Soliman selbst war er Kämpfer und Opportunist. Soliman hielt vielleicht sogar mehr von ihm als von seinem Admiral Piali. Wenn Dragut also sagte: »Bevor Ihr dieses Vipernnest nicht ausgeräuchert habt, könnt Ihr nirgendwo sonst etwas erreichen«, dann mußte der Sultan dem Beachtung schenken.

Die jüngsten Ereignisse hatten Draguts Meinung bestätigt. Als der spanische König, Philipp II., eine Flotte gegen den Hafen Peñon de la Gomera aussandte, hatten ihn die Ritter von Malta mit ihren Galeeren unterstützt und das Gewicht ihrer Erfahrung, ihrer seemännischen und militärischen Fähigkeiten auf der Seite der spanischen Streitkräfte in die Waagschale geworfen. Peñon de la Gomera lag an der nordafrikanischen Küste genau südlich Malaga und war von den Korsaren der Berberküste mit Vorliebe als Hafen und Ankerplatz aufgesucht worden. Seine Eroberung durch die Christen bedeutete sowohl einen Schlag für den Stolz der Moslems wie auch einen empfindlichen Schaden für ihre Wirtschaft. Weiter hatten die Ritter einen der Häfen des Sultans an der Küste Griechenlands erfolgreich angegriffen und auf ihren Patrouillenfahrten südlich Malta auch eine Anzahl türkischer Handelsschiffe gekapert. Man erinnerte den Sultan daran, daß »die Insel Malta voller Sklaven« sei, »voller Rechtgläubiger, und daß sich unter den dort zur Erpressung von Lösegeld Festgehaltenen auch der ehrwürdige Sandschak von Alexandrien und die alte Amme Eurer Tochter Mihrmah befinden«.

Solimans Tochter Mihrmah gehörte zu den eifrigsten Befürwortern eines Angriffes auf Malta. Das Kind seiner Lieblingsfrau, der aus Rußland stammenden Roxellane, ließ nicht ab, Soliman an die noch unbeglichene Rechnung mit den Rittern zu erinnern.

Die Kaperung eines großen Handelsschiffes, das Kustir Aga, dem obersten Eunuchen im Serail des Sultans, gehörte, stellte nur die neueste Herausforderung dar. Diese Tat veranlaßte Mihrmah und alle anderen Bewohnerinnen des Harems zu einem lauten Protestgeschrei. Das Schiff, dessen Fracht der zeitgenössische spanische Schriftsteller Balbi auf einen Wert von 80 000 Dukaten schätzte, war zwischen den Inseln Zante und Kephallonia von drei Malteser Galeeren gekapert worden, die unter dem Befehl des größten Ordenskapitäns dieser Zeit, des Chevalier Romegas, standen. Das Frachtschiff sollte Luxusgüter und andere wertvolle Ware von Venedig nach Konstantinopel bringen, und die ersten Damen des Sultansharems hatten sich, wie damals üblich, an dem Geschäft finanziell beteiligt. Das Schiff wurde abgefangen und mit seiner gesamten Ladung im Schlepptau nach Malta eingebracht; seinen Verlust empfanden die Favoritinnen des Sultans als persönliche Schmach. Kustir Aga, der oberste Eunuch, ein Mann von großem Einfluß in der »Serailpolitik« des türkischen Reiches, ließ sich vermutlich keine Gelegenheit entgehen, seinem Herrn und Meister die ständigen Räubereien der Ordensritter ins Gedächtnis zu rufen.

Die Odalisken des Harems warfen sich vor dem Sultan nieder und schrien nach Rache. Der Imam der großen Moschee, ohne Zweifel von Mitgliedern des Hofes gedrängt, versäumte ebenfalls nicht, Soliman daran zu erinnern, daß rechtgläubige Mohammedaner in den Verliesen der Ritter schmachteten. Sie würden gepeitscht wie die Hunde auf den Ruderbänken derselben Galeeren, welche die Schiffe des Reiches überfielen.

»Einzig dein unbesiegbares Schwert«, rief der Imam aus, »kann die Ketten dieser Unglücklichen zerschmettern, deren Schreie zum Himmel dringen und selbst das Ohr des Propheten Allahs beleidigen. Der Sohn ruft nach seinem Vater, die Frau nach Mann und Kindern. Sie alle warten auf dich, auf deine

Gerechtigkeit und deine Macht, auf daß du an ihren und deinen unversöhnlichen Feinden Rache übest!«

Es ist unwahrscheinlich, daß sich der Sultan, dessen Klugheit und Geschick in ebenso vielen Beratungssälen wie Schlachten erprobt war, völlig – wenn überhaupt – durch diesen Ruf nach Rache beeindrucken ließ. Malta war klein, aber es war, wie er wohl wußte, der Schlüssel zum Mittelmeer. Die hervorragenden Häfen der Insel boten seinen Flotten Schutz, so daß sie an die Eroberung Siziliens und Süditaliens gehen konnten. Die Insel war klein, aber sie mochte Angelpunkt für den Hebel werden, mit dem er das Mittelmeer zu einem türkischen Meer zu machen vermochte. Von hier aus konnte er treffen, was ein späterer Heerführer einmal »den weichen Unterleib Europas« nannte. Die Wegnahme von Kustir Agas Frachtschiff, die unverschämten Angriffe auf seine Handelsschiffahrt und seine Küstenstützpunkte stellten zusätzliche Faktoren dar, die aber für seine große Konzeption ohne Belang blieben.

Soliman war sich sehr wohl darüber klar, daß die Ritter vom heiligen Johannes nicht mit anderen Christen verglichen werden konnten. Hier handelte es sich um Männer, die ihr Leben einem ewigen Krieg gegen seine Religion geweiht hatten und gegen alles, was die Türkei als die Führerin der muselmanischen Welt repräsentierte. Er hatte auf Rhodos gegen sie gekämpft und wußte, daß sie den Tod in der Schlacht ebenso glühend ersehnten wie seine Janitscharen. Er kannte ihren hohen Ruf als Seeleute und Korsaren und hatte darüber seine Kapitäne befragt, die gegen die Ritter im Kampf gestanden hatten.

»Ihre Schiffe«, so wurde ihm gesagt, »sind anders als die gewöhnlichen. Stets haben sie eine große Zahl von Scharfschützen und Rittern an Bord, die entschlossen sind, bis zum Tode zu kämpfen. Noch jedesmal, wenn sie eines unserer Schiffe angriffen, haben sie es entweder versenkt oder gekapert.« Hier irrten die Kapitäne, denn die Berichte der Ritter weisen eine Anzahl von Fällen auf, in denen ihre Angriffe auf türkische Schiffe erfolglos geblieben waren. In der Hauptsache jedoch stimmte es, daß man, was Erfahrung, seemännisches Geschick und Kampfkraft betraf, im Mittelmeer auch nicht ein Schiff finden konnte, das sich mit einer der von Malteserrittern kommandierten Galeeren vergleichen konnte. Soliman wußte genug von der Tapferkeit der Ritter, um sie als Gegner zu achten. Selbst als alter Mann hätte er sich niemals entschlossen, ihren Inselstützpunkt nur aus Verärgerung oder Prestigegründen anzugreifen.

Auf einer offiziellen Staatsratssitzung, einem Divan, unter dem Vorsitz des Sultans, der im Oktober 1564 stattfand, bildete die Frage Maltas und einer möglichen Belagerung der Insel den Gegenstand der Beratung. Nicht alle Anwesenden waren dafür. Manche hatten eine Ausdehnung des Reiches über Ungarn hinaus im Auge und drängten auf einen großangelegten Feldzug in Europa. Andere sprachen sich dafür aus, unmittelbar gegen das Herz ihres hauptsächlichsten christlichen Gegners vorzustoßen und einen Angriff auf die Küste Spaniens einzuleiten. Wieder andere drängten auf eine Eroberung Siziliens. Man erinnerte Soliman daran, wie arm und unbedeutend Malta sei. »Viele bedeutsamere Siege«, sagten sie, »habt Ihr auf der Spitze Eures Schwertes heimgetragen als die Gefangennahme einer Handvoll Männer auf einem kleinen, schlecht befestigten Eiland.«

Es war der Sultan selbst, der darlegte, Malta sei das Sprungbrett nach Sizilien und darüber hinaus nach Italien und Südeuropa. Er sah im Geiste den Tag vor sich, wenn »der Großherr selbst oder durch seine Gesandten als Beherrscher des ganzen Mittelmeers und Allherrscher von diesem nicht unwirtlichen Felsen aus Gesetze erlassen und auf seine in dem ausgezeichneten Hafen vor Anker liegende Flotte herabsehen wird«. Piali, der Flottenchef, und Mustapha, Oberbefehlshaber der Armee, erkannten die wohldurchdachte Strategie hinter Solimans Absicht, die Insel anzugreifen, sofort. Als der Divan zu Ende ging, war die Entscheidung, Malta im Frühling des kommenden Jahres anzugreifen, gefallen.

Das Edikt ging hinaus. Die Macht des türkischen Reiches – »dieses Militärstaates par excellence ... auf ständig fortschreitenden Eroberungen aufgebaut« – sollte gegen die winzige Insel Malta und die Ritter des Ordens vom heiligen Johannes aufmarschieren. Der Sultan selbst hatte gesprochen: »Diese Hundesöhne, die ich auf Rhodos vor 43 Jahren bereits besiegte und nur aus Gnade und Barmherzigkeit verschonte, sie sollen jetzt, so befehle ich, zur Strafe für ihre dauernden Raubzüge und Beleidigungen endgültig zerschmettert und vernichtet werden.«

Zur maltesischen Inselgruppe gehören zwei Hauptinseln, Malta und Gozo. Malta, die größere von beiden, ist nur 29 Kilometer lang und 14,5 Kilometer breit, Gozo mißt lediglich 13 mal 7 Kilometer. Die Inseln liegen um eine von Nordwesten nach Südosten verlaufende Achse und sind durch einen engen Kanal voneinander getrennt, in dem sich das Inselchen Comino erhebt. Cominotto, ein kleiner Felsen vor Comino, und Filfla, eine weitere Felsenklippe wenige Meilen südwestlich von Malta, vervollständigen die Gruppe. 80 Kilometer südlich von Sizilien gelegen und die Hauptroute beherrschend, die alle zwischen Ost und West verkehrenden Schiffe nehmen müssen, ist sie fast gleich weit von Gibraltar auf der einen und Zypern auf der anderen Seite entfernt.

Die Inseln waren dem Johanniterorden von Kaiser Karl V. 1530 zum Geschenk gemacht worden, »auf daß die Ritter den Pflichten ihrer Gemeinschaft zum Wohle der Christenheit nachkommen und ihre Streitkräfte und Waffen gegen die heimtückischen Feinde des heiligen Glaubens führen mögen«. Auf den ersten Blick schien die Gabe recht annehmbar, denn die Ritter waren seit ihrer Vertreibung aus Rhodos acht Jahre zuvor heimatlos. Als einzige Gegenleistung verlangte man von ihnen, daß sie dem Vizekönig von Sizilien jährlich einen Falken sandten und garantierten, sein Königreich niemals mit Krieg zu überziehen.

Karl V. war sonst nicht eben großmütig, und der greise Großmeister Villiers de l'Isle Adam mag gemurrt haben: »Timeo Danaos et dona ferentes«, wenn er bedachte, daß ihm zusammen mit den maltesischen Inseln der Hafen Tripolis in Nordafrika zum Geschenk gemacht wurde. Tripolis, ein christlicher Außenposten mitten unter den feindlichen Moslemstaaten der berüchtigten Berberküste, war ein Geschenk, das Karl V. leicht vergeben konnte. L'Isle Adam hatte allen Grund zu zögern, als er das in dem kaiserlichen Reskript las. Und er erhielt weiteren Grund zur Vorsicht, als der Bericht der Abordnungen, die er zur Erkundung der maltesischen Inseln ausgesandt hatte, ihn erreichte.

»Die Insel Malta«, berichteten sie, »ist nur ein Felsen aus

weichem Sandstein, Tuff genannt, von etwa sechs oder sieben Meilen Länge und drei bis vier Meilen Breite; die Oberfläche des Felsens ist von kaum mehr als drei oder vier Fuß Erde bedeckt, die ebenfalls steinig ist und sich sehr schlecht für den Anbau von Weizen oder anderem Getreide eignet.« Andererseits teilten sie auch mit: »Malta bringt große Mengen Feigen, Melonen und verschiedener Früchte hervor; die Insel führt hauptsächlich Honig, Baumwolle und Kümmel aus, den die Einwohner gegen Getreide tauschen. Aber außer einigen Quellen im Zentrum der Insel gibt es kein fließendes Wasser, ja nicht einmal Brunnen; diesem Mangel helfen die Einwohner durch Zisternen ab ...«

Nach dem fruchtbaren und reichen Rhodos, einer der lieblichsten Inseln im Mittelmeer, hatte Malta für die acht Mitglieder der Abordnung so etwas wie einen Schock bedeutet. Holz, so berichteten sie, war in Malta und Gozo so knapp, daß es pfundweise gehandelt wurde. Kuhdung oder wildwachsende Disteln wurden als Brennmaterial zum Kochen verwendet. Die Hauptstadt, in maltesischer Sprache Mdina, in italienischer Città Notabile genannt, lag auf einer Anhöhe im Mittelpunkt der Insel. Die meisten ihrer Häuser waren nicht mehr bewohnt. Auf der Westseite der Insel gab es weder Häfen noch Buchten oder sonstigen Schutz für Schiffe, und überall vor der Küste lagen Felsen und Sandbänke. Auf der Ostseite jedoch gab es eine Anzahl brauchbarer Buchten und Einfahrten und sogar zwei ausgedehnte und sehr gute Häfen, welche die größte Flotte aufnehmen konnten. Unglücklicherweise waren sie im Augenblick sehr schlecht verteidigt. Ein kleines Kastell, nach dem heiligen Michael genannt, schützte einen Teil des größten Hafenbeckens, aber es war mit nur drei kleinen Kanonen und einigen Mörsern bestückt.

Den Rittern müssen Maltas beide große Häfen bereits vor diesem Bericht bekannt gewesen sein, denn diese waren viele Jahrhunderte lang von den Flotten Europas ständig benutzt worden. Die Häfen waren es denn auch, die den Ausschlag gaben und den Großmeister dazu bestimmten, das Geschenk Karls V. anzunehmen. Die Ritter des heiligen Johannes lebten zu dieser Zeit von »organisierter Piraterie« und brauchten vor allem anderen einen guten Hafen. Dem Hafen von Malta kam kein anderer Hafen gleich, bis hinauf nach Syrakus auf Sizilien oder Tarent in Süditalien.

Abgesehen von ihren lobenden Bemerkungen über die beiden

Haupthäfen, fanden die Abgesandten alles, was sie gesehen hatten, ungünstig. Etwa 12 000 Einwohner lebten auf Malta, von denen die meisten arme Bauern waren und eine Art arabischen Dialekts sprachen. Das Klima im Sommer war glühend, ja fast unerträglich heiß. Gozo wiederum war zwar mehr von Grün bewachsen und fruchtbarer, besaß aber überhaupt keine Häfen. Auf dieser kleineren der beiden Inseln lebten etwa 5000 Einwohner, meist in primitiven Dörfern. Auf dem höchsten Punkt dort gab es auch ein schlecht gebautes Kastell, in das sich die Einwohner zurückzogen, wenn die muselmanischen Piraten wieder einmal ihre Küsten heimsuchten. Solche Raubzüge seien an der Tagesordnung, sagten die Kundschafter, und die Bewohner der maltesischen Inseln hatten sich schon lange mit dem fast jährlichen Erscheinen der muslimischen Piraten abgefunden, die jeden Malteser, der ihnen in die Hände fiel, in die Sklaverei abführten.

Hätte der Orden nicht verzweifelt nach einer neuen Heimat gesucht, so hätte L'Isle Adam sehr wahrscheinlich das Geschenk des Kaisers taktvoll abgelehnt. Mehr als sieben Jahre lang hatte er jedoch die Runde an den Höfen Europas gemacht und um Hilfe gebeten. Minorca, Ibiza, Ischia – zahllose Inseln und Häfen hatten die europäischen Herrscher als möglicherweise geeignet für die Ritter in Erwägung gezogen. Aus diesem oder jenem Grund waren alle fruchtbareren und reicheren Inseln von ihren Eigentümern als für den Orden ungeeignet befunden worden.

Tatsächlich aber war der Orden zwar wegen seiner Tapferkeit im Kampf geachtet, aber nicht beliebt. Seine Ritter stammten aus allen Nationen Europas und waren dem Papst direkt gehorsamspflichtig und so aller nationalen Lehenspflichten enthoben. Ihre Regeln geboten ihnen, niemals gegen andere Christen, sondern nur gegen den mohammedanischen Feind zu kämpfen.

Im 16. Jahrhundert, als der Nationalismus zur beherrschenden Macht der europäischen Politik aufstieg, galt ein solcher internationaler christlicher Orden als etwas verdächtig – besonders, wenn er bekanntermaßen sehr reich und seine Mitglieder von großem Einfluß waren. Aber von der Schwierigkeit, eine andere Heimat zu finden, einmal ganz abgesehen, bedachte L'Isle Adam, wie schwer es gewesen war, den Orden nach der Vertreibung aus Rhodos zusammenzuhalten; wenn er noch viele weitere Jahre im Exil verbringen mußte, mochte er sich sehr wohl auflösen. Was immer seine Kundschafter sagten, der

Großmeister war sich darüber im klaren, daß die Alternative hieß: Malta und Gozo – dazu das unwillkommene Geschenk Tripolis – oder nichts.

Im Herbst 1530 fuhren die Ritter des heiligen Johannes von Jerusalem auf ihren Galeeren von Sizilien aus über die Meerenge von Malta und ergriffen Besitz von ihrer neuen Heimat. Nach Rhodos, »diesem Garten des Mittelmeers«, kam ihnen Malta ebenso unwirtlich vor, wie sie selbst den alten Beherrschern der Insel unwillkommen waren. Man kann zweifeln, ob die Malteser Bauern selbst sich darum scherten, wer formell ihre Herren waren. Ihr Leben schwerster Plackerei, von den wilden Überfällen der muselmanischen Korsaren unterbrochen, hätte kaum härter sein können. Die Nobilität der Insel andererseits, die Inguanez, die Manducas, die Sciberras und andere, die von den ersten Familien Siziliens und Aragoniens abstammten, blickten die neuen Inselherren alles andere als entgegenkommend an.

Gibbons Bemerkung: »den Rittern lag nicht sehr viel am Leben, sie waren vielmehr darauf eingestellt, im Dienste Christi zu sterben«, traf nicht ganz daneben. Um die Mitte des 16. Jahrhunderts wurde dieser kriegerische christliche Orden allmählich so etwas wie ein Anachronismus. Wenn es auch stimmt, daß den Rittern während der großen Belagerung Maltas ihre größte Stunde schlug, so bleibt doch Tatsache, daß diese Frucht (wie in der Natur) die letzte hohe Leistung darstellte, bevor der Winter die Blätter vom Baume streifte. Ein maltesischer Historiker, ohne Zweifel durch ein verständliches Vorurteil beeinflußt, hat die Johanniterritter der Zeit, in der sie die Inseln in Besitz nahmen, folgendermaßen beschrieben: »Damals, als die Ritter nach Malta kamen, waren die religiösen Elemente ihrer Institution im Verfall begriffen. Ihre Mönchsgelübde wurden gewöhnlich als reine Formsache angesehen, und sie fielen auf durch ihr hochmütiges Gebaren und ihre weltlichen Neigungen. Die Malteser andererseits, die es gewohnt waren, als freie Männer behandelt zu werden, begehrten auf gegen den Verlust der politischen Freiheiten, die man ihnen zuvor gewährt hatte. Es überrascht daher nicht, daß zwischen den Maltesern und ihren neuen Herren wenig Liebe waltete.«

Die Adeligen der Insel hatten keine andere Wahl. Sie mußten die Tatsache hinnehmen, daß der Kaiser – entgegen einem 1428 geschlossenen Vertrag – zugunsten dieser stolzen und hochfahrenden Neuankömmlinge über die Souveränität ihrer Inseln verfügt hatte. Sie zogen sich in ihre Paläste in der alten Stadt Mdina zurück und mieden soweit wie möglich alle Berührung mit den Rittern. Zu ihrer Überraschung und zweifellos auch Erleichterung stellten sie fest, daß die Ritter keinerlei Absicht zeigten, sich in der Hauptstadt niederzulassen. Die Aufgabe der Ritter lag auf See, sie hatten Malta nur wegen seiner guten natürlichen Häfen angenommen und zogen es daher vor, in dem kleinen Fischerdorf Birgu gleich am Eingang des Hafens, heute Grand Harbour, zu wohnen. Hier gingen sie daran, die Befestigungen auszubessern und zu erweitern und in den engen Straßen ihre Ordenshäuser zu bauen. Während zweier auf Rhodos verbrachter Jahrhunderte hatten sie Plan und Ordnung für ihr Inselleben entwickelt. Nun begannen sie mit der natürlichen Neigung von Männern, deren Geist in einer konservativen Tradition geformt wurde, ihre Häuser auf Malta in derselben Bauweise wie der früheren auf Rhodos zu errichten.

Diese gepanzerten, geweihten Männer, die wie Besucher von einem anderen Planeten durch die Geschichte von Malta und Rhodos ziehen, stellten den letzten lebendig wirkenden Teil der drei großen Kampforden dar, die aus den Kreuzzügen hervorgegangen waren. Der mächtigste der drei, der Templerorden, war im frühen 14. Jahrhundert aufgelöst worden. Der zweite, der Deutsche Orden, hatte sich von der 1410 bei Tannenberg erlittenen Niederlage niemals wirklich erholt. Einzig der Orden des heiligen Johannes von Jerusalem hatte sich in dem sich wandelnden Europa des 16. Jahrhunderts etwas von dem Feuer und der Glut aus der großen Zeit der Kreuzzüge bewahrt. Der Orden hatte seinen Anfang in einem dem heiligen Johannes dem Täufer geweihten Pilgerhospital der Benediktiner genommen, das im 11. Jahrhundert in Jerusalem errichtet worden war. 1113 stellte, in Anerkennung der den Kreuzzugsteilnehmern von dem Hospital geleisteten Dienste, Papst Paschalis II. die Kongregation und ihre Besitzungen unter seinen besonderen Schutz. Im Unterschied zu den Templern, die ein reiner Kampforden mit der Bestimmung des Krieges gegen die muselmanischen Ungläubigen waren, handelte es sich bei den Johanniterrittern in erster Linie um einen Krankenpflegeorden.

Bau, Ausstattung und Ausbau von Hospitälern, medizinische Forschung und die Ausbildung von Ärzten und Chirurgen blieben die wichtigsten Anliegen des Ordens. Ähnlich der ersten Hospitalgründung in Jerusalem wurden Zweighäuser in einer Anzahl europäischer Städte gegründet, die an der Pilgerstraße nach Palästina lagen. Zu den Aufgaben des Ordens gehörte auch der Schutz der Pilger. Das führte zur Entwicklung seiner militärischen Seite, als die Sarazenen und später die Türken erneut Unruhe stifteten und die Pilgerreise nach Jerusalem und den anderen heiligen Stätten schwierig und gefährlich wurde. Doch selbst noch im 16. Jahrhundert, als die aggressive Politik der türkischen Sultane zwangsläufig dazu geführt hatte, die militärische Seite des Ordens stärker zu betonen, führte dieser seine ursprüngliche Aufgabe weiter. Eine der ersten Maßnahmen der Ritter nach ihrer Ankunft auf Malta war die Errichtung eines Hospitals.

1291, nach dem Fall des letzten christlichen Stützpunkts in Palästina, waren die Ritter des heiligen Johannes zunächst nach Zypern und dann, 1310, nach Rhodos übergesiedelt. In über zwei Jahrhunderten, bis zur großen Belagerung von 1522, als Soliman sie von der Insel vertrieb, entwickelten die Ritter die charakteristischen Züge ihres Ordens. Sie, die ursprünglich in erster Linie Krankenpfleger und in zweiter Soldaten gewesen waren, wurden nun in erster Linie Seeleute und erst in zweiter Krankenpfleger. Auf Rhodos, das sich wie eine Speerspitze auf die Flanke der Türkei richtete, hatten sie sich zu den hervorragendsten Seekriegern entwickelt, die das Mittelmeer je kannte. Da es ihnen nicht möglich war, ihren Gegner zu Lande zu bekämpfen, waren sie zu christlichen Korsaren geworden.

Ebenfalls in Rhodos hatten die Ritter die äußere Form ihres Ordens weiter ausgebildet, eine Form, die sie unverändert nach Malta mitbrachten. Sie stellten eine Legierung aller europäischen Nationen dar – eine Fremdenlegion militanter Christen, »das hervorragendste Korps christlicher Krieger, das die Welt je gesehen ...«. Das achtzackige Kreuz, das sie trugen (wegen seiner langdauernden Beziehung zu der Insel als Malteserkreuz bekannt geworden), stellte symbolisch die acht Seligkeiten dar. Seine vier Arme wurden als Symbole der vier Kardinaltugenden – Klugheit, Mäßigung, Tapferkeit und Gerechtigkeit – verstanden.

Die Männer, aus denen sich diese einzigartige Körperschaft zusammensetzte, waren aufgeteilt auf vier klar unterschiedene Gruppen; allen jedoch – ob Soldaten oder dienende Priester – waren die beiden Gelübde der Keuschheit und des Gehorsams gemeinsam. An erster Stelle standen die kämpfenden Ritter. In gewissem Sinne waren sie es, die den Orden beherrschten und ihm den Zug adeliger Arroganz, den die Malteser Nobilität so verabscheute, verliehen. Die kämpfenden Ritter waren die Söhne der ersten Häuser Europas. Ehe man sie zum Eintritt in den Orden zuließ, mußten sie ihre adlige Abstammung in jeder der beiden Linien ihrer Familie bis auf wenigstens vier Generationen zurück nachweisen. Daß die Notwendigkeit dieses Nachweises nicht bestritten wurde, kann man an den Archiven des Ordens in La Valetta ersehen. Ganz gleich, wie bedeutend oder wohlhabend eine Familie war, kein Makel von illegitimer Geburt, kein Verdacht gemeinen Blutes konnte dem scharfen Blick des Großmeisters und seiner Räte verborgen bleiben. Sie prüften die Aufnahmegesuche aller potentiellen Mitglieder des Ordens. Die jungen Ritter machten nach der Aufnahme zunächst ein Noviziatsjahr, wurden dann in den sogenannten Konvent aufgenommen und traten damit in den Kriegsdienst. Zu der Zeit, als der Orden nach Malta kam, verstand man darunter gewöhnlich den Dienst als Offizier auf den Galeeren. Ein volles Jahr dieses Dienstes hieß eine »Karawane«. Nach drei Jahren Karawanendienstes mußte der Ritter mindestens zwei Jahre lang am Konventsort bleiben. Danach konnte er in höhere Ämter gewählt werden, als Vogt, Kommandant oder Prior.

Nicht alle Ritter blieben, nachdem sie ihre Dienstzeit im Orden abgeleistet hatten, im Konvent. Viele kehrten zu ihren Gütern und Pflichten in den Ländern Europas zurück. Aber der Großmeister war in Zeiten höchster Gefahr für den Orden berechtigt, auch diese Ritter an seinen Amtssitz zu rufen. Versäumte jemand, sich bei solcher Gelegenheit zu stellen, so konnte das die Entlassung aus dem Orden mit der daraus folgenden sozialen und religiösen Ächtung nach sich ziehen.

Die zweite Sektion des Ordens bestand aus den Konventskaplänen, für die es, was die Abstammung anging, keine Beschränkungen gab. Obwohl sie vom Karawanendienst nicht ausgenommen waren, taten sie faktisch gewöhnlich im Hospital und an der Konventskirche Dienst. Sie waren selbstverständlich alle Geistliche und konnten durch Wahl zu Prioren und sogar Bischöfen des Ordens erhoben werden.

Zur dritten Kategorie gehörten die dienenden Brüder, die wiederum nicht von edler, sondern nur von »achtbarer« Geburt sein mußten. Ihr Dienst war ausschließlich militärischer Art. Die vierte und fünfte Sektion, die »Magistralritter«, »Ehrenritter«, waren Ritter honoris causa.

An der Spitze des Ordens stand das »Sacrum Concilium«, der

Oberste Rat, dem der Großmeister präsidierte – selbst ebenfalls ein Ritter, der nach jahrelangem Dienst die höheren Ämter des Ordens durchlaufen hatte und von seinen Mitbrüdern frei gewählt worden war. Zum Obersten Rat gehörten der Bischof, der Prior der Kirche, die Piliers oder Dekane jeder nationalen »Zunge«, die Priore, die Komture und die Großkreuzritter.

Es war ein Rat, der Weisheit und Erfahrung der ausgezeichneten Mitglieder beider Zweige des Ordens – des weltlichen und des geistlichen – in sich vereinigte. Der Vizekanzler amtete, von zwei Priestern assistiert, als Sekretär. Der Bischof wurde aus drei Kandidaten ausgewählt, deren Namen der Großmeister dem Vizekönig des Kaisers in Sizilien unterbreitete. Dieser wiederum schlug einen von ihnen mit seiner Empfehlung dem Papst vor. Man sieht, trotz der unabhängigen und aristokratischen Grundhaltung der Johanniter waren eine Anzahl von Sicherungen in ihre Verfassung eingebaut, die dafür sorgen sollten, daß nur die Besten und Fähigsten in die verantwortlichen Positionen aufrücken konnten. In späteren Jahrhunderten, als die Moral und die Macht des Ordens zerfielen, schlichen sich manche Mißbräuche ein. Aber im 16. Jahrhundert unter einem starken und selbstlosen Großmeister wie La Valette funktionierte diese Verfassung mit Erfolg.

Neben der Verschiedenheit der Pflichten und Dienste innerhalb des Ordens waren die Ritter auch unterteilt in acht Provinzen oder »Zungen«, bestehend aus den acht europäischen Nationalitäten, aus denen sich ihre Mitglieder in der Hauptsache rekrutierten. Diese »Zungen« waren Auvergne, Provence, Frankreich, Aragonien, Kastilien, England, Deutschland und Italien. In der Tat herrschte der französische Einfluß mit seinen drei Provinzen – Auvergne, Frankreich und Provence – vor. Und in Anbetracht der zahlenmäßig größeren Stärke überrascht es nicht, daß im Laufe der Jahrhunderte viele der hervorragendsten Ritter französischer Herkunft waren. Die drei bedeutendsten Großmeister, die der Orden je besaß, waren alle Franzosen: Wilhelm von Villaret (1310), der die Ritter nach Rhodos führte und ihnen dort eine Heimstatt schuf, die über zwei Jahrhunderte lang Bestand hatte; Philippe Villiers de l'Isle Adam, der den Orden 1530 nach Malta brachte, und Jean Parisot de la Valette.

»Durch und durch Franzose und Gascogner«, wie ihn der Abbé de Brantôme beschreibt, war La Valette der bedeutendste

Großmeister des Ordens. Unter ihm erreichte er den Gipfel höchsten Ruhmes. Und gegen diesen bedeutendsten Großmeister und seine Ritter beschloß Sultan Soliman der Prächtige, die ganze Kampfkraft seines Heeres und die größte Flotte, die das türkische Reich aufbieten konnte, einzusetzen.

Jean Parisot de la Valette war einer der seltenen Menschen, von denen man sagen kann, daß sie durch und durch aufrichtig sind. 1494 geboren, war er mit zwanzig Jahren in den Orden des heiligen Johannes von Jerusalem eingetreten. Er entstammte einer vornehmen, alten provenzalischen Familie, die von den ersten Erbgrafen von Toulouse abstammte und Ritter zu ihren Vorfahren zählte, die mit dem heiligen Ludwig in den Kreuzzügen gefochten hatten. Die Familie hatte dem Johanniterorden schon mehrere Söhne geschenkt, doch nahm La Valette seine Gelübde ernster als die meisten seiner Vorfahren. Nach seinem Eintritt in den Orden besuchte er den Landbesitz der Familie nie mehr, kehrte nie mehr in sein Vaterland zurück und verließ auch den Konvent nur noch in Erfüllung seiner Pflichten.

Der Abbé de Brantôme beschreibt ihn folgendermaßen: »Er war ein sehr stattlicher Mann, groß, ruhig und nüchtern; mehrere Sprachen – Italienisch, Spanisch, Griechisch, Arabisch und Türkisch – beherrschte er fließend.« Die letzten beiden Sprachen hatte er gelernt, nachdem er von den Türken gefangen und zum Galeerensklaven gemacht worden war. Während eines Unternehmens gegen den Piraten Abd-ur-Rahman Kust Aly im Jahre 1541 wurde La Valette schwer verwundet und verlor sein Schiff, die Galeere »San Giovanni«. Ein Jahr lang lebte und überlebte er in der schrecklichen Welt der Galeerensklaven. Lediglich ein Gefangenenaustausch zwischen dem Orden und den Piraten der Berberküste führte zu seiner Freilassung.

In jenem Jahrhundert konnte es einem Mann, der sich zu Schiff aufs Mittelmeer wagte, wohl geschehen, daß sich das Glücksrad innerhalb weniger Stunden einmal ganz herumdrehte. Dragut, der größte aller Korsaren nach dem »Rotbart«, sah den Galeerensklaven La Valette und verschaffte ihm eine etwas bessere Behandlung. Acht Jahre später war La Valette zufällig dabei, wie der Genueser Admiral Giannettino Doria Dragut selbst gefangennahm. Er konnte die Erbitterung des Piraten nachempfinden und sagte: »Monsieur Dragut – so geht's im Krieg.« Worauf Dragut mit schiefem Blick erwiderte: »Das Glück hat sich eben gewendet.« Kust Aly, der La Valette gefangengenommen hatte, fiel diesem selbst 1554 in die Hände, als La Valette Großadmiral der Ordensflotte war, und wurde zusammen mit 22 anderen Gefangenen auf die Ruderbänke geschickt.

Männer dieser Art gewöhnten sich frühzeitig an die Wechselfälle des Schicksals, und wenn sie die Härten solchen Lebens überstanden, so daß sie ausgelöst werden und zu ihren Gefährten zurückkehren konnten, dann gewannen sie körperliche Kräfte und eine Ausdauer, die sich ein Stadtbewohner des 20. Jahrhunderts kaum vorstellen kann. Das Leben im 16. Jahrhundert, ganz gleich, aus welchem Stand jemand kam, war bestimmt vom Recht des Stärkeren. Schwächlinge starben schon als Kinder, und nur die Zähesten und Beweglichsten konnten hoffen, alt zu werden. 1564, als Soliman der Prächtige sich zur Belagerung Maltas entschloß, war La Valette siebzig, ebenso alt wie der große Sultan. Um nach einem Leben ständigen Kampfes ein solches Alter zu erreichen, bedurfte es unglaublicher Härte. Um dieses Alter aber in unverminderter Kraft des Leibes und des Geistes zu erreichen, mußte man fast ein Übermensch sein. Wenn einen solchen Mann zugleich ein unbändiger religiöser Glaube beherrschte, vermochte ihm kaum etwas zu widerstehen. Während der großen Belagerung von Malta standen Männer dieses Zuschnitts auf beiden Seiten, Männer, die in jahrelangem Krieg gehärtet und, hüben wie drüben, von der Gerechtigkeit ihrer Sache überzeugt waren.

Während seiner langjährigen Dienste im Orden hatte La Valette fast alle wichtigsten Ämter, die es gab, innegehabt. Er war nacheinander Gouverneur von Tripolis – ein so dornenvoller Posten, daß alle anderen in Frage kommenden Ritter ihn abgelehnt hatten –, Komtur von Lango, Großkommandeur und Großprior von St. Gilles, Stellvertreter des Großmeisters und Großadmiral der Flotte gewesen. Das letztere Amt bedeutete den Oberbefehl zu Wasser, und Baudouin erzählt in seiner Geschichte des Ordens, La Valette sei »einstimmig gewählt worden, obwohl er noch nicht Großkreuzritter, sondern nur Pilier seiner Zunge war«. Schon das zeugt von dem Respekt, den man ihm entgegenbrachte. Aber darüber hinaus war dies das erste Mal, daß das Amt des Oberbefehlshabers der Galeeren einem Nicht-Italiener zugefallen war; für gewöhnlich wurde es als ein italienisches Monopol angesehen.

Ein geborener Soldat, von dem man sagte, er vermöge »sowohl einen Protestanten zu bekehren als auch ein Königreich zu regieren«, bewies La Valette als Admiral der Galeeren bald, daß das Vertrauen seiner Brüder in seine Fähigkeiten und seine Tapferkeit wohl begründet war. Während dieser Jahre nämlich brachten die von Malta nach allen Richtungen ausschwärmenden Galeeren des Ordens jenes Durcheinander in die Schifffahrtslinien des türkischen Reiches, das in gewissem Maße den Entschluß des Sultans zum Angriff auf die Insel herausgefordert hatte. Diese Angriffe gegen die feindliche Schiffahrt wurden fast in Hilfskreuzertaktik durchgeführt. Die schnellen, schwer bestückten Galeeren mit ihren geübten Artilleristen und Scharfschützen beunruhigten die türkischen Schiffahrtslinien ständig und stürzten sich wie Adler auf ihre Beute. Ob es sich um ein einzelnes Kauffahrteischiff oder um einen geschützten Konvoi handelte, sie jagten darauf zu im rhythmischen Schlag der großen Ruder und begannen nicht eher zu feuern, bis sie fast längsseits des Feindes waren. Dann, nach dem ersten Donnern der Geschütze und der ersten Salve aus den Arkebusen, enterten die Ritter und bewaffneten Matrosen das feindliche Schiff und fochten mit der blanken Waffe. Von einer einzigen Kreuzfahrt brachte La Valette im Schlepptau seiner Galeere nach Hause »drei Handelsschiffe, deren Ladung für das Lösegeld eines Fürsten gut war, 250 Gefangene (die, wenn sie nicht ausgelöst wurden, Sklavendienste auf den Galeeren oder an den Befestigungswerken von Malta tun mußten), von den zahlreichen Geschützen gar nicht zu reden«.

Wenn die große Belagerung Maltas auch in erster Linie eine Operation zu Lande war, so bleibt doch die Tatsache, daß es sich um eine Invasion von See aus handelte. In dieser Schlacht wurde um die Herrschaft über das Mittelmeer gekämpft, und die Aktivität der Ritter zur See hatte den Angriff herausgefordert. Man kann weder über La Valette noch über den Orden, noch über die Belagerung schreiben, ohne wenigstens in aller Kürze die Schiffe zu erwähnen, auf denen beide Seiten, Ritter und Türken, lebten und kämpften.

Die typischen Galeeren, wie sie zur damaligen Zeit das Mittelmeer befuhren, glichen sich, ob sie nun mit türkischen, Malteser oder algerischen Korsaren bemannt waren, in vielem. Sie waren direkte Nachfahren der klassischen griechischen und römischen Galeeren und änderten sich durch die Jahrhunderte hindurch wenig. Lang und schmal gebaut, hatten sie wenig Freibord und geringen Tiefgang. (In etwa und en miniature kann man ihre Bauweise noch an den kleinen Fischerbooten betrachten, die bis zum heutigen Tag vor Malta und Südsizilien im

Gebrauch sind.) Ihre Gesamtlänge konnte bis zu 60 Meter betragen, aber wenn man von der eleganten Auskragung von Vordersteven und Heck einmal absieht, waren es oft nicht mehr als 45 Meter. Bei einer Länge von 60 Metern besaß eine Galeere nur etwa 6 Meter Breite und im Laderaum 2,5 Meter Tiefe. Als schlanke Windhunde waren sie für den langen, ruhigen Mittelmeersommer gebaut, aber dem Winterwetter nicht gewachsen. Im ganzen Mittelmeer bedeutete (noch genauso wie in klassischen Zeiten) der September das Ende des Segeljahres. Erst wenn der Frühling endgültig eingekehrt war, stachen die Galeeren wieder in See. Während der Wintermonate lagen die Ordensgaleeren für gewöhnlich vertäut in der heutigen Werftbucht, den Bug der Halbinsel Senglea, das Heck Birgu zugewandt, wo die Ritter ihren Konvent hatten.

Beweglichkeit war das hervorstechendste Merkmal der Galeere, und um ihretwillen blieb ein so wenig seetüchtiges Schiff jahrhundertelang im Gebrauch. Es war zu leicht und zu flachgehend, um als Handelsschiff zu dienen, ein so einseitig ausgerichtetes und spezialisiertes Kriegsinstrument wie ein Torpedoboot. Man hat berechnet, daß eine Galeere im Höchstfall etwa $4^1/_2$ Knoten laufen konnte (etwa 8 Stundenkilometer). Das wurde jedoch nur in kurzen Spurts erreicht, denn selbst die gestählten Muskeln der Galeerensklaven vermochten eine schnelle Schlagfolge nicht längere Zeit durchzuhalten. Die Durchschnittsgeschwindigkeit betrug etwa 2 Knoten (3,6 Stundenkilometer), was für das gezeitenlose Mittelmeer ausreicht, in den starken Gezeitenströmungen rund um die britischen Inseln oder Nordeuropa wenig nützt. (Aus diesem Grunde kam der Hauptanstoß zur Entwicklung von Segelschiffen aus Holland, Skandinavien und England.)

Der Kapitän einer Maltesergaleere war ein Ordensritter, dem ein geübter Segelmeister zur Seite stand und ein Zweiter Offizier oder Erster Lieutenant, ebenfalls ein Ritter. Auf 26 Ruderbänken waren 280 Galeerensklaven verteilt. Weiter befand sich eine etwa gleiche Anzahl von Berufssoldaten an Bord. Die Hauptbewaffnung bestand aus einer Bugkanone, die achtundvierzigpfündige Kugeln verfeuerte. Daneben gab es noch vier andere, kleinere Geschütze (etwa Achtpfünder) und 14 leichte, gegen feindliche Soldaten wirkende Abschußvorrichtungen, die Schauer von Steinen und Metallstücken schleuderten.

Barras de la Penne, ein französischer Seeoffizier, gibt ein sehr lebendiges Bild vom Dasein eines Galeerensklaven. »Manche von ihnen haben nicht Platz genug, ausgestreckt zu schlafen, denn man setzt sieben Männer auf eine Ruderbank, das heißt auf einen Raum von etwa 3,5 Meter Länge und 1,2 Meter Breite; auf dem Vorderschiff haben etwa 30 Seeleute den Boden der vorderen Plattform als Wohnfläche, der rechtwinklig ist und 3,5 mal 2,5 Meter mißt. Der Kapitän und die Offiziere wohnen auf dem Achterdeck und sind kaum besser untergebracht ... das Knarren der Taljen und Taue, die lauten Rufe der Matrosen, die schrecklichen Flüche der Galeerensklaven, das Ächzen der Spanten, darunterhin Kettengeklirr ... Selbst die Ruhezeit hat ihre Nachteile, denn dann sind die von der Galeere aufsteigenden üblen Gerüche so stark, daß man ihnen nicht entgehen kann, trotz des Schnupftabaks, mit dem man sich die Nasenlöcher von morgens bis abends verstopfen muß.« Da nimmt es nicht wunder, daß Pest und Seuchen den Galeeren oft folgten.

Wenn zufällig einmal ein günstiger Wind von achtern blies, konnte die Galeere an ihren kurzen Masten zwei lateinische Segel setzen. Doch zumeist wurde sie durch die Menschenmaschine der Sklaven angetrieben und auf Kurs gehalten. Deren Leben, das La Valette in der Zeit seiner Gefangenschaft an Bord des Kust Aly gehörenden Schiffes kennenlernte, ist von Jean Marteille de Bergerac beschrieben worden, ebenfalls einem Franzosen, der etwa ein halbes Jahrhundert später zu den Galeeren verurteilt wurde.

»(Die Galeerensklaven) sind zu sechst an eine Ruderbank gekettet, die etwa einen Meter breit und mit wollegestopfter Sackleinwand bedeckt ist; darüber liegen Schaffelle, die bis zum Boden herabhängen. Der Offizier, der die Galeerensklaven befehligt, steht achtern in der Nähe des Kapitäns, von dem er seine Anweisungen erhält. Dann sind zwei Unteroffiziere eingesetzt, einer mittschiffs und einer vorne. Beide sind mit Peitschen bewehrt, mit denen sie auf die nackten Körper der Sklaven einschlagen. Wenn der Kapitän ›Rudern‹ befiehlt, gibt der Offizier mit der silbernen Pfeife, die er an einer Schnur um den Hals trägt, das Signal. Es wird von den Unteroffizieren wiederholt, und alsbald tauchen die 50 Ruder wie eines ins Wasser. Man stelle sich die sechs Männer vor, die da, nackt, wie sie geboren wurden, an eine Bank gekettet sind, wie sie, einen Fuß auf dem Stemmbrett, den anderen erhoben und gegen die vordere Bank gestützt, mit den Händen ein ungeheuer schweres Ruder haltend, ihre Leiber nach rückwärts legen, die Arme ausgestreckt, um den Ruderstiel vom Rücken der vor ihnen Sitzenden abzuhalten... Manchmal rudern die Galeerensklaven zehn, zwölf, ja zwanzig Stunden hintereinander ohne die geringste Ruhe oder Unterbrechung. Bei solchen Gelegenheiten geht der Offizier herum und steckt den unglücklichen Ruderern in Wein getauchte Brotstücke in den Mund, um Schwächeanfälle zu verhüten. Dann kann es geschehen, daß der Kapitän den Offizieren doppelte Schlagzahl befiehlt, und wenn einer der Sklaven erschöpft über sein Ruder fällt (was oft vorkommt), wird er gepeitscht, bis er dem Anschein nach tot ist, und dann ohne weitere Umstände über Bord geworfen ...« Ein solches Dasein hatte La Valette einst ausgehalten, es hatte seinen Charakter geformt. Und dieser Tod bei lebendigem Leibe stand jedem Verteidiger von Malta, wie er wohl wußte, bevor, wenn er von den Türken gefangengenommen wurde.

Daß die Männer, die das Leben als Galeerensklaven überstanden, nicht immer als Krüppel, sondern so gestählt daraus hervorgingen, daß sie sehr alt wurden, beweist La Valette selbst. De Bergerac, dessen Bericht wir eben gehört haben, erreichte das hohe Alter von fünfundneunzig Jahren. Wer diese Sträflingsarbeit auf der Ruderbank überlebte, war sozusagen unbegrenzt widerstandsfähig wie das salzdurchtränkte Eichenholz eines alten Schiffskiels.

Odysseus gleich hatte La Valette »viel erduldet«. Die Feuertaufe erhielt er mit achtundzwanzig Jahren, als er während der großen Belagerung von Rhodos unablässig im Kampf gestanden hatte – jener Belagerung, die Kaiser Karl V. zu der Bemerkung veranlaßte: »Nichts wurde je so ehrenhaft verloren wie Rhodos.« An einem Wintertag, als Schnee die Täler herabfegte und die Bergspitzen sich in bleiernen Wolken verbargen, waren La Valette und die anderen Überlebenden von der vielgeliebten Insel aus in See gegangen. Er hatte seinen Großmeister, Villiers de l'Isle Adam, während der langen Jahre des Exils begleitet, als die vorübergehend in Rom untergebrachten Ritter zusehen mußten, wie ihr Großmeister an den europäischen Höfen die Runde machte. La Valette hatte erlebt, wie L'Isle Adam die christlichen Fürsten und Monarchen vergeblich darum bat, ihm bei der Wiedereroberung von Rhodos zu helfen. Er wußte, wie L'Isle Adam dann seine glänzende Überredungskunst in die Waagschale geworfen hatte, um einen anderen Hafen oder eine andere Insel zu bekommen, von denen aus der Orden operieren konnte. Er hatte die bittere Zeit durchlebt, da die englische »Zunge« (»reich, vornehm und bedeutend«, so beschrieb sie

Giacomo Bosio) auf Befehl Heinrichs VIII. aufgelöst worden war.

Nur vier Jahre nachdem die Ritter ihren Sitz nach Malta verlegt hatten, ordnete Heinrich VIII. in seinem Streit mit dem Papst die Enteignung der englischen Ordensprovinz an. Von heute auf morgen waren die acht ehrwürdigen Provinzen, die so viele Jahrhunderte lang zusammen gearbeitet und gekämpft hatten, auf sieben zurückgegangen. Obwohl sehr viele der englischen Ritter ihrem Glauben treu blieben (einige wurden in England sogar enthauptet, weil sie sich weigerten, den Primat des Papstes zu leugnen), war die »alte und edle Zunge von England« nur noch ein Schatten ihrer selbst. Zur Zeit der großen Belagerung war England nur durch einen Ritter vertreten, Sir Oliver Starkey, den lateinischen Sekretär La Valettes, seinen engen Freund und Berater während der dunklen Monate des Jahres 1565.

1557, nach dem Tod des Großmeisters La Sangle, »stimmten alle für La Valette, unter dessen Regierung der Orden sein altes Ansehen wiedererlangte«. Mit das erste, was der neue Großmeister unternahm, waren eine Bestandsaufnahme in seinem kleinen Königreich und die Anordnung, alle Befestigungswerke zu verbessern. Er war sich dessen vollauf bewußt, daß der Tag nicht mehr lange auf sich warten lassen konnte, an dem die Türken versuchen würden, ihren Erfolg von Rhodos zu wiederholen.

In den siebenundzwanzig Jahren zwischen der Ankunft der Ritter auf Malta und der Wahl La Valettes zum Großmeister hatte sich die Insel sehr verändert. Die Veränderungen waren jedoch noch nicht durchgreifend genug, um einen Soldaten und energischen Führer von La Valettes Format zu befriedigen.

Überzeugt, daß die Insel fast mit Sicherheit eines Tages gegen eine Belagerung gehalten werden müsse, begann er die bestehenden Verteidigungsanlagen zu verbessern wie auch völlig neue zu errichten.

Schon L'Isle Adam hatte, kaum daß der Orden in Malta eingetroffen war, eine Vergrößerung der Anlagen von St. Angelo in Gang gesetzt, des Forts, das die Südseite des Großen Hafens beherrschte und das Fischerdorf Birgu schützte. Auch hatte er dafür gesorgt, daß die Mauern der alten Hauptstadt Mdina verstärkt wurden. Sonst aber war wenig getan worden, denn der letzte Großmeister auf Rhodos konnte über die Erinnerung an jenes grüne Eiland, das Pfirsiche, Feigen und Wein hervorbrachte, nie hinwegkommen. Er gab die Hoffnung nicht auf, eines Tages werde es ihm mit Hilfe des christlichen Europa gelingen, die frühere Heimat zurückzuerobern. Mit den Jahren schwanden diese Träume. Doch auch La Valette war nicht immer zufrieden mit Malta als Ordensbasis. Einmal schlug er vor, Tripolis solle das Hauptquartier werden, aber der Verlust der Stadt im Jahr 1551 vernichtete auch diese Hoffnung.

1552, unter der Regierung des Großmeisters Juan d'Omedes, gab Leo Strozzi, ein berühmter Heerführer der Zeit, eine Übersicht über Maltas Befestigungswerke und beschrieb die schwachen Punkte mehrerer Anlagen. Daraufhin ernannten Großmeister und Rat eine Kommission, die einen detaillierten Bericht ausarbeiten und Pläne für eine Verbesserung der Werke vorbereiten sollte. Der erste und offensichtlich schwächste Punkt bestand darin, daß die Haupteinfahrt zum Großen Hafen auf ihrer Nordseite unverteidigt war. Man beschloß, an dieser Stelle, wo das felsige Vorgebirge des Monte Sciberras (heute liegt dort das moderne La Valetta) ausläuft, ein Fort zu bauen. Zur selben Zeit wurde am Ende der heute Senglea oder L'Isla genannten

Halbinsel ein weiteres Fort gebaut. Dieses Fort, von dem spanischen Ingenieur Pedro Pardo entworfen, war sternförmig angelegt und beherrschte den südlichen Teil des Großen Hafens; außerdem konnte es mit Fort St. Angelo zusammen Kreuzfeuer vor die Einfahrt zur Werftbucht legen (wo die Galeeren des Ordens vertäut lagen). Es wurde schnell vollendet und Fort St. Michael genannt.

Das Fort am Ende des Monte Sciberras zu bauen war ein weit schwierigeres Unterfangen. Es gab dort bereits einen Wachtturm und eine Kapelle und wahrscheinlich schon jahrhundertelang einen Turm und ein Leuchtfeuer. Der maltesische Name Sciber-Ras bedeutet wörtlich »das Licht auf der Landspitze«, und es spricht sehr viel dafür, daß es dort schon seit den Zeiten der Phönizier eine Art Leuchtturm gegeben hat, als die punischen Handelsschiffe den Großen Hafen benutzten. Sie hatten der Insel auch den Namen Maleth (Hafen) gegeben, was später von den Griechen in Melitha (Honig) korrumpiert wurde; daraus leitet sich der heutige Name Malta ab.

Dort, wo sich der alte Wachtturm erhob, an der Landspitze des Sciberras, entstand 1552 unter Pardos Leitung ein weiteres sternförmiges Fort. Dieses neue Fort, St. Elmo genannt, beherrschte nicht nur die Einfahrt zum Großen Hafen, sondern auch die zu Marsamuscetto, dem anderen wichtigen Hafen, nördlich vom Monte Sciberras. Die Festung St. Elmo war klein, wie ein vierstrahliger Stern geformt und besaß hohe Mauern aus Sand- und Kalkstein. Sie war auf gewachsenen Felsen gebaut, so daß kein Angreifer hoffen konnte, sie zu unterminieren. Leider war der bei dem eiligen Bauen benutzte Stein nicht von der besten Qualität. Auch zur Anlage von Wehrgängen und Laufgräben innerhalb der Mauern zum Schutz der Verteidiger, wenn der Feind erst einmal das Festungsinnnere unter Feuer nahm, hatte die Zeit nicht mehr ausgereicht. Jedoch hatte man rundum tiefe Wallgräben ausgehoben und auf der Landseite, nach dem Monte Sciberras zu, ein Vorwerk gebaut. Solche Verteidigungsanlagen sollten ein starkes Bollwerk gegen den anrückenden Feind bilden, wo er so lange wie möglich aufgehalten werden konnte, bis man sich auf das eigentliche Fort zurückziehen mußte. Auf der Seeseite nach Norden zu lag eine weitere Verteidigungsbastion, ein »Cavalier«. Dabei handelte es sich um einen Stützpunkt, der sich über die Brustwehren erhob und von dem aus man das umliegende Gelände mit Geschütz- und Musketenfeuer beherrschen konnte.

Fort St. Elmo hatte einen schwachen Punkt: es lag sehr tief, genau an der Spitze der Halbinsel. Von den Hängen des Monte Sciberras aus konnte es der Feind mit seiner Artillerie beherrschen. Die Verteidigungslinien von Neu–St. Elmo hatten eine Gesamtlänge von etwa 800 Metern.

Im selben Jahr, in dem die Entscheidung für den Bau von St. Elmo fiel, erhielten die Ritter einen deutlichen Hinweis auf einen in naher Zukunft drohenden Großangriff. Dragut landete in Marsamuscetto und rückte um das Hafenbecken herum auf Birgu und St. Angelo vor. Beim Monte Sciberras und an der Marsa, auf dem Tieflandstreifen am Ende des Großen Hafens, wurde gekämpft. Dragut war der Widerstand zu stark, er ging wieder an Bord seiner Schiffe, segelte nordwärts nach Gozo, verwüstete die kleine Insel und führte eine große Anzahl der Einwohner in die Sklaverei fort.

Dieser Handstreich zeigte deutlich die Schwäche der Hafenverteidigung von Marsamuscetto und veranlaßte die Ritter, die Arbeit am Fort St. Elmo zu beschleunigen. Aber erst nachdem La Valette Großmeister geworden war, wurde einer der schwächsten Punkte beseitigt. Nach Marsamuscetto zu, wo es sehr leicht war, an Cavalier und Fort heranzukommen, wurde eilig aus Erde und Faschinen ein weiteres Außenwerk gebaut. Man kann sich eine Vorstellung von den Schwierigkeiten machen, unter denen die Ritter arbeiteten, wenn man weiß, daß alles Holz und alle Erde, die beim Bau dieses Außenwerkes Verwendung fanden, über See von Kap Passaro in Sizilien herangeführt werden mußten. Beide, Cavalier und Außenwerk, waren mit dem Hauptfort verbunden, ersterer durch eine Zugbrücke und letzteres durch eine schmale feste Brücke. Das Außenwerk wurde gerade eben zu der Zeit fertig, da die türkische Armada die Insel erreichte.

Die für diese neuen Befestigungsanlagen wie auch für den Ausbau der alten benötigten Mittel mußten dem Vermögen des Ordens entnommen werden; aber zur Zeit der Wahl La Valettes stand es mit den Finanzen schlecht und ebenso mit der Moral der Ritter. Die Jahre des Exils sowie die Enttäuschung, die sie überkommen hatte, wenn sie Malta mit Rhodos verglichen, hatten zu diesem Stand der Dinge beigetragen. Noch schlimmer war die demoralisierende Wirkung des Falles von Tripolis im Jahre 1551, während der Regierungszeit des Großmeisters Juan d'Omedes, gewesen. Der Großmeister hatte Marschall de Vallier, den Gouverneur von Tripolis, zum Sündenbock für den

Verlust der Stadt gemacht, und de Vallier war bei seiner Rückkehr nach Malta eingekerkert worden.

Es ist bezeichnend für La Valette, daß eine seiner ersten Maßnahmen, nachdem er 1557 Großmeister geworden war, darin bestand, Marschall de Vallier freizulassen. Zwei Jahre später machte ihn La Valette zum Groß-Komtur von Lango; dieses Amt gehörte zu den verantwortungsvollsten des Ordens. Valette wußte, daß nicht Marschall de Vallier am Fall von Tripolis die Schuld trug. War er doch selbst Gouverneur von Tripolis gewesen und hatte vergeblich darauf gedrängt, daß die Verteidigungsanlagen verbessert würden. Der Verlust von Tripolis war zu einem großen Teil dem Großmeister Juan d'Omedes zuzuschreiben, der die Warnungen seiner Gouverneure nicht beachtet und nicht für die Bereitstellung der zur Sicherheit der Stadt notwendigen Truppenstärken und Materialvorräte gesorgt hatte.

La Valette war sich darüber klar, daß eine beträchtliche Summe für die Verteidigungswerke Maltas aufgebracht werden mußte, und nahm sofort die Aufgabe in Angriff, die Finanzen des Ordens wieder auf eine gesunde Grundlage zu stellen. Der Historiker Boisgelin berichtet, der Orden habe »unter seiner (La Valettes) Regierung sein altes Ansehen wiedererlangt, das in manchen Teilen Deutschlands und im Venezianer Gebiet sehr gelitten hatte. Ebensolchen Erfolg hatte er in seinen Bemühungen, die Einkünfte wieder zu sichern, die dem Ordensschatz zukamen, aber schon lange nicht mehr gezahlt worden waren.«

Zwischen 1551, dem Tiefpunkt der Ordensgeschichte – Tripolis war gefallen, Rhodos unwiederbringlich verloren und die Moral schlecht –, und 1565 erreichte La Valette eine vollkommene Wandlung. Als gestrenger Herr duldete er keinen der Mißstände, die laxe Großmeister hatten einreißen lassen: Duelle, das Wohnen außerhalb des jeweiligen Ordenshauses, Trinken und Würfelspiel. »Er trug das Zeichen des Helden auf der Stirn«, sagte man, und er verlangte von seinen Rittern nichts, was er nicht selbst leisten konnte und wollte. Er war peinlich genau in der Erfüllung seiner religiösen Pflichten, aber auch der beste Heer- und Flottenführer, den der Orden seit vielen Jahren besessen hatte.

Neben der Arbeit an den neuen Befestigungen wurden die von Birgu (wo die Ordenshäuser standen) verstärkt. Das kleine Fischerdorf auf der schmalen Landenge hatte sich in dreißig Jahren so verändert, daß man es kaum wiedererkannte. Seine schmalen Straßen waren so ausgebaut worden, daß die getrennten Häuser der verschiedenen Ordensprovinzen Platz hatten. Die Ordenskirche, welche die von Rhodos mitgebrachten Reliquien barg, bildete den Angelpunkt, um den sich das Leben der Ritter drehte. Dort befanden sich auch die Arsenale, die Magazine und das Hospital. Der Andacht dienende Kapellen waren zwischen den flachdachigen Malteser Fischerhäusern arabischen Typs entstanden, und im Fort St. Angelo hatte man einen großen Getreidespeicher errichtet. In den gewachsenen Felsen, auf dem die Festung lag, waren Tunnels gehauen worden, in denen die Galeerensklaven ihre Quartiere hatten.

St. Angelo selbst war von Birgu durch einen schmalen Wassergraben getrennt und besaß zwei rundumlaufende übereinanderliegende Galerien für die Artillerie, die den Eingang zum Großen Hafen beherrschte. Eine ununterbrochene, insgesamt drei Kilometer lange Linie von Verteidigungswerken umgab Birgu. Nach Süden, der Landseite zu, lag eine Wallmauer mit zwei Bastionen und an den beiden Enden zwei Halbbastionen. Vor diesen gewaltigen Werken hatte man einen tiefen Wallgraben aus dem kompakten Felsen gehauen.

Im Spätherbst 1564 wußte La Valette mit Sicherheit, daß ein Angriff auf seine Inselfestung bevorstand. Seine Agenten in Konstantinopel, meist Venezianer Kaufleute, berichteten ihm von der fieberhaften Aktivität in den Schiffswerften und Arsenalen der Hohen Pforte. Unmittelbar nach der Sitzung des Sultanatsrats im Oktober hatten die Vorbereitungen für den Feldzug im Frühjahr begonnen – für die gewaltige nach Malta bestimmte Armada. Eine Aktivität solchen Ausmaßes konnte vor den anreisenden fremden Kaufleuten nicht geheimgehalten werden, und bald kamen die ersten in Landungslisten und Handelsakten versteckten Nachrichten durch nach Malta. (Man verwandte aus Zitronensaft bereitete unsichtbare Tinte, um die für den Großmeister so wichtigen Informationen »zwischen den Zeilen« zu verbergen.)

La Valette durfte gewiß sein: eine Über-See-Invasion dieses Ausmaßes konnte sich nur gegen Malta richten. Der Jahreszeit zum Trotz schickte er sofort Schiffe nordwärts nach Sizilien, um den Vizekönig der Insel, Don Garcia de Toledo, zu informieren. Die Botschaft lief bald durch Europa und erreichte die Ordensritter, die auf ihren Gütern lebten oder an den Höfen ihrer jeweiligen Souveräne. Von Segelschiffen und schweißbedeckten Reitern wurde die Nachricht zu den abwesenden Brüdern des Johanniterordens getragen: »Stellt euch noch vor dem Frühjahr beim Konvent. Der Sultan hat vor, Malta zu belagern.«

Eines wußte La Valette nicht: daß nämlich auch der Sultan seine Spione hatte. »Zwei übergelaufene Baumeister, ein Slowene und ein Grieche«, hatten Malta in Fischerkleidern besucht. Sie hatten »jedes Geschütz aufgezeichnet und jede Batteriestellung ausgemessen; dann gelangten sie sicher nach dem Goldenen Horn zurück, wo sie dem Sultan versicherten, Malta könne man in wenigen Tagen nehmen ...«.

In den ersten Monaten des Jahres 1565 herrschte auf der Insel eine wimmelnde Geschäftigkeit. Türkische Sklaven transportierten frisch gebrochene Steinblöcke an ihren Platz in neuen oder zu vergrößernden Wällen. Die Festungsgräben auf der Landseite von Birgu und Senglea wurden vertieft und die Mauern, welche die beiden Halbinseln schützten, verstärkt. Man rüstete das Fort St. Michael am Ende von Senglea mit stärkeren Geschützen aus. Ihre Reichweite war groß genug, um die Höhen von Corradino auf der einen und das offene Gelände am Fuß des Monte Sciberras auf der anderen Seite zu beherrschen.

Auf der Spitze des Kastells von Gozo – man hatte es nach Draguts Überfall von 1551 wiederhergestellt – wurde ein Warnfeuer unterhalten und in Mdina, St. Angelo und St. Elmo andere Signalfeuer angelegt und bemannt. Alte Wachttürme entlang der Küste, die dort bereits jahrhundertelang standen, wurden in aller Eile ausgebessert und mit Holz und Reisigbündeln ausgestattet. In Senglea und Birgu verstärkte man die Mauern der Häuser, Vorratskammern und Kapellen der Ritter und der Malteser Bevölkerung und errichtete neue Gebäude. La Valette dachte an Erfahrungen, die man in Rhodos gemacht hatte, wenn er verhüten wollte, daß die Quartiere der Zivilbevölkerung in Schutt und Asche gelegt würden und dadurch die Moral zusammenbräche.

Jetzt erwies »der Reichtum an leicht brechbaren Steinen«, den die erste nach Malta entsandte Kommission in ihrem Bericht als so vorteilhaft erwähnt hatte, seinen Wert. Wenn sie zunächst berichtet hatte, »in Malta zu wohnen erscheint äußerst wenig angenehm, ja, fast unerträglich, besonders im Sommer«, so konnten der Großmeister und sein Rat nun feststellen, daß die ganze Insel eine natürliche Festung darstellte. Ihre Unfruchtbarkeit und Öde, ihr dürftiger Boden hatten zur Folge, daß jeder Angreifer fast seine gesamten Versorgungsgüter mitbringen mußte. Anders als auf Rhodos, würde die türkische Armee sich auf keinen Fall aus dem Lande versorgen können.

Während des Januars und Februars – das sind die schlimmen Monate, in denen der Nordostwind große Brecher gegen die Felsenküste schleudert – begann man die Galeeren auszurüsten.

Sobald eine Wetteränderung es möglich machte, mußten Schiffe nordwärts nach Sizilien in See stechen. Getreide und Verstärkungen mußten herangebracht werden, ebenso die Ritter, die über Land durch Europa gezogen kamen.

Eines wußte La Valette: Er und der Orden hatten, wenn überhaupt, wenig Hilfe von den christlichen Fürsten zu erwarten. Franz I. von Frankreich war sogar mit dem Sultan verbündet (ein formelles Abkommen zwischen den beiden Mächten war schon im Jahre 1536 unterzeichnet worden). Das hieß zwar nicht, daß Frankreich dem Sultan gegen Malta Hilfe leisten würde, aber es bedeutete, daß es nichts tun würde, um den Rittern zu helfen – obwohl viele von ihnen edelstes französisches Blut in den Adern hatten. Dem deutschen Kaiser machten seine eigenen Landesgrenzen (die Soliman ständig verletzte) viel zu viele Sorgen, als daß er so weit nach Süden, bis nach Malta, geblickt hätte. England, unter seiner protestantischen Königin, Elizabeth I., würde wohl keine Hilfe schicken. Jedenfalls war Englands Hauptsorge zu dieser Zeit die imperialistische Politik Spaniens. Und Malta konnte in gewissem Sinne als von Spanien abhängiges Gebiet gelten.

Nur von Spanien also und von seinem Herrscher, Philipp II., konnte La Valette vielleicht Beistand erwarten. Malta war eine spanische Gabe an die Ritter gewesen, und wenn die Insel verlorenging, waren vor allem die Länder und Einflußgebiete der spanischen Krone unmittelbar bedroht – zunächst Sizilien, dann das Königreich Neapel. Natürlich konnte auch der Papst nicht untätig zusehen, wie der Orden, den er unter seine persönliche Jurisdiktion genommen hatte, unterging. Pius IV. ließ ihm finanzielle Hilfe zukommen – aber nur 10000 Kronen. Diese Summe, sosehr sie dazu dienen konnte, Versorgungsgüter, Pulver und Waffen zu kaufen, löste das Problem nicht, vor dem La Valette stand. Der Großmeister brauchte vor allem Männer.

Zeitgenössische Berichte, darunter auch der des Spaniers Francisco Balbi, der bei der Belagerung mitkämpfte, geben ziemlich genau die für die Inselverteidigung verfügbare Truppenstärke an. Im Vorfrühling 1565 hatte La Valette 541 Ritter und Waffenknechte unter seinem Befehl. Dabei handelte es sich um den harten Kern des Ordens; die Kapläne der Ordenshäuser und die anderen Kleriker, denen es, wenigstens in der Theorie, niemals erlaubt war, Waffen zu tragen, sind darin nicht eingeschlossen. Das Gros der Streitkräfte bestand aus 3000 bis 4000 maltesischen Freischärlern, einem verwegenen Menschenschlag, von Jugend auf erfahren in Gefechten mit maurischen Korsaren, aber wenig geübt für die sich über lange Zeit hinziehenden Anforderungen des Belagerungskrieges. Die Galeerensklaven des Ordens waren 500 Mann stark, aber da es sich dabei fast ausschließlich um gefangene Moslems handelte, konnte man sie – unter den Peitschenhieben ihrer Aufseher – nur zum Ausbessern von Verteidigungsanlagen, zum Bau von Wällen und als Arbeitseinheit einsetzen. Weitere 1000 Sklaven standen für dieselben Zwecke zur Verfügung. Alle diese Sklaven mußten natürlich ständig bewacht werden, denn wäre ihnen die Gelegenheit dazu geboten worden, hätten sie sich selbstverständlich gegen ihre christlichen Herren erhoben.

Als das Winterwetter milder wurde, der Frühling kam und Blumen und Klee auf den kleinen steinigen Feldern zu blühen begannen, stachen die Galeeren nach Norden mit Kurs auf Sizilien in See. Sie brachten Vorräte, Pulver, Geschütze, Proviant wie auch eine Anzahl von Rittern mit ihren Gefolgsleuten, die sich den Winter über in Messina versammelt hatten. Im April konnte La Valette mit 600 Ordensmitgliedern (deren Zahl sich später auf etwa 700 erhöhte) und einer Gesamtstreitmacht von 8000 bis 9000 Mann rechnen. Damit mußte er dem vollen Gewicht der türkischen Flotte und der türkischen Armee standhalten.

Am 9. April segelte der Vizekönig von Sizilien, Don Garcia de Toledo, mit einer Flotte von 27 Galeeren nach Malta ab. Als der Großmeister die Schiffe nahen sah, mag er wohl gehofft haben, er werde nun gewichtige Verstärkungen erhalten. Leider konnte der Vizekönig fast nichts anderes überbringen als das Versprechen, irgendwann in der Zukunft würden Truppen eintreffen. Er versicherte, er habe bei König Philipp II. 25000 Infanteristen angefordert, aber sowohl er selbst wie auch La Valette müssen gewußt haben, daß Spanien mit all seinen Verpflichtungen niemals so viele Soldaten zur Verfügung stellen konnte. Jedoch wurden 1000 spanische Fußsoldaten für die nahe Zukunft auf jeden Fall zugesagt. Als Pfand für seinen guten Glauben ließ der Vizekönig seinen eigenen Sohn Federigo, »einen vielversprechenden jungen Mann, der das Ordenskleid nahm«, in der Obhut des Großmeisters zurück.

Wenn Don Garcia de Toledo an Truppen wenig zu geben hatte, so erteilte er wenigstens einige gute Ratschläge. Vielleicht brauchte La Valette sie nicht, aber er hörte mit gewohnter Geduld zu. Schließlich war der Vizekönig ein ausgezeichneter Soldat und hatte eine erfolgreiche Attacke auf den türkischen Hafen Peñon de Velez geführt.

»Halten Sie Ihren Kriegsrat so klein wie möglich, und sorgen Sie dafür, daß er ausschließlich aus im Dienst ergrauten erfahrenen Soldaten besteht«, sagte der Vizekönig.

Er und der Großmeister wußten beide, daß ein großer Kriegsrat, in dem die Interessen und Ziele geteilt sind, zu den Schreckgespenstern der Kriegführung gehört.

Er riet ihm auch, mit seiner begrenzten Kampfstärke hauszuhalten und Scharmützel und Ausfälle nicht zu erlauben. Man würde jeden Mann brauchen, um dem Hauptstoß des Feindes auf die vorbereiteten Verteidigungsanlagen standzuhalten. »Vor allem anderen«, fuhr der Vizekönig fort, »geben Sie auf sich selbst acht. Der Tod des Kriegsherrn hat schon zu oft die Niederlage nach sich gezogen.«

Nur diesen letzten Ratschlag schlug La Valette in den Wind. Bei seinem unbedingten Glauben und seiner herrischen Natur war es undenkbar für ihn, daß er sich nicht freiwillig der Gefahr aussetzen sollte.

Als des Vizekönigs Flotte nach Sizilien zurückkehrte, nahm sie so viele alte und kranke Malteser wie möglich an Bord. Die Evakuierung der Insel von allen nutzlosen Essern war noch im Gange, als die Nachricht, die türkische Flotte habe Konstantinopel verlassen, allen weiteren Operationen zur See Halt gebot. Unterdessen nahmen Ausbildung und Übungen der Verteidiger ihren Fortgang.

»Jeder Mann mußte drei Musketenschüsse auf ein Ziel abgeben, und für die besten wurde ein Preis ausgesetzt.« Das war vielleicht recht wenig praktische Übung für manchen Mann der maltesischen Miliz, die nur spärliche Erfahrungen mit Feuerwaffen hatte. Aber von jetzt an mußte man mit dem Pulver sparsam umgehen. In St. Elmo und in den Kornspeichern von St. Angelo und St. Michael wurde das von Sizilien hergebrachte Korn in die großen unterirdischen Kammern eingefüllt, deren jede mit einem schweren Sandsteinblock verriegelt wurde. An den natürlichen Quellen der Marsa und vor den Toren des alten Mdina füllte man Tausende tönerner Wasserkrüge und transportierte sie in die einzelnen Festungen. Nur Birgu besaß eine eigene Wasserversorgung, »eine Quelle, die fast durch ein Wunder entdeckt wurde«.

In den Arsenalen und Pulvermühlen bereitete man die Ladungen für die Geschütze, die Brandbomben und die Mann-zu-

Mann-Feuerwaffen vor, mit denen die Belagerten ihre Wälle verteidigen wollten. In den Waffenschmieden klangen die Hammerschläge, mit denen die Kettenpanzer, die Helme und die von Nieten zusammengehaltenen Lederkoller der Festungsbesatzung ausgebessert und wieder auf Hochglanz gebracht wurden. Vorkehrungen für die geschützte Unterbringung der Galeeren sofort nach Beginn des Angriffs wurden getroffen. Das große türkische Kauffahrteischiff Kustir Agas wurde in der Bucht zwischen Birgu und Senglea sicher vor Anker gelegt.

Weder bei Tag noch bei Nacht wurden die Arbeiten auf der bedrohten Insel unterbrochen. Tag und Nacht klangen die Ambosse, schlugen die Maurer ihre Steine, hämmerten die Grobschmiede und prüften die Kanoniere ihre Waffen. Die Kommandanten der Forts inspizierten die Verteidigungsanlagen und wandten ihre Aufmerksamkeit vor allem darauf, die schwachen Stellen auszubessern, die nach so kurzer Vorbereitungszeit unvermeidlich noch vorhanden waren. Rhodos, daran mußten sie jetzt denken, hatte über 200 Jahre lang dem Orden gehört. Zur Zeit seiner Belagerung hatte es als Meisterstück des Festungsbaus in aller Welt gegolten.

La Valette wußte, daß er vor Juni von Garcia de Toledo oder dem spanischen König keine echte Hilfe erwarten konnte. Er wußte auch, daß er den Angriff irgendwann im Mai erwarten mußte, denn so lauteten die Informationen, die er von seinen Agenten in Konstantinopel erhalten hatte. Jedenfalls war es für den Sultan ein Gebot des gesunden Menschenverstandes, seine Schiffe sofort bei Frühlingsanfang segeln zu lassen. So würde der ganze Sommer zur Verfügung stehen, um die Insel zu bezwingen und die Eroberungen zu sichern,

Im Unterschied zu modernen Kriegen, die eher gleich nach Einbringung der Ernte ausbrachen, begannen Einfälle und Feldzüge zu Land in der Vergangenheit gewöhnlich im Frühling. Das galt besonders von über See vorgetragenen Angriffen, bei denen sehr in die Waagschale fiel, daß die Schiffe es bekanntermaßen nicht mit dem Winterwetter aufnehmen konnten.

Wenn er an Garcia de Toledos Versprechen dachte, hätte sich der Großmeister vielleicht auf eine Belagerung von nicht mehr als einem Monat Dauer einstellen können. Aber nicht umsonst war er als junger Mann auf Rhodos dabeigewesen, und nicht umsonst hatte er fast fünfzig Jahre lang bei Belagerungen und in Seeschlachten gekämpft.

Er wußte, daß die Versprechungen der Fürsten und noch

mehr ihrer Untergebenen im Licht der Umstände gesehen werden mußten. Rhodos hatte seiner letzten Belagerung fast sechs Monate lang widerstanden – aber Rhodos lag so dicht vor dem türkischen Festland und war so fruchtbar, daß sich die Invasoren leicht versorgen konnten. Malta, so rechnete La Valette, würde der Feind vor dem Herbst nehmen müssen. Nach dem September würden die Angreifer es bei so langen Nachschublinien schwer haben, sich zu versorgen und auf der Insel zu überwintern.

Wenn Malta fiel, war die »religio«, war der Orden des heiligen Johannes zum Untergang verurteilt. Es gab keinen anderen Zufluchtsort für ihn. »Es war also sein Schicksal, diesen nackten Felsen bis zum letzten zu verteidigen.« Niemals konnte es mehr, wie in Rhodos, eine ehrenvolle Kapitulation und einen vorbereiteten Rückzug an einen neuen Zufluchtsort geben.

Auch die türkische Armee und Flotte trafen während des ganzen Winters 1564–1565 ihre Vorbereitungen. Der Sultan begab sich, obwohl er in seinem hohen Alter von Gichtschmerzen geplagt war, hinunter zu den Arsenalen und Werften des Goldenen Horns, um die Armada zu inspizieren. Der Tod seiner Lieblingsfrau Roxellane, die Rebellion seines Sohnes Bajazet im Jahre 1561 und der unablässige Druck der Serailintrigen hatte dem Regenten Allahs auf Erden wenig Zeit gelassen, sich seines Reiches zu freuen. Jedenfalls war er sein ganzes Leben lang ernsten Gemütes gewesen. Und in seinen letzten Jahren konnte ihn nichts mehr von seiner leidenschaftslosen Art, an politische Dinge heranzugehen, abbringen. Als – einige Jahre vorher – Piali, der Admiral, dem er jetzt das Flottenkommando übertragen hatte, im Triumph von der Eroberung Djerbas an der nordafrikanischen Küste zurückgekehrt war, hatte selbst dieser große Erfolg über die verhaßten Christen den Sultan kaum zu irgendwelchen Zeichen der Befriedigung bewegen können. Von Hammer, der Historiker des türkischen Reiches, schreibt: »Er wohnte dem Schauspiel bei, ohne sein gewöhnliches ernstes und feierliches Benehmen zu ändern. Weder der Dünkel, den der Sieg hervorzurufen pflegt, noch der Rausch des Triumphes konnten ihn in seiner äußeren Haltung beeinflussen – so sehr hatten die Schmerzen seines privaten Lebens sein Herz gegen die Freuden des Schicksals verschlossen. Zugleich hatten ihn diese Schmerzen mit Mut gewappnet gegen alle Schläge, die ihm noch widerfahren mochten.«

Mustapha Pascha, der Oberbefehlshaber der Armee, entstammte einer der ältesten und angesehensten Familien der Türkei, einer alten Dynastie, die ihre Abstammung von Ben Welid, dem Standartenträger des Propheten Mohammed, herleitete. Er hatte auf Rhodos gegen die Ritter gekämpft, war Veteran der ungarischen und persischen Kriege und fanatisch religiös. Er war dem Sultan ergeben und bekannt für seine Gewalttätigkeit und Brutalität. Kein Christ, der ihm etwa in die Hände fiel, konnte Gnade erwarten. So ehrgeizig, wie es für einen Mann seines Berufes nur natürlich ist, hoffte er, seine triumphale Karriere zu krönen, indem er die Ritter des heiligen Johannes ein und für allemal aus dem Mittelmeer vertrieb.

Zum Mit-Kommandanten Mustaphas ernannte der Sultan seinen Admiral Piali. Anders als Mustapha, der geborene Türke, stammte Piali von christlichen Eltern ab. Man hatte ihn 1530 als Kind aufgefunden, wie er verlassen auf einer Pflugschar vor der Stadt Belgrad lag, die Soliman damals belagerte. Piali war im Serail des Sultans erzogen worden, hatte früh seine Berufung für die See entdeckt und sich durch seine Erfolge über die Christen einen gewaltigen Ruf erworben. Er war mit der Tochter Selims, des Sohnes Solimans und zukünftigen Sultans, verheiratet. Zur Zeit der Belagerung stand er auf dem Höhepunkt seiner Macht, etwa fünfunddreißig Jahre alt, von Soliman und seinem Schwiegervater begünstigt und gefeiert als der Sieger von Djerba. Zu seinen zahlreichen Erfolgen auf See gehörte auch das große Unternehmen von 1558, als er und der Korsar Dragut große Streifen der italienischen Küste verwüstet und Tausende von Menschen in die Sklaverei geführt hatten.

Diesen beiden hervorragenden Kommandeuren standen El Louck Aly, der Gouverneur von Alexandrien, und El Louck Aly Fartax zur Seite. Ersterer war ein gefürchteter Seekapitän türkischer Abstammung, letzterer ein ehemaliger Dominikanerbruder, ein Renegat und viele Jahre lang der aktivste türkische Pirat in der Ägäis. Salih, der Rais von Salik, und Hassem, der Gouverneur von Algier, hatten ebenfalls Befehl erhalten, mit allen ihnen zur Verfügung stehenden Schiffen und Truppen mitzukämpfen.

Vielleicht war sich der Sultan darüber klar, daß bei einer so erlauchten Versammlung von See- und Truppenkommandeuren und bei der Teilung des Oberkommandos zwischen Mustapha und Piali Meinungsverschiedenheiten auftreten konnten, und so gab er besondere Anweisung, die beiden Oberkommandierenden müßten in allem zusammenarbeiten.

Er ordnete an, Piali habe »Mustapha wie einen Vater zu ehren« und Mustapha Piali »wie einen Sohn zu behandeln«. Weiter gab er Anweisung, beide sollten mit dem Generalangriff warten, bis Dragut eingetroffen sei. Letzterer erhielt praktisch eine Blankovollmacht zur Überwachung der beiden vorgeordneten Offiziere, Mustaphas und Pialis. Eine solche Anordnung konnte auf keine große Gegenliebe rechnen, ebensowenig die Teilung des Kommandos zwischen Mustapha und Piali. Als der Großwesir, der joviale und immer zum Spott geneigte Ali, zusah, wie die beiden Befehlshaber sich hinunter zur versammelten Flotte begaben, meinte er: »Seht da, zwei gutgelaunte Männer, jederzeit geneigt, sich an Kaffee oder Opium zu erfreuen, begeben sich auf eine gemeinsame Vergnügungsreise nach den Inseln.«

Am 29. März 1565 fuhr die türkische Flotte vom Bosporus aus und warf vor der Goldenen Stadt Anker, um Truppen und Vorräte an Bord zu nehmen. Soliman war selbst erschienen, um die Macht und den Stolz seines Reiches auf den Gewässern des Goldenen Horns zu sehen. 181 Schiffe, nicht gezählt eine Anzahl von kleinen Segelschiffen, bildeten die Armada. 130 von ihnen waren lange Rudergaleeren, 30 Galioten oder Galeassen – letztere gehörten zu den größten Schiffen der Zeit und konnten etwa 1000 Mann transportieren. Elf große Handelsschiffe begleiteten die Flotte, von denen eines allein 600 Soldaten, 6000 Fässer Pulver und 1300 Geschützladungen trug.

Unter dem Dröhnen der taktschlagenden Gongs, den schrillen Pfiffen der Aufseher und dem Knarren und Ächzen der großen Ruder zog die Flotte in gleichmäßiger Fahrt dahin, zu den Werften und Kais Konstantinopels. Die Sonne strahlte über der Stadt mit ihren Minaretten, als der Sultan die Schiffe musterte. Vielleicht dachte er auch daran, daß an den Rudern der nach Malta bestimmten Galeeren Ritter und Soldaten saßen, die er in anderen Schlachten gegen diesen verabscheuungswürdigen Orden gefangengenommen hatte.

Es war April, und das Meer lag ruhig da, als die Flotte von Konstantinopel aus in See ging und in kleinen Etappen durch die Ägäis segelte. Admiral Piali wollte sich nicht auf die weite, offene Fläche des zentralen Mittelmeers wagen, bevor er im Mai auf eine sichere, gefestigte Wetterlage rechnen konnte.

Es dauerte nicht lange, dann erhielt La Valette, der besorgt auf seiner bedrohten Insel in Wartestellung lag, Nachricht vom Näherrücken der Türken. Kaufleute aus Konstantinopel, Fischer und Handelsschiffbesatzungen, die sie hatten vorüberziehen sehen, vermittelten ihm eine Vorstellung von der Streitmacht, die gegen ihn angesetzt wurde. Es wurde ihm berichtet, wie sie von Konstantinopel in See gestochen war, die großen Segelschiffe im Schlepp hinter den Galeeren. Er hörte davon, wie unterwegs während einer Flaute einmal mehrere Schiffe auf eine Sandbank abtrieben und wie eines davon verlorenging, wobei 1000 Mann ertranken, und ebenso ein anderes mit mehreren Kanonen und 8000 Fässern Pulver an Bord. Diese Verluste des Feindes, die das unerbittliche Vorrücken der Flotte nicht hatten verlangsamen können, ließen ihn die Größe der Streitmacht, die da auf Malta zukam, in etwa ahnen. Möglicherweise aber konnte der Großmeister selbst in den Augenblicken tiefsten Pessimismus nicht vermuten, welch große Anzahl von Schiffen und welch große Armee der Sultan gegen ihn aufgeboten hatte.

Die Historiker sind sich über die Stärke der türkischen Streitkräfte nicht einig, aber selbst die vorsichtigsten nehmen mindestens 30000 Mann an, und die meisten zeitgenössischen Chronisten schätzen sie auf 40000. Es handelte sich dabei durchweg um ausgebildete Kampftruppen. Die angegebenen Zahlen schließen die Seeleute, Sklaven und andere für die Verproviantierung und Versorgung einer so großen Armee erforderlichen Hilfsmannschaften nicht ein. 6300 Janitscharen bildeten die Angriffsspitze der Streitkräfte, alles geübte Hakenbüchsenschützen, die ausgesuchte Elite der türkischen Armee. Die Janitscharen insgesamt waren zu dieser Zeit etwa 40000 Mann stark, und die Annahme ist berechtigt, daß es sich bei den 6300 nach Malta geschickten um die Elite einer Elite handelte.

Das Gros des Heeres bildeten etwa 9000 Spahis aus Anato-

lien, Karamania und Rumänien. Weiter gab es die 4000 Iayalaren, eine andere Spezialtruppe, aus religiösen Fanatikern bestehend, die darauf gedrillt waren, sich ohne Rücksicht auf das
eigene Leben in die Bresche zu werfen. 4000 Freiwillige und
etwa 5000 einberufene Soldaten machten die Hauptmasse der
Armee vollständig. Eine beträchtliche Anzahl von griechischen,
levantinischen und jüdischen Renegaten folgte der Flotte in eigenen oder gecharterten Schiffen. Diese und andere Schlachten-
bummler hingen im Kielwasser der Armada wie Schakale an den
Fersen des Löwen.

Neben den Truppen bargen die Schiffe 80 000 Kanonenkugeln, 15 000 Zentner Pulver für Kanonen und Belagerungswaffen, dazu 25 000 Zentner für Arkebusen und Handfeuerwaffen.
Für eine Belagerung, die nach den Berichten der vom Sultan
ausgesandten Spione »nur ein paar Tage dauern« würde, kamen
die Türken wohlvorbereitet heran. Im übrigen hatte die Heeres-
intendantur der Hohen Pforte nicht vergessen, wie das Land
beschaffen war, in das man einfallen wollte. Woll- und Baum-
wollmäntel, Seile, Zelte und Pferde für die Spahis, Segeltuch
und Lebensmittelvorräte waren in Handelsschiffe verladen
worden. Sie wußte, daß man in Malta »weder feste Unterkünfte
noch Erde noch Holz finden würde«.

Der übrigen Flotte voraus fuhren die beiden Galeeren der
Oberbefehlshaber. Mustaphas Galeere stellte eine persönliche
Gabe Solimans dar. Sie war für den eigenen Gebrauch des Sultans entworfen worden, aus dem Holz des Feigenbaums gebaut,
sie trug den Namen »Sultana« und besaß 25 Ruderbänke. 200
Türken, freie Männer, keine Galeerensklaven, stellten die Ruderer. Kapitän war ein berühmter Seeräuber, der unter dem Piraten Barbarossa gedient hatte und im ganzen östlichen Mittelmeer unter dem Spitznamen »Soliman der Inseln« bekannt und
gefürchtet war.

Piali, der als Flottenchef nicht hinter Mustapha zurückstehen
durfte, fuhr in einer Galeere mit 34 Ruderbänken, »in dem
größten und schönsten Schiff, das man je am Bosporus gesehen«. Über dem geschnitzten und vergoldeten Heck gab ein
Sonnensegel aus reinem Seidenbrokat Schutz gegen die Mittel-
meersonne. Über dem Quartier des Großadmirals war die persönliche Standarte des Großtürken gesetzt – eine drei Meter im
Quadrat messende gehämmerte Silberplatte, überragt vom
Halbmond und einer goldenen Kugel, von der ein langer Roß-
haarschweif niederhing. Das zeigte an, daß Soliman der Präch-

tige in der Person seiner Janitscharen an Bord gegenwärtig sei. Der Sultan selbst war Ehrenjanitschar und hatte den Ehrenrang eines gewöhnlichen Soldaten inne. Es wird berichtet, daß Soliman an dem Tag, an dem er vor den Janitscharen erschien, um seinen Soldatensold zu empfangen, jedesmal vom Aga ein Trinkgefäß mit Sorbet gereicht bekam und den Trinkspruch ausbrachte: »Wir werden uns beim Roten Apfel wiedersehen.« Dieser saftige rote Apfel versinnbildlichte die »himmlische Stadt«. Von der Besatzung der ungeheuren Flotte, die da über die gezeitenlose See auf die Insel zu knarrte und schwankte, war es vielen bestimmt, einander beim Roten Apfel wiederzusehen, aber nie wieder die Minarette und die zypressengrünen Hänge Konstantinopels zu Gesicht zu bekommen.

Unterdessen führte Großmeister La Valette seine Vorbereitungen zu Ende. Alle Gebäude, die außerhalb der Mauern von Birgu und Senglea lagen, wurden dem Erdboden gleichgemacht, so daß sie Scharfschützen keine Deckung bieten konnten. Zwei der sieben Galeeren des Ordens lagen im Norden, in Messina, von den fünf verbleibenden brachte man drei in dem Wassergraben hinter St. Angelo in Sicherheit, und zwei (die »St. Gabriel« und die »Couronne«) wurden in den Gewässern bei Birgu versenkt, aber so, daß man sie späterhin wieder heben konnte.

Die Bauern wurden angewiesen, alle Tiere und jede verfügbare Menge von Gemüse und Frühjahrsfrucht hinter die Wälle von Birgu und Mdina zu bringen. Nichts sollte dem Angreifer überlassen werden. La Valette wollte nicht, daß Birgu zu sehr übervölkert würde, denn es schien ihm gewiß, daß das Dorf die Hauptlast des Angriffs tragen mußte; so gab er dem größten Teil der Bevölkerung, soweit sie nicht Waffen tragen konnte, Befehl, innerhalb der Mauern Mdinas Zuflucht zu suchen. Ähnliche Befehle gingen nach Gozo; die Landbevölkerung wurde angewiesen, sobald der Angriff begann, sich in der Zitadelle in Sicherheit zu bringen.

La Valette schien es wahrscheinlich, daß er den Angriff von Südosten erwarten mußte, denn die große Bucht von Marsasirocco würde der Flotte des Sultans während der Sommermonate ausreichenden Schutz bieten. Er wußte jedoch, daß auch Marsamuscetto, im Norden an St. Elmo angrenzend, einen vorzüglichen Ankerplatz abgab. Man mußte also auch damit rechnen, daß der türkische Admiral versuchen würde, sich den Zugang zu dieser sicheren Bucht zu erzwingen – besonders wenn man in Betracht zog, daß Dragut und andere türkische Piraten in vergangenen Jahren gewohnt waren, Marsamuscetto zu benutzen. Es war möglich, daß St. Elmo – dieses neue und noch nicht erprobte Fort – den ersten Ansturm aushalten mußte. Ob nun die türkische Flotte sich am Großen Hafen oder an Marsamuscetto versuchte, St. Elmo würde ihr zuerst den Weg verlegen. Die Auswahl seiner Besatzung mußte von größter Bedeutung sein.

Luigi Broglia, ein piemontesischer Ritter und über siebzigjähriger Veteran, war Kommandant dieser Schlüsselstellung. Obgleich La Valette Broglias bekannte Tapferkeit hoch achtete, hielt er es für angebracht, ihm einen jüngeren Mann an die Seite zu stellen. Er ernannte einen spanischen Ritter, Juan de Guaras, zum Unterkommandanten oder »Hilfskapitän«. Die gewöhnliche Garnison des Forts bestand aus nur sechs Rittern und 600 Mann. La Valette verstärkte sie mit weiteren 200 spanischen Infanteristen unter dem Befehl von Don Juan de la Cerda. (Diese spanischen Truppen waren am 13. Mai aus Sizilien eingetroffen, mehr war von den versprochenen 1000 Mann des Vizekönigs noch nicht da.) Weitere 46 Ritter, Freiwillige aus jeder der sieben Provinzen, wurden ebenfalls zur Verstärkung der Garnison nach St. Elmo geschickt.

Was Mdina und die Zitadelle von Gozo angeht, so verstärkte sie der Großmeister, soweit es in seiner Macht stand, und sandte nach Mdina den Großteil der Reiterei des Ordens. Obwohl man im Kriegsrat vorgeschlagen hatte, diese beiden Positionen aufzugeben und alle Streitkräfte in den Schlüsselstellungen rund um den Großen Hafen zu konzentrieren, bestand La Valette darauf, daß beide der Verteidigung wert seien, weil sie den Feind behindern konnten. In der Hoffnung, daß die Türken ihr Hauptlager im Süden Maltas aufschlagen würden, sah La Valette, wie wichtig die Aufrechterhaltung seiner Verbindungen mit dem Norden der Insel, mit Gozo, und dadurch mit Sizilien sein würde.

Mitte Mai, als die Invasion stündlich bevorzustehen schien, rief der achtundvierzigste Großmeister des Wohledlen Ordens der Ritter vom heiligen Johannes von Jerusalem alle seine Mitbrüder zusammen. Zum letzten Mal konnte er im Generalkapitel zu ihnen sprechen, und niemand wußte besser als er, daß sich viele unter den Anwesenden befanden, zu denen er nie mehr sprechen würde.

»Es ist die große Schlacht zwischen Kreuz und Koran, in die wir nun ziehen. Ein gewaltiges Heer von Ungläubigen steht im

Begriff, unsere Insel zu belagern. Wir sind die auserwählten Soldaten des Kreuzes, und wenn der Himmel das Opfer unseres Lebens verlangt, kann es keine bessere Gelegenheit geben als diese. Laßt uns also, meine Brüder, zum heiligen Altar eilen. Dort wollen wir unsere Gelübde erneuern und durch die Kraft unseres Glaubens an die heiligen Sakramente jene Todesverachtung erlangen, die allein uns unbesiegbar machen kann.«

Die engen Straßen von Birgu, unterhöhlt von Kellern, unterirdischen Gängen und Vorratsräumen, hallten wider und dröhnten, als die gepanzerten Männer in Prozession zur Konventskirche zogen. Es war Frühling, die Luft warm, die Wasser des Großen Hafens lagen ruhig da, und die berühmten Honigbienen von Malta flogen geschäftig über den purpurnen Kleeblüten hin und her. Die Sonne glänzte golden auf den Giebeln der Sandsteinhäuser und auf den Brustwehren. Nur weniger als 300 Meilen noch entfernt bewegte sich die türkische Armada über das stille Ionische Meer.

Als die Ritter die Kirche verließen, waren ihre Herzen voller Jubel. »Kaum«, so hieß es, »hatten sie das Brot des Lebens empfangen, als jede Schwäche verschwand. Alle Parteiungen unter ihnen und alle persönlichen Feindschaften hörten auf.«

Ähnliche Zuversicht und Siegesgewißheit herrschten auch bei der türkischen Flotte. Die Soldaten der Kampftruppen überprüften Waffen und Rüstungen, während die Pferde in ihren Boxen wieherten und sich die Sklaven über die Rudergriffe beugten. Unter ihren seidenen Sonnenzelten saßen die Kommandeure, aßen die süßen Trauben Trapezunts und tranken Sorbet. An den kühlen Morgen, um Mittag und am Abend, wenn sich die Sonne auf die purpurne See niedersenkte, mahnten die Stimmen der Mullahs die Gläubigen. »O ihr Rechtgläubigen«, riefen sie. »Wenn wir auf die Ungläubigen treffen und sie gegen euch vorgehen, wendet ihnen nie den Rücken. Jeder, der an diesem Tage ihnen den Rücken zuwendet, wird den Zorn Allahs auf sich ziehen, und seine Wohnung wird in der Hölle sein.« Auch sie glaubten an ein den Gläubigen vorbehaltenes Paradies.

Die ersten Schiffe wurden am Freitag, dem 18. Mai, von den Wachtposten auf den Wällen von St. Elmo und St. Angelo gesichtet. Die Flotte befand sich noch etwa 15 Meilen von der Insel entfernt und näherte sich von Ostnordost. Als sich der Frühnebel vom Wasser hob, sahen die Posten die Schiffe in Form eines großen Fächers auseinandergezogen vor sich. Langsam kamen sie heran, ihre Ruder durchfurchten die ruhige See. Warnschüsse dröhnten von der Insel her.

Von St. Elmo und St. Angelo aus wurden drei Kanonenschüsse abgefeuert. Kaum war ihr Echo in der stillen Luft verhallt, als man gleiche, antwortgebende Detonationen von der alten wallumgebenen Stadt Mdina her vernahm. In der Zitadelle von Gozo hörte man das Signal, sah den Rauch über Mdina gegen den klaren Himmel aufsteigen und feuerte alsbald ebenfalls eine Salve ab.

Mit einem Mal wachte das ganze Land auf. In den quadratischen, kastengleichen Häusern erhoben sich die Bauern und fingen an, ihre Tiere von der Weide zu holen, ihre Pferde und Esel mit Lebensmitteln und anderen Vorräten zu beladen. Unten in der Bucht zwischen Birgu und Senglea rüsteten die Werftarbeiter und Seeleute eine Erkundungsflottille aus. Von den ummauerten Dörfern und den steinernen Brüstungen des Forts St. Angelo her begannen Trommeln zu schlagen und Trompeten zu blasen. »Überall wurde zu den Waffen gerufen. Darauf regte sich emsiges Treiben; die einen gingen mit äußerster Sorgfalt daran, ihre Waffen und Pferde zu putzen und bereitzumachen, die anderen beluden ihre Lasttiere und sich selbst mit Haushaltsgegenständen und Kindern, um sie an einen sicheren Platz zu bringen; andere wiederum holten die in vielen Teilen des offenen Landes bereits abgeernteten Feldfrüchte herein und häuften sie auf zum Transport in die Festungen.« Das Warnsignal versetzte nicht nur die Ritter des heiligen Johannes, sondern die ganze Bevölkerung der bedrohten Inseln in Alarmzustand – genau wie La Valette es geplant hatte.

Der einzige Bevölkerungsteil, von dem aus der ganzen Belagerungszeit so gut wie nichts überliefert scheint, ist der maltesische Adel. Die maltesische Folklore nennt eine Fülle von Namen einzelner Soldaten und Seeleute, denen große Leistungen zugeschrieben werden, und die Historiker der Ritter trugen Sorge dafür, daß der Orden des heiligen Johannes in gutem Andenken blieb. Nur die alten Malteser Familien haben anscheinend an dem Kampf keinen Anteil genommen. Fast ausnahmslos blieben sie in ihren Häusern innerhalb der Wälle Mdinas. Vieles spricht dafür, daß ihre Hauptreaktion auf den türkischen Angriff in den Worten über die Ritter bestand: »Sie haben Wind gesät, nun sollen sie auch den Sturm ernten.« Der türkische Angriff wäre nie erfolgt, wenn der Johanniterorden nicht auf ihrer Insel sein Hauptquartier gehabt hätte. Jedenfalls aber galt der alte Inseladel nicht als erwünscht, wenn es sich um den Eintritt in den Orden handelte (was ihn natürlich erbitterte), und man hatte seinen Rat für die Verteidigung des Großen Hafens oder von Marsamuscetto nie gesucht. Die Adligen waren keine Seeleute und hatten dem, was um Birgu vor sich ging, und dem Wasser stets den Rücken zugewandt.

Vier Schiffe unter Mathurin d'Aux de Lescout-Romegas wurden sofort ausgesandt, um zu rekognoszieren und über Zahl und Anordnung der anrückenden Armada zu berichten. Ein Gefecht kam nicht in Frage. Selbst zu dieser Stunde war schon zu erkennen, daß die sich nähernden Schiffe nach Nordosten zu den ganzen Horizont bedeckten. Es kann kein Zweifel darüber bestehen, daß Chevalier Romegas gerne angegriffen hätte, wenn es irgend möglich gewesen wäre.

Romegas, zu dieser Zeit Befehlshaber der Galeeren, war bekannt als der beste christliche Seemann im Mittelmeer. Wie der Großmeister hatte sich Romegas frühzeitig an das harte und gefährliche Leben eines kämpfenden Ritters gewöhnt. Durch seine Gelübde zu unablässigem Kampf gegen die Ungläubigen verpflichtet, hatte er, seit er als junger Mann in den Orden eingetreten war, immer wieder an Land- und Seeschlachten teilgenommen. Auch die Gefahren der Natur hatten diesen unbändigen Seemann gestählt. Einige Jahre zuvor hatte er zu den wenigen Überlebenden einer Galeere gehört, die im Großen Hafen von einer Wasserhose zum Kentern gebracht wurde. Dabei hatte er die ganze Nacht in dem gekenterten Schiff gefangen zugebracht, »bis zum Kinn im Wasser, sich mit den Händen am unteren Teil des Schiffes anklammernd; er hatte kaum genügend Luft, um dem Erstickungstod zu entgehen ...« Als am Morgen die Rettungsmannschaften erschienen und versuchen wollten, die gesunkenen Schiffe zu heben, vernahmen sie aus dem

Rumpf der Galeere des Chevalier Romegas ein Klopfen. Die maltesischen Arbeiter sägten ein Loch in die Unterseite des Schiffsrumpfes und sahen zu ihrer Überraschung »als erstes einen Affen herausspringen (damals wie heute hatten die Seeleute gerne ihre Lieblingstiere an Bord) und als zweiten den Ritter Romegas«.

Romegas war also der rauhe Krieger, den La Valette aussandte, um aufzuklären und über die herannahende Flotte Sultan Solimans zu berichten. Aber selbst dieser Feuerfresser erschrak vielleicht angesichts der Unzahl von Schiffen, welche die See östlich Maltas bedeckten. Jedenfalls ignorierten die Türken die maltesischen Galeeren verächtlich und blieben weiter auf ihrem Kurs nach dem Süden der Insel. Ihnen voraus fuhr eine schnelle Galeasse unter dem Meisterlotsen Pialis. Der Mann am Handlot vorne im Bug arbeitete emsig und rief die Wassertiefe aus, als die riesige Menge der Schiffe die Fünfzig-Faden-Linie überfuhr und sich dann nach Süden wandte, auf die Delimara-Landspitze und den Hafen von Marsasirocco zu.

Aber als der Tag weiter vorrückte, waren La Valette und sein Kriegsrat einigermaßen verblüfft. Die Flotte unternahm keinen Versuch, nach Marsasirocco einzulaufen, blieb fest auf ihrem Kurs und umrundete die Südspitze der Insel. Leichter nordöstlicher Wind und die herrschende Dünung mögen die Türken zu dem Entschluß veranlaßt haben, um Malta herum in den Windschatten der Insel zu fahren.

Sobald klar wurde, daß der Gegner nicht direkt dem Ankerplatz von Marsasirocco zustrebte, schickte La Valette den Großmarschall Copier mit einer Kavallerieabteilung aus, mit dem Auftrag, der Flotte um die Küste herum zu folgen. Auf den Felsenklippen in der Nähe des Fischerdorfs Zurrieq verhielten die Reiter und beobachteten. Als die Dämmerung einfiel, sahen sie die ganze türkische Flotte als Silhouette gegen den westlichen Himmel. Sie blieb in Küstennähe und fuhr zwischen der kleinen Insel Filfla und Malta hindurch, ein Anblick, bei dem selbst das abgehärtetste Mitglied des Ordens die gewaltige Macht des Islam erkennen und fürchten lernen konnte.

Man zählte über 190 Schiffe, die da weniger als einen Kilometer von der bedrohten Insel entfernt unter Segel und Ruder dahinzogen. In drei Hauptgeschwadern fuhren sie langsam an der Küste entlang wie bei einer Flottenparade, die dem Feind Schrecken einflößen sollte. Sobald sie, etwas nördlich des Dorfes Mgarr, in Lee der Steilklippen gelangt war, begann die Flotte zu ankern. Meldereiter eilten sofort zurück zum Konvent nach Birgu und sagten dem Großmeister die Zahl der Schiffe und ihren Ankerplatz an.

In diesem Augenblick muß sich La Valette gefragt haben, ob nicht der Gegner vielleicht die Absicht habe, im Norden zu landen. Wenn das zutraf, würde sich der erste Ansturm fast mit Sicherheit gegen die schwachen Wälle Mdinas richten. Schlimmer noch, wenn der Norden der Insel besetzt und Gozo abgeschnitten wurde, vermochten die Türken mit Leichtigkeit jede Verbindung zwischen der belagerten Garnison und Sizilien zu verhindern. Ein kleines Boot, das unter den Wällen von St. Angelo in Warteposition gelegen hatte, wurde sofort die Ostküste der Insel hinaufgeschickt. Ein italienischer Ritter, Giovanni Castrucco, führte das Kommando. Seine Befehle lauteten dahin, nach Sizilien und zu Philipps II. Vizekönig in Messina die Meldung zu bringen: »Die türkische Flotte ist fast 200 Schiffe stark. Wir erwarten Eure Hilfe.«

Als die Nacht hereinbrach, kamen die Bauern immer noch von den Feldern herein, führten ihre beladenen Tiere und schwankten selbst unter Säcken mit Mehl und Gemüse. Innerhalb der Mauern von Mdina, Birgu und Senglea mischte sich das Meckern der Ziegen und Wiehern der Pferde mit den Rufen der Soldaten und dem Klingen der Ambosse in den Waffenschmieden. Auf den Klippen über Ghain Tuffieha, wo der Feind vor Anker lag, hielt eine Kavallerieeinheit Wacht. Hinter sich, nach Süden zu, konnten sie den Lichtschein über der alten Stadt Mdina sehen und zu ihren Füßen in der dunklen Bucht das Funkeln von Myriaden Lampen. Aus dem Schweigen der Nacht erhoben sich all die Geräusche der großen Flotte – unzählige Stimmen, das Dröhnen von Gongs, der schrille Ton der Bootsmannspfeifen und das Platschen und Rasseln, das entstand, wenn ein Nachzügler schließlich bei der Hauptflotte eintraf und Anker warf.

In den frühen Morgenstunden bemerkten die Posten zuerst, wie eine Flottille von über 30 Schiffen die Anker zu lichten begann. Sie beobachteten weiter und sahen sie Kurs nach Süden nehmen. Augenblicklich wurde die Nachricht zur nächsten Kavallerieabteilung weitergegeben, die wiederum den Schiffen die felsige Westküste entlang zu folgen begann.

Sie beobachteten, wie die Galeeren vor dem hellen Himmel und dem phosphoreszierenden Wasser vorbeizogen. Manche von ihnen hatten große Handelsschiffe im Schlepptau. Sie fuhren wieder zurück zum Hafen von Marsasirocco. Der Großmeister hatte richtig vermutet. Bei der Nord-West-Bewegung der Flotte hatte es sich nur um eine Finte gehandelt – der wirkliche Angriff würde von Süden her erfolgen.

Mehrere Trupps gingen eifrig daran, nach La Valettes Anweisungen die in dem Tiefland der Marsa gelegenen Brunnen zu verunreinigen. Hanf, Flachs, bittere Kräuter und Kot wurden in die Wasserlöcher und Quellen geworfen. La Valette wußte, daß die Türken nur hier hoffen konnten, ihre gewaltige Armee mit Wasser zu versorgen. Es mag sein, daß diese Aktion mit zu der Ruhrepidemie beitrug, die später unter den türkischen Streitkräften wütete. Ganz gewiß hielt es diese nie davon ab, die Wasservorräte der Marsa zu benutzen.

Die Vorbereitungen, um dem unmittelbar bevorstehenden Angriff zu begegnen, machten Fortschritte. Der Chevalier Melchior d'Eguaras wurde mit dem Gros der Kavallerie nach Mdina beordert. Sie sollte eingesetzt werden, um die türkischen Streitkräfte zu beunruhigen und nach Vorräten fahndende Abteilungen abzuschneiden, nicht aber, um die berittenen Spahis anzugreifen. Die Wachen auf allen Verteidigungswerken waren nun aufgezogen. Die drei französischen Provinzen – Provence, Auvergne und Frankreich – hielten die Landseite von Birgu besetzt. Aragonien (wozu auch Katalonien und Navarra gehörten) stand dem westlichen Wall entlang bis hinauf zu Fort St. Angelo. Kastilien verteidigte die große Bastion. Die Deutschen hielten den Rest der Verteidigungslinien.

Die englische Provinz, diese einstige »reiche und edle Hauptstütze« des Ordens, war nur durch einen Ritter vertreten, durch Sir Oliver Starkey, den lateinischen Sekretär des Großmeisters. Aus Achtung vor Starkeys Fähigkeiten und vielleicht in wehmütigem Andenken an die alten Tage, da die Engländer an der Spitze der kämpfenden Christenheit gestanden hatten, unterstellte La Valette dem einzigen verbliebenen Mitglied der Provinz eine Abteilung aus den verschiedensten Nationalitäten. Er betraute die »englische Zunge« damit, den übrigen Wall um St. Angelo zu verteidigen.

In Belagerungszeiten erwies sich die merkwürdige nationale Gruppierung des Ordens als vollauf gerechtfertigt. Alle gehörten zum selben Heer, aber jede der einzelnen Gruppen hatte, wie Soldaten verschiedener Regimenter, ihren eifersüchtig gehüteten Ruf und ihre Tradition. Die daraus folgende Rivalität, die Entschlossenheit, die Taten anderer Provinzen zu übertreffen, trugen viel zum wilden Kampfeifer des Ordens vom heiligen Johannes bei.

Die kleinen Schiffe wurden an sicheren Ankerplätzen vertäut oder auf Land gezogen, und die Galeeren lagen geschützt in dem Wassergraben zwischen Birgu und St. Angelo. Wenn sich erst einmal der Hauptangriff entfaltete, konnte der Großmeister, wie er wohl wußte, auch nicht ein Schiff mehr aus dem Hafen herausbringen. Eine Belagerung war ein von Menschen entfesselter Orkan, vor dem alles niet- und nagelfest gesichert werden mußte.

Quer über den schmalen Wasserarm zwischen St. Angelo und Senglea wurde eine große Kette gezogen, um die Einfahrt für jeden Angriff von See her zu sperren. Sie war mehr als 200 Meter lang, bestand aus handgeschmiedeten Eisengliedern und war in den berühmten Venezianer Schmieden eigens zu diesem Zweck angefertigt worden. Man erzählte sich, jedes Kettenglied habe den Orden zehn Golddukaten gekostet. Auf der Seite nach Senglea zu war die Kette an einem riesigen Anker befestigt, den man von der »Großen Karake von Rhodos« genommen hatte, dem Flaggschiff des Ordens. Den Anker hatte man in den gewachsenen Felsen eingebettet und dann noch mit Steinmauern umgeben, so daß nichts ihn zu bewegen vermochte. Am anderen Ende hielt ein riesiges Ankerspill, das auf einer eigens gebauten Plattform unter Fort St. Angelo befestigt war, die Kette. In normalen Zeiten war sie ausgehängt und lag teilweise auf dem Hafengrund, überall tiefer als der Tiefgang aller Schiffe, die die Bucht benutzten.

Jetzt, da es an die letzten Vorbereitungen ging, begannen Sklaventrupps sich in die Speichen des Ankerspills zu legen und die Kette zu heben. Als sie sich straffte und die Wasseroberfläche durchbrach, fuhren maltesische Ruderboote hinaus und schleppten hölzerne Pontons und Flöße hinter sich her. Die Kette wurde in regelmäßigen Abständen daran befestigt, so daß sich jedem Anschlag eine geschlossene Sperre entgegenstellte. Die Pontons trugen dazu bei, die Kette auf Höhe der Wasseroberfläche zu halten und jede Neigung zum Sinken oder Durchhängen zu verhindern. Jetzt waren die beiden Halbinseln, Birgu und Senglea, sowohl an der Land- wie an der Seeseite für den Angreifer gesperrt.

Um die Mittagszeit am Samstag, dem 19. Mai, wurde bekannt, daß die Türken begonnen hatten, in Marsasirocco zu landen. Die Vorausflottille, die in den frühen Morgenstunden aufgebrochen war, hatte bereits Anker geworfen, und die Angriffsspitze der türkischen Streitkräfte ging im Süden an Land, ohne Widerstand zu finden. Aus dem Norden, wo die Hauptmacht der Flotte vor Anker lag, kam die Meldung, daß auch sie sich in Bewegung zu setzen und nach Süden zu wenden beginne. Um die Mitternacht des 19. war die ganze Armada in See und zum Ankerplatz von Marsasirocco unterwegs.

Im Verlaufe des Tages setzten die Schiffe, die bereits in Marsasirocco vor Anker lagen, etwa 3000 Mann, davon 1000 Janitscharen, an Land. Diese Vorausabteilung rückte geradewegs ins Inland vor in Richtung auf das etwa 2,5 Kilometer von der Küste entfernte Dorf Zeitun. Sie hatte Befehl, so viel an Tieren und Lebensmitteln zu erbeuten, wie sie erreichen konnte, und die Bauern daran zu hindern, die Feldfrüchte zu vernichten oder wegzuführen. Dieses Ziel aber hatte La Valettes Vorsorge vereitelt. Sie fanden das Land leer, die Bauern waren mit ihren Tieren geflohen und die Ernte bereits eingebracht. Zum ersten Treffen des Feldzuges kam es, als sie sich Zeitun näherten.

Eine Kavallerieabteilung, die Marschall de Copier zur Überwachung der Straße zwischen Marsasirocco, Zeitun und dem Norden ausgesandt hatte, stieß auf die Erkundungspatrouillen der Türken. Ein portugiesischer Ordenspostulant, Don Mesquita, Neffe des Gouverneurs von Mdina, wurde in diesem ersten Treffen getötet, ein französischer Ritter, Adrien de la Rivière, verwundet und gefangengenommen. An Zahl unterlegen und von den vorrückenden Janitscharen und der leichten Infanterie überflügelt, zog sich die Kavalleriepatrouille zurück und mußte den ersten Toten und den ersten Verwundeten des Feldzugs liegenlassen. Auch ein portugiesischer Novize des Ordens, Bartolomeo Faraone, geriet in Gefangenschaft. Zusammen mit de la Rivière wurde er zum Verhör durch Mustapha zurückgebracht.

Mustapha ging zusammen mit seinem Kriegsrat und dem Gros der Armee am Morgen des 20. Mai an Land. Die Gefangenen wurden ihm vorgeführt, und er verlangte Auskunft über die Verteidigungsanlagen der Insel. Beide Gefangenen müssen in diesem Augenblick gewußt haben, daß ihnen der Tod sicher war, denn sie weigerten sich, irgend etwas auszusagen. Mustapha übergab sie den Folterknechten.

Mittlerweile waren die Voraustruppen der Armee über Zeitun hinausgelangt und plünderten den nächsten Ort auf ihrem Weg, den Weiler Zabbar. Hinter Zabbar bis hin zu den nur eineinhalb Kilometer entfernten Wällen von Birgu und Senglea lag nur noch ödes, welliges Land.

La Valette vervollständigte seine Vorbereitungen, während Mustapha und Admiral Piali über den besten Anmarschweg konferierten. Nach St. Elmo waren bereits die letzten Vorratsgüter und Munitionsvorräte geschickt worden, die beiden Halbinselbesatzungen waren aktionsbereit, und die Standarte des heiligen Johannes wehte auf den Mauern vor St. Angelo. Außer einer kleinen Schar, die man zum Patrouillieren auf den Wällen unbedingt brauchte, hatte man alle verfügbaren Fußsoldaten zur Verstärkung der Garnison von Birgu aus Mdina herbeordert. La Valette besaß bereits eine ziemlich genaue Vorstellung von der Stärke der Truppen, die gegen ihn anmarschierten. Zwei Überläufer aus der türkischen Armee hatten ihm Nachrichten über ihre Größe und ihre Absichten gebracht. Ihre Erzählungen bestätigten ihn in seiner Auffassung, Mustapha beabsichtige, die Ritter in ihren Hauptstützpunkten anzugreifen, ohne zuvor den Norden der Insel zu besetzen.

Auch Mustapha Pascha beglückwünschte sich, weil er einige nützliche Informationen erhalten hatte. Chevalier de la Rivière und sein Gefährte Faraone hatten unter der Folter herausgeschrien, der schwächste Punkt in den Verteidigungsanlagen sei der Abschnitt Kastiliens. Mustapha beschloß, am folgenden Tag dort einen Angriffsversuch zu machen.

Als die türkische Armee näherkam, gab es ein weiteres Kavalleriegefecht mit ziemlich schweren Verlusten auf beiden Seiten, bei dem Ordensmarschall Copier gezwungen wurde, seine Truppen unter den Schutz der Kanonen von Birgu und Senglea zurückzuziehen. Ein türkischer Voraustrupp, der in der Marsa aufklärte und besonders nach Wasserstellen Ausschau hielt, wurde von einer die Hänge Mdinas herabstürmenden Kavallerieabteilung überfallen. Diese ersten Scharmützel boten beiden Seiten Gelegenheit, den Kampfgeist des Gegners zu erproben und sich an seine Taktik und seine Waffen zu gewöhnen. Die Türken merkten sofort, daß dies kein leichter Sieg werden würde. Die Ritter und ihre Truppen trafen – viele von ihnen zum ersten Mal – auf den brennenden Fanatismus des Islam. Abgesehen von diesen Zusammenstößen zwischen berittenen Verbänden, breitete sich die türkische Armee über den ganzen Süden der Insel aus, ohne Widerstand zu finden.

Die Art und Weise, wie La Valette den Feldzug einleitete, hat manchen Historikern Rätsel aufgegeben. Warum, so fragten sie, stellten sich die Ritter des heiligen Johannes dem Gegner nicht sofort bei Beginn der Landung entgegen? Die Antwort darauf umgreift das ganze Problem des Belagerungs- und Festungskrieges. Ein Fort ist seinem Wesen nach dazu bestimmt, einer kleinen Einheit von Soldaten den Widerstand gegen den Angriff überlegener Kräfte zu ermöglichen. Bei der Belagerung Maltas konnte La Valette nicht mehr als 9000 Mann gegen eine Armee von über 30000 aufbieten. Doch innerhalb einer Festungsanlage bestand für die Verteidiger, mochten sie auch im Verhältnis eins zu drei unterlegen sein, eine vernünftige Chance. Ihre Lage glich mancher während der Kreuzzüge im Heiligen Land entstandenen, die dann zur Entwicklung der Festungsbaukunst geführt hatte. Zahlenmäßig unterlegen, wie sie es waren, in feindlichem Gebiet und ohne die Möglichkeit, Verstärkungen anders als über eine Tausende von Meilen lange Nachschublinie auf See zu erhalten, hatten christliche Kampforden wie der der Ritter vom heiligen Johannes die einzige Lösung für ihre Probleme im Fort gefunden. Hinter dessen massiven Mauern, Bastionen und Wällen war es ihnen gelungen, gewaltige Streitkräfte in Schach zu halten.

Das gleiche galt auch für Malta. Wenn La Valette versucht hätte, der türkischen Landung entgegenzutreten, wären ihm zwar vielleicht einige glückliche Anfangserfolge gelungen – aber seine Truppen wären bald besiegt worden. Der Gegner hätte sie umgangen, feindliche Abteilungen wären an anderen Stellen der Küste gelandet, um sie im Rücken zu packen. Auf jeden Fall hätte sie das bloße zahlenmäßige Übergewicht bald erdrückt. Malta, das keine Deckung bot, weder Berge noch Bäume besaß, war nicht Kreta, wo ein Kommandeur Guerillakrieg führen konnte. La Valette besaß nur zwei Möglichkeiten: Er konnte den Landungen vom ersten Augenblick an Widerstand entgegenstellen oder aber sich in seine vorbereiteten Festungsanlagen zurückziehen. Es kann kein Zweifel darüber bestehen, daß er richtig entschied.

Drei Tage nachdem die türkische Flotte gesichtet worden war, hatte die Armee die ganze Insel bis zu einer südlich des Großen Hafens verlaufenden Linie in der Hand und bereits die Marsa besetzt. Ihre Hauptmacht begann nun in eine Stellung auf den niedrigen Hügeln vorzurücken, die den Hafen von Süden her beherrschte. Einer der schwachen Punkte in den Verteidigungsanlagen von Birgu und Senglea bestand darin, daß diese

beiden befestigten Dörfer von der Sandsteinhöhe von Corradino aus auf der einen und von hochgelegenen Punkten wie
dem Santa-Margherita-Hügel hinter Kalkara auf der anderen
Seite eingesehen werden konnten. In ähnlicher Weise konnte
Fort St. Elmo vom Monte Sciberras aus eingesehen werden. Auf
diese naturbedingten Schwächen war in früheren Berichten der
vom Orden engagierten Ingenieure hingewiesen worden, aber
leider hatten weder Zeit noch Geld ausgereicht, um sie zu
beheben.

Wenn die Posten auf den Bastionen nach Süden blickten,
konnten sie am Horizont die blitzenden Waffen der Türken
erkennen, als diese zu ihrem ersten gegen die Hauptverteidi-
gungsanlagen gerichteten Sturm anrückten. Mustapha Pascha
hatte sich angesichts der aus seinen beiden Gefangenen heraus-
gepreßten Information entschlossen, die Stellung der Kastilier
anzugreifen. Die flachen Hügel wurden von prachtvollen Standarten gekrönt und glänzten von den Gewändern und juwelenbesetzten Turbanen der Kommandeure. Die Griffe ihrer Säbel
waren emailliert und mit Edelsteinen verziert. Dreieckige Sei-
denbanner flatterten an der Spitze der verschiedenen Abteilungen. Die Schabracken der Pferde waren fast ebenso farben-
prächtig wie Kleider und Rüstung ihrer Reiter. »Das Ganze
glich aus der Ferne einer unübersehbar großen Zahl von Blumen auf einer prachtvollen Wiese; es war ein Genuß nicht nur
für die Augen, sondern dank der zahlreichen Instrumente, deren Töne in der Luft zu vollendeter Harmonie verschwammen,
auch für die Ohren.«

Bei diesem Anblick und eingedenk des weisen Rates Garcia
de Toledos, seine Truppen zu schonen, gab La Valette Befehl an
alle, innerhalb der Mauern zu bleiben und kein Feuer zu geben,
bevor sich der Feind in sicherer Schußweite befinde. Er hatte
dabei jedoch nicht mit dem Feuergeist und dem Ungestüm der
Jugend gerechnet – und es gab unter seinen Rittern viele, für die
dies der erste Einsatz war. »Er mußte seine ganze Autorität
einsetzen, um sie davon abzuhalten, die Tore zu öffnen, und
noch ehe er ganz durchgesetzt hatte, daß diese geschlossen blieben, war eine große Zahl von Rittern hinausgelangt.« Der
Großmeister schickte sich ins Unvermeidliche und beschloß,
den jungen Leuten Gelegenheit zu geben, sich an diesen unge-
wohnten Feind und an Blutvergießen zu gewöhnen. Er ließ drei
Abteilungen von Senglea und Birgu ausfallen, um den vordersten Linien der Türken ein Gefecht zu liefern.

Während der ganzen sechs Stunden, in denen dieses erste größere Treffen auf dem Gebiet südlich der befestigten Stellungen wütete, stand La Valette auf der exponierten Bastion der Provenzalen, wo diese aus dem Hauptwall vorspringt. Er beobachtete das in die dichtgedrängten Scharen fegende Geschützfeuer, während direkt unter den Mauern Stahl klirrte und knirschte und Musketen knatterten. So gut seine eigenen Hakenbüchsenschützen zielten, er stellte fest, daß die türkischen Scharfschützen weit besser schossen. Besonders die Janitscharen waren als treffsichere Schützen ausgebildet, und ihre Musketen, »sieben oder neun Spannen lang«, zeigten sich wirksamer als die europäischen, beanspruchten aber mehr Zeit zum Laden. Während der Großmeister auf der Bastion stand, fiel ihm ein in der Nähe stehender Soldat durch einen Schuß getötet zu Füßen, ein paar Schritte entfernt wurde sein eigener Page am Hals verwundet.

Als La Valette bemerkte, daß sich die zahlenmäßige Überlegenheit der Türken auswirkte, ließ er zum Rückzug blasen. Die Tore wurden geöffnet, und die Verteidiger fluteten zurück, während die Kanoniere die vorrückenden Türken aufhielten. Nur 21 Christen waren gefallen, aber mehrere hundert Türken blieben tot auf dem Schlachtfeld. Außerdem jedoch zählten die Verteidiger nach diesem ersten größeren Zusammenstoß 150 Verwundete, und La Valette wußte, daß er sich keine weiteren Ausfälle erlauben durfte. Das Unternehmen hatte dazu beigetragen, die Moral seiner Truppen zu heben, aber von nun an mußte er seine Männer für die Verteidigung zurückhalten.

Eine eroberte türkische Standarte wurde ihm vorgeführt (sie wurde später in der Konventskirche aufgehängt). Ein Navarreser Ritter, Jean de Morgut, hatte einen kostbar gekleideten türkischen Offizier getötet und zeigte nun einen goldenen Reif herum, den man dem Gefallenen vom Arm gestreift hatte. Einer las die darauf eingravierte arabische Inschrift: »Ich komme nicht nach Malta, um Reichtum oder Ehre zu erwerben, sondern um meine Seele zu retten.«

Als die Sonne sank, gab Mustapha seinen Truppen den Befehl zum Rückzug. Sie ordneten sich in drei Hauptabteilungen; ihr linker Flügel stand in der Marsa, das Zentrum gegen die Corradinohöhen und der rechte Flügel Senglea gegenüber. Es hatte sich gezeigt, daß der Abschnitt der Kastilier und darüber hinaus die gesamten landwärts gerichteten Festungsanlagen stark, gut verteidigt und durch eine große Anzahl von Kanonen geschützt waren. Die Verluste der Janitscharen waren schwer gewesen. Die beiden christlichen Gefangenen hatten gelogen, als sie diesen Abschnitt der Verteidigungslinien als einen schwachen Punkt bezeichnet hatten. Mustapha Pascha gab Befehl, den Chevalier Adrien de la Rivière und seinen Gefährten Bartolomeo Faraone zu Tode zu prügeln.

Nach dem ersten Angriff mögen La Valette und sein Rat erwartet haben, daß nun die Belagerung gegen Birgu und Senglea eröffnet werde. Die Mehrzahl der türkischen Streitkräfte gruppierte sich auf den südlich der beiden Festungsdörfer gelegenen Hügeln. Aber jede Ungewißheit, die sie vielleicht hatten, wurde beseitigt, als sich am Abend des 22. Mai zwei christliche Renegaten (Männer, die einmal »Türken geworden« waren, um ihre Haut zu retten) nach Birgu durchschlugen. Sie wurden vor den Großmeister gebracht. Einer von ihnen hatte zur Leibwache Mustapha Paschas gehört und war an dem Abend dabeigewesen, als der türkische Kriegsrat zusammengetreten war. La Valette erfuhr von ihm, daß man sich entschlossen hatte, zuallererst Fort St. Elmo zu belagern.

Der türkische Kriegsrat war geteilter Meinung gewesen. Mustapha hatte sich als Oberbefehlshaber der Armee dafür ausgesprochen, den Norden der Insel und Gozo zu besetzen, Mdina zu erobern und dann die Belagerung von Birgu und Senglea in Angriff zu nehmen. St. Elmo, so dachte er, könne man unbesorgt links liegen lassen. Nach seiner Vorstellung sollte ein Teil der Flotte den Großen Hafen blockieren, ein Teil im Norden des Archipels stehen, um alle Verstärkungen abzufangen, und die Transporter sollten an ihrem jetzigen Ankerplatz in Marsasirocco bleiben. Es war ein Glück für die Ritter, daß Admiral Piali dieses kluge strategische Konzept ablehnte. Marsasirocco, so argumentierte er, sei als Liegeplatz für die Vorratsschiffe und die großen Truppentransporter viel zu unsicher. Weiter konnte er sich mit dem Plan, die anderen Schiffe vor der Ost- und Nordostküste Maltas und Gozos auf See zu halten, nicht befreunden.

Piali legte auch sofort dar, er sei verantwortlich für fast die gesamte Flotte des Sultans – und Schiffe, so mag er hinzugefügt haben, seien kostbar, Menschen dagegen billig zu haben. Er drängte den Armeebefehlshaber, erst der Flotte einen wirklich sicheren Ankerplatz zu verschaffen, ehe er sich auf größere Landoperationen einließ. Der einzige sichere Ankerplatz außer dem Großen Hafen selbst war Marsamuscetto. Pialis Argument für die Notwendigkeit, Marsamuscetto zu besetzen, beruhte auf einer falschen Voraussetzung, nämlich daß im Mai und Juni starke Winde oder Stürme aus Ost und Nordost zu erwarten seien. Den Nordost-Gregal, den gefährlichsten Wind im zentralen Mittelmeer, mußte zwar jeder Seemann mit Recht fürchten. Aber der türkische Admiral irrte sich in der Annahme, es sei zu dieser Jahreszeit mit einem Gregal zu rechnen. Solche Sturmwinde treten in der Gegend um Malta nach März oder spätestens April selten auf. Marsasirocco hätte während eines Sommerfeldzugs sehr wohl den Bedürfnissen seiner Flotte genügen können.

Seinen Argumenten konnte jedoch ein Soldat der Landstreitkräfte nicht widersprechen, und seine Stimme erhielt zusätzlich Gewicht durch seine engen Beziehungen zur Familie des Sultans. Widerstrebend gab also Mustapha diesem jungen Admiral nach, den er laut Anweisung wie »einen geliebten Sohn« zu behandeln hatte. Aber um in Marsamuscetto einen Ankerplatz für die Flotte in die Hand zu bekommen, mußte zuallererst St. Elmo genommen werden. Das Fort beherrschte die Einfahrt, und man konnte nichts unternehmen, ehe es sich in türkischen Händen befand. Schon vor längerer Zeit hatten die Agenten des Sultans berichtet, das Fort sei übereilt gebaut und schwach; so schien der Entschluß, es zu erobern, von keinem großen Gewicht. Anders als bei Birgu und Senglea handelte es sich hier nur einfach um ein reines Fort, ohne dahinterliegende Ortschaft, aus der die Verteidiger Reserven an Menschen, Munition und Versorgungsgütern beziehen konnten.

Der Großmeister war zufrieden mit dieser Nachricht. Er wußte, daß die Türken die Insel unter keinen Umständen erobern konnten, bevor Birgu und Senglea gefallen waren. Ihr Beschluß, Angriffsoperationen gegen St. Elmo einzuleiten, bedeutete für ihn daher einen Zeitgewinn für die Verstärkung und Verbesserung der Verteidigung seiner Hauptstützpunkte. Wollte man jedoch St. Elmos Garnison verstärken, so durfte man keine Zeit verlieren. Luigi Broglia, Kommandant von St. Elmo, wurde unverzüglich davon in Kenntnis gesetzt, daß der erste Schlag gegen ihn fallen werde. Außerdem schickte der Großmeister zusätzliche Verstärkungen. Ein provenzalischer Ritter, Pierre de Massuez Vercoyran, bekannt als »Oberst Mas«, war vor kurzem aus Messina eingetroffen und hatte 400 neu angeworbene Soldaten mitgebracht. Oberst Mas und die Hälfte seiner Männer wurden zusammen mit 65 Rittern, die sich für die ehrenvolle Aufgabe freiwillig gemeldet hatten, sogleich über den Großen Hafen gesetzt, um zur alten Besatzung von St. Elmo zu stoßen.

Mustaphas Pioniere und Offiziere erhielten Anordnung, nach vorne zu gehen, die Stellung zu erkunden und darüber zu berichten. »Es ist ein sternförmiges Fort«, sagten sie, »mit vier Zacken, und die Front, die wir stürmen müssen, ist in Bastionsform gebrochen. Hinter dem seewärts gelegenen Vorwerk befindet sich ein Wallgraben. Außerdem gibt es eine kleine Außenschanze. Diese Außenwerke sind beide mit dem Hauptfort verbunden, das eine durch eine Zugbrücke, das andere durch eine feste Brücke.« Es handelte sich um einen klassischen und schon etwas veralteten Festungstyp und schien den Sappeuren, Mineuren und der Belagerungsartillerie der türkischen Armee wenig Schwierigkeiten zu bieten. Die größte Schwierigkeit, so berichteten die Kundschafter, bot ihnen die Art des Terrains. Der Monte Sciberras bestand aus kahlem, nacktem Felsen und bot weder Deckung noch Schutz, im übrigen nicht einmal Erde, in die sich die Truppen eingraben konnten.

Bei der Belagerung von Rhodos vor 43 Jahren hatten Laufgräben und Minenstollen große Bedeutung für den Erfolg der Türken besessen. Nach Malta waren die Türken wegen der felsigen Natur der Insel gut gerüstet für das Artilleriebombardement gekommen. Jetzt befahl Mustapha Pascha, die Belagerungsgeschütze von den Transportschiffen in Marsasirocco herzuschaffen und auf dem Monte Sciberras in Stellung zu bringen. In einigen der Dörfer aufgefundene Ochsen, Galeerensklaven von den Schiffen, ja selbst die zur Verpflegung der Truppen mitgebrachten Rinder wurden vor die auf hözernen Lafetten ruhenden Kanonen gespannt. Langsam begannen sie die Geschütze über das wellige Land und primitive unbefestigte Straßen die acht Kilometer weit vom Ankerplatz Marsasirocco bis zum Sciberras zu ziehen.

Die türkische Artillerie war zu dieser Zeit viel weiter entwickelt als die der Christen. Die Artilleristen und Pioniere des Sultans hatten in vierzig Jahren Landkriegführung in Ost und West das Artilleriebombardement zu einer hohen Kunst entwickelt. Sie hatten in dicht aufeinanderfolgenden Belagerungen die Wirkung der verschiedenen Geschützarten und die gegen verschiedene Festungstypen anzuwendende Technik studiert. Zwei Sechzigpfünder-Feldschlangen, zehn Achtzigpfünder und ein gewaltiger »Basilisk«, der hundertsechzigpfündige Kugeln verschoß, wurden für den Angriff auf St. Elmo aufgeboten. Bei so schweren Waffen war das türkische Feuer langsamer als das der Christen. Wenn es jedoch auf kurze Entfernungen eingesetzt wurde, besaßen die schweren Eisen- und Steinladungen eine gewaltige Zerstörungskraft.

Um ihren Kanonieren und Scharfschützen einigen Schutz zu bieten, sahen sich die Türken gezwungen, Tausende von Säcken mit Erde von der Marsa und dem nahegelegenen offenen Land herzubringen. Bis etwas künstliche Deckung geschaffen war, mußte Mustapha den größten Teil seiner Truppen auf dem Haupthügel knapp unterhalb der Kammlinie halten. Das brachte ihnen den Nachteil ein, daß die Musketiere und Hakenbüchsenschützen ihr Feuer nicht auf den Wasserarm zwischen St. Angelo und St. Elmo konzentrieren konnten.

Am Morgen des 24. Mai gab Mustapha den Befehl, mit dem Bombardement von St. Elmo zu beginnen. Als die Geschütze und der große »Basilisk« zu dröhnen und zu donnern begannen, warteten die Verteidiger besorgt auf die Wirkung. Sie fürchteten nicht nur die großkalibrigen türkischen Geschützladungen. Es ging das Gerücht, die Einschläge aus solch schweren Waffen würden die Felsenzisternen, in denen sie ihr kostbares Wasser hielten, bersten lassen. Glücklicherweise hatte man die durch den Beschuß hervorgerufene Vibration überschätzt, nicht aber dessen Zerstörungskraft. Schon nach einer Stunde begannen die Kalk- und Sandsteinblöcke, aus denen das Fort gebaut war, zu splittern und abzubröckeln. Hier und da fielen bereits Steinblöcke herunter, wo die schweren Kugeln immer und immer wieder auf dieselben Stellen trafen.

Auch die Garnison sah sich ernstlich belästigt durch ausgesuchte Scharfschützen, die sich auf der nach Marsamuscetto zu gelegenen Seite des Forts postiert hatten. Diese Soldaten hatten aus Reisig, Planken, Dielen und Erde Schutzwälle errichten können als Deckung, aus der heraus sie die nördlichen Verteidigungswälle zu bestreichen vermochten. An manchen Stellen befanden sich diese Scharfschützen wenig mehr als 150 Meter von den Wällen entfernt, dazu genau unterhalb des Wehrgangs, so daß man nur auf sie feuern konnte, wenn man bereit war, sich aus dem Schutz der Brustwehr herauszuwagen. Gegen den klaren blauen Maihimmel hoben sich Kopf und Schultern eines Mannes in scharfen Umrissen ab. Es dauerte nicht lange, dann wurde es für die Posten auf der nördlichen oder der Marsamuscetto zugewandten Seite nahezu unmöglich, Ausguck zu halten. Unaufhörlich zeigten die gelben Staubwolken zerbröckelnden

Sandsteins die allmähliche Zermürbung ihres Walles auf der Landseite an.

Am selben Tage, an dem die Verstärkungen nach St. Elmo geschickt worden waren, hatte der Großmeister eine weitere Kuriersendung in einem kleinen Boot nach Norden abgehen lassen. Darunter befand sich auch eine Botschaft an den Papst, die dringend darum bat, dieser möge alle nur mögliche Hilfe für Malta mobilisieren. Eine weitere Botschaft ging an die Ordenspriore in Europa und wies diese an, Einfluß auf die jeweiligen Herrscher auszuüben, damit sie Hilfe sandten. Erster Bestimmungshafen des Bootes war Messina, wo der Vizekönig an sein Versprechen, noch vor Juni Hilfe zu bringen, erinnert werden sollte. Diese Depeschen aus der belagerten Festung passierten auf See ein anderes kleines Boot, das La Valette die letzte Botschaft des Vizekönigs bringen sollte. Es traf am selben Tage ein, an dem die Belagerung von St. Elmo begann.

Garcia de Toledo legte dar, daß er angesichts der Stärke der türkischen Truppen eine ansehnliche Armee werde aufstellen müssen, um Malta wirkungsvoll entsetzen zu können. Das sei nicht schnell und nicht leicht möglich. Verstärkungen in kleinen Abteilungen hinüberzuschicken, wäre reine Verschwendung, denn sie würden bei der Landung in Stücke gerissen werden – selbst wenn die Transportschiffe durch die Meerenge von Malta gelangten. Der Vizekönig bat den Großmeister, in Geduld auszuharren. Es werde alles getan, was getan werden könne. La Valette, so bat er, möge unterdessen die restlichen Galeeren des Ordens nach Messina senden.

Dieses Verlangen bot ein typisches und trauriges Beispiel für ein uraltes militärisches Problem – Hauptquartiere, die vom Mann an der Front das Unmögliche verlangen. Da sich vor der ganzen Maltaküste türkische Schiffe auf See befanden, wußte La Valette, daß er seine drei Galeeren in den sicheren Untergang schickte, wenn er sie die Anker lichten, die große Kette über die Bucht senken und die Schiffe nach Sizilien fahren ließ.

Und vor allem brauchten Galeeren Sklaven, die sie ruderten, Offiziere, die sie kommandierten und auf richtigem Kurs hielten, und Soldaten, die sie verteidigten. Selbst mit reduzierten Besatzungen hätte die Bemannung von drei Galeeren La Valettes begrenzte Streitkräfte um etwa 1000 Mann verringert. Es war offensichtlich unmöglich. In dieser Nacht, nachdem der Großmeister die Botschaft des Vizekönigs überdacht hatte, machte ein weiteres kleines Boot im Großen Hafen die Leinen los. Es trug La Valettes Antwort zum Vizekönig. La Valette legte dar, warum er die Galeeren nicht schicken könne, gab seine Vermutungen über Zahl und Absichten des Gegners bekannt und versicherte Seiner Exzellenz, »die Moral des Ordens und der gesamten Truppen ist hoch. Sie werden ausharren bis zum Ende.«

»St. Elmo ist der Schlüssel zu Malta!« hatte La Valette dem Obersten Mas gesagt, als dieser sich zur Garnison von St. Elmo abmeldete. Als am zweiten Tag danach das Bombardement eröffnet wurde, wußte er, daß er recht gehabt hatte. Solange man der türkischen Armee und Artillerie Anlaß bieten konnte, sich abzunutzen und zu verbrauchen, Pulver und Eisen an das kleine Fort auf dieser öden Halbinsel zu verschwenden, um so viel länger bekamen er und die Hauptbesatzung Zeit, sich zu verstärken und vorzubereiten. Nun wurde der Rest von Oberst Mas' Truppen zur Verstärkung nach St. Elmo hinübergerudert, ebenso eine Arbeitstruppe von 60 freigelassenen Galeerensklaven. Es handelte sich dabei nicht um gefangene Türken, sondern um christliche Sträflinge, die ihre Strafzeit auf den Galeeren abgedient hatten.

Um die türkischen Kanoniere auf dem Monte Sciberras zu stören, baute La Valette jetzt eilig einen zusätzlichen Wall auf dem höchsten Punkt von Fort St. Angelo. Hier stellte er zwei große Kanonen auf, die sich fast auf gleicher Höhe mit den türkischen Stellungen befanden und direkt hinüberfeuern konnten.

Bei jeder sich bietenden Gelegenheit schwärmte die Kavallerie von Mdina aus in die Marsa hinunter, schnitt türkische Wassertrupps ab und jagte jeden Soldaten, den sie beim Proviantieren auf den Feldern erwischte. Die Ritter, ihre Soldaten und die maltesischen Freischärler benutzten jede Gelegenheit, um dem Feind Hindernisse in den Weg zu legen. Während des ganzen Feldzugs erwies sich die Anwesenheit von de Copiers Kavallerie in Mdina als ein ständiger Aderlaß, wie eine Wunde in der Seite des türkischen Heeres.

Das große Plus, das die Moslems jederzeit den Christen voraus hatten, war ihr östlicher Fatalismus, noch verstärkt durch die den Krieger beseelende Gewißheit, daß das Paradies den in der Schlacht gefallenen Gläubigen erwarte. Ein Historiker beschreibt es so: »Die türkischen Führer der damaligen Zeit verfuhren mit Menschenleben in einer fast unglaublichen Weise geringschätzig; um ihre Kriegsziele zu erreichen, opferten sie

Tausende und Abertausende mit gefühlloser Gleichgültigkeit. In keinem Kapitel der blutbefleckten Geschichte ihres Reiches trat dieser Zug offener zutage als bei der Belagerung Maltas.« Das zeigte sich vollends deutlich, als sie es fertigbrachten, auf den abweisenden Abhängen des Monte Sciberras Gräben und Wälle zu bauen. Unter der Peitsche der Aufseher waren die Sklaven und Arbeitsbataillone ununterbrochen an der Arbeit, brachen und schaufelten im Gestein, schleppten Faschinen und Säcke voll Erde hinauf – und all das trotz des vernichtenden Feuers der Festungsbesatzung, das die Leiber der Arbeiter als menschliche Mauersteine mit in die wachsenden Wälle hineinwarf.

Vergleichsweise leicht war es für sie, bei Nacht zu arbeiten, aber selbst tagsüber zogen die endlosen Reihen der Männer die Hänge hinauf (auf denen heute die moderne Vorstadt Floriana liegt) und beförderten ihr Bauholz und anderes Material auf den Gipfel des Sciberras. Schon zwei Tage nach dem Beginn der Belagerung St. Elmos hatten sie auf dem höchsten Punkt, dem Fort gegenüber, eine gewaltige Brustwehr errichtet. Von hier aus konnten die türkischen Kanoniere das Außenwerk von St. Elmo beherrschen. Als es mit der Hauptaufgabe, der Zerstörung von St. Elmo, voranging, begann Mustapha, das nächste Ziel zu beschießen. Er brachte eine schwere Batterie in einigen Höhlen gegenüber St. Angelo in Stellung.

Es war nun gegen Ende Mai, und die Sommerhitze begann sich fühlbar zu machen. Nachts gab es noch kühle Brisen von See her, aber um die Mittagszeit brannte die Sonne herunter auf die kleine Besatzung in ihrem bedrohten Fort. Über dem Sciberras, wo die schwitzenden türkischen Arbeitsbataillone die Schutzwehren für 14 Kanonen vollendeten, zitterten Staub und Dunst wie eine Fata Morgana. Die Wälle des Forts fielen Stein um Stein nach außen. Kaum waren erste Anzeichen einer Bresche zu sehen, als Luigi Broglia und seine Soldaten schon daran arbeiteten, dahinter eine neue Schutzmauer zu errichten. Ohne Pause wurden die Umrisse des belagerten Forts, wie bei einer vom Meer ausgewaschenen Sandburg, unerbittlich kleiner und kleiner.

In St. Elmo wurde die Lage der Verteidiger noch dadurch erschwert, daß sie jetzt, da der Feind auf dem Kamm des Monte Sciberras eine Brustwehr errichtet und eine Batterie in Stellung gebracht hatte, unter direktem Feuer lagen. Das Fort hatte in solcher Eile gebaut werden müssen, daß keine Zeit geblieben

war zur Anlage jener unterirdischen Gänge und Deckungswälle, die es sonst den Belagerten gestatteten, sich im Umkreis
ihrer Unterkünfte frei zu bewegen. Vom Zentrum St. Elmos aus
konnte man, wenn man nach Südwesten direkt der Halbinsel
entlang blickte, den türkischen Wall und die schwarzen Mäuler
der Kanonen sehen. Am Abend des 26. Mai – nur zwei Tage
nach Beginn des Bombardements – schickte Luigi Broglia den
spanischen Hauptmann Juan de la Cerda mit dem Boot nach
St. Angelo zu La Valette.

Broglia wollte dem Großmeister mitteilen, daß Fort St. Elmo
wegen der mangelnden Festigkeit seiner Mauern nur durch
nächtliches Zuführen von Verstärkungen gehalten werden
könne. Er war besorgt wegen seiner bereits schweren Verluste.
Zugleich wußte er aber auch, daß das Fort nicht leicht zu erobern sein würde. Es von See aus zu stürmen (wo die Küste jäh
abfiel), mußte als fast unmöglich gelten. Einzig ein Angriff von
der Landseite her (die Hänge des Monte Sciberras herab)
konnte den Türken Erfolg bringen. Luigi Broglia wollte klarmachen, daß er das Fort halten könne, solange er Leute besaß,
welche die Geschütze zu bedienen vermochten. Zum Unglück
wählte er zu seinem Abgesandten einen Mann, der den Belagerungskrieg entweder nicht gewohnt war oder im furchtbaren
Bombardement der letzten 48 Stunden die Nerven verloren
hatte.

Es war Abend, und La Valette, umgeben von den anderen Mitgliedern des Sacro Consiglio, stand mitten in der Beratung. Die Ankunft de la Cerdas aus der belagerten Festung brachte die Versammlung verständlicherweise etwas durcheinander. Alle wollten unbedingt hören, wie die Dinge in St. Elmo stünden. Der Großmeister bat den spanischen Ritter sofort, er möge ihm sagen, wie er die Lage beurteile. La Cerda, der später von einem Historiker des Ordens als »dieser Offizier, den die Furcht beredsam machte«, beschrieben wurde, ließ sich zu einer niederdrückenden Schilderung verführen. Die Wälle zerfielen, die Ritter und ihre Leute seien erschöpft, angesichts der gewaltigen türkischen Feuerkraft bestehe keine Hoffnung – kurz, St. Elmo sei dem Untergang geweiht.

La Valettes Stimme klang eisig: »Wie lange kann die Festung nach Meinung des Ritters noch aushalten?« – »Etwa acht Tage«, erwiderte der Spanier. »Allerhöchstens acht Tage.«

Der Großmeister dachte daran, wie die umkämpften Festungstürme und Außenwerke auf Rhodos dem Feind nahezu sechs Monate lang widerstanden hatten. Vielleicht empfand er wie mancher alte Soldat eine geringschätzige Ungeduld mit einer jüngeren Generation, welcher der Mut ihrer Vorgänger abzugehen schien.

»Wieviel Verluste genau habt ihr erlitten?« fragte er.

La Cerda umging eine exakte Antwort auf diese Frage und erwiderte: »St. Elmo, Seigneur, gleicht einem erschöpften Kranken, der am Ende seiner Kräfte angelangt ist. Er kann ohne Hilfe und Beistand eines Arztes nicht am Leben bleiben.«

»Dann werde ich selbst euer Arzt sein!« sagte der Großmeister. »Ich werde andere mit mir bringen, und wenn es gar nicht gelingen sollte, euch von eurer Furcht zu heilen, dann werden wir wenigstens keinen Zweifel darüber lassen, daß die Festung nicht in die Hände des Feindes fallen wird!«

Die Art und Weise, in der La Cerda mit seinen unüberlegten Ansichten vor versammeltem Kriegsrat herausgeplatzt war, erzürnte La Valette. Statt Broglias vernünftiges Ansuchen um so viel Verstärkungen, wie erübrigt werden konnten, vorzutragen, hatte La Cerda ein Bild düsterer Ausweglosigkeit gemalt. Der

Großmeister war entschlossen, die ganze Besatzung St. Elmos abzulösen, wenn dies dort die allgemeine Stimmung sein sollte. Er wollte noch in derselben Nacht an der Spitze einer Schar von Freiwilligen nach St. Elmo hinüberfahren und die Festung bis ans Ende verteidigen.

Ob der spanische Ritter nun tatsächlich von Furcht getrieben war oder ob er lediglich Broglias Bitte um Verstärkungen ungeschickt dargelegt hatte, jedenfalls merkte er, daß ihm mit Verachtung begegnet wurde. Mehrere der Großkreuzritter baten La Valette, den Meinungen dieses Boten nicht ohne weiteres zu glauben. Andere erklärten, wer immer zur Verstärkung nach St. Elmo gehe, jedenfalls müsse der Großmeister hinten in Birgu bleiben, um die Gesamtoperationen zu leiten. Wieder andere meldeten sich begeistert zur Verstärkungstruppe.

Man kann zweifeln, ob La Valette sich wirklich ernsthaft mit der Absicht trug, die Verstärkungstruppe anzuführen. Aber er bewies während der Belagerung immer und immer wieder, daß er ein meisterhafter Psychologe war. Er wußte genau, welche Worte er gebrauchen und welchen Ton er anschlagen mußte, um den Kampfgeist neu zu beleben. Kaum hatte er seine Ansprache begonnen, da hielt niemand La Cerda mehr für einen vertrauenswürdigen Zeugen, und es meldeten sich so viele Freiwillige für die gefährdete Stellung, daß nur die eine Schwierigkeit bestand, wie man die Geeignetsten aussuchen sollte. Endlich wurden 50 Ritter, dazu 200 spanische Soldaten unter dem Chevalier de Medran ausgewählt. Sie wurden sofort zu der umkämpften Festung übergesetzt.

Nachdem diese Verstärkungen in Marsch gebracht waren, rief der Großmeister den Kriegsrat erneut zusammen. Es sei ihm bewußt, so sagte er ihnen, daß St. Elmo fast mit Sicherheit dem Untergang geweiht sei. Aber der Ausgang des ganzen Feldzugs hänge davon ab, wie lange das Fort werde aushalten können. Der Vizekönig von Sizilien hatte Hilfe zugesagt, aber wie sie alle wußten, würde es einige Zeit dauern, bis eine genügend große Streitmacht aufgestellt und über die Straße von Malta gebracht werden könne. Jeder weitere Tag, den St. Elmo aushalten konnte, war lebenswichtig.

Während der Großmeister sprach, konnten die im Kriegsrat Versammelten den Donner der Geschütze von St. Angelo hören, die der Verstärkungstruppe Feuerschutz gaben. In diesem Augenblick begriffen sie vielleicht zum ersten Mal wirklich, daß unter La Valette eine Kapitulation nie auch nur entfernt in

Frage kommen würde. Dieser Mann war erfüllt von den alten Tugenden des Mutes und der Selbstaufopferung, dazu mit der festen und uneingeschränkten Gewißheit seines Glaubens. Über Malta hinaus konnte es kein weiteres Zurückweichen geben. Als die Kanonen plötzlich schwiegen, wußten sie, daß die Verstärkungstruppe an Land gegangen und schon auf dem steinigen Pfad nach St. Elmo hinauf unterwegs war.

Im Morgengrauen des nächsten Tages eröffneten die türkischen Batterien erneut das Feuer auf St. Elmo. Weitere schwere Geschütze waren die Hänge des Sciberras hinaufgebracht worden und fingen an, nun auch St. Angelo unter Feuer zu nehmen. Gelbe Staubwolken begannen über den Mauern von La Valettes Hauptquartier aufzusteigen. Unter dem Schutz dieses Bombardements gelang es den türkischen Arbeitstrupps, ihre Gräben und Schutzwälle weiter vorzutreiben. Bald konnten die ausgewählten Scharfschützen der Janitscharen beginnen, die Verteidiger von St. Elmo aufs Korn zu nehmen, wann immer sie sich in den Schießscharten der Mauern blicken ließen. Der Kampfgeist der Angreifer war weiter angefeuert worden durch die Nachricht, daß El Louck Aly, der Gouverneur von Alexandrien, eingetroffen sei. Er brachte vier Schiffe mit weiterer Munition und anderen Nachschubgütern, dazu ein Korps ägyptischer Pioniere, die für ihr Geschick im Belagerungskrieg berühmt waren.

Spät am Nachmittag dieses Tages trat ein dramatisches Ereignis ein. Der Komtur St. Aubin, der auf Erkundungskreuzfahrt vor der Berberküste gewesen war, erschien plötzlich von Süden her vor der Insel. La Valette hatte ihn warnend darauf aufmerksam gemacht, es sei sehr wohl möglich, daß der türkische Angriff noch vor seiner Rückkehr beginne, er solle daher nach Rauchsignalen über der Zitadelle von Mdina Ausschau halten. Aber St. Aubin kann keineswegs darüber im Zweifel gewesen sein, daß sich der Feind auf der Insel befand, denn das dumpfe Rumpeln des Geschützfeuers war viele Meilen weit zu hören. Unerschrocken entschloß sich der Ritter jedoch, mit voller Kraft in Richtung auf den Großen Hafen weiterzufahren und zu versuchen, ob er nicht die Linien der feindlichen Schiffe durchbrechen und den Schutz Birgus und der Werftbucht erreichen könne.

Admiral Piali, der an eben diesem Tage durch einen Steinsplitter verwundet worden war, konnte der Meldung kaum glauben, dieses unverschämte einzelne Schiff habe das Johanniterkreuz aufgezogen und wage tatsächlich den Versuch, seinen

Patrouillenkordon zu durchbrechen. »Piali Pascha hielt ihn für übergeschnappt und beschloß, sechs Galeeren gegen diesen verrückten Christen zu schicken ...«

Die Wachtposten auf St. Angelo sahen die Maltesergaleere direkten Kurs auf die Einfahrt des Großen Hafens halten. Rauchwölkchen zeigten an, daß die erste türkische Galeere das Feuer eröffnet hatte, und man konnte erkennen, daß es St. Aubin mit seinem Buggeschütz erwiderte. In dem leichten Sommerdunst, der über dem Meer hing und durch den Pulverqualm der Geschütze noch verstärkt wurde, sah St. Aubin erst jetzt, daß sich die feindlichen Schiffe um die Mündung des Großen Hafens nur so drängten. Jetzt erkannte er plötzlich, daß er keine Chance besaß, die Blockade zu unterlaufen, er änderte den Kurs und wandte sich nach Norden, in Richtung Sizilien.

Pialis sechs Galeeren nahmen sofort die Verfolgung auf, waren aber dem Schiff St. Aubins bei dessen schnittiger Bauweise nicht gewachsen. Nur einem der türkischen Schiffe gelang es, sich ihm an die Fersen zu heften. Als St. Aubin bemerkte, daß die anderen fünf zurückgefallen waren, ging er plötzlich auf Gegenkurs. Er wandte damit eine klassische Kriegslist der damaligen Seekriegführung an, dazu eine, in der die Malteserritter lange und gründlich geübt waren. Die schmale, rudergetriebene Galeere wurde plötzlich gestoppt, dann hielten die Galeerensklaven der einen Schiffsseite ein, die anderen ruderten mit voller Kraft. Eine Maltesergaleere konnte fast auf der Stelle wenden, und die verfolgenden Türken sahen sich plötzlich nicht mehr einem Ausreißer, sondern einer rachedurstigen Hornisse gegenüber.

Mehemet Bey, der Kommandant des türkischen Schiffes, beschloß, diesen unerwarteten Gegner nicht anzunehmen. Er änderte den Kurs und flüchtete zurück zum Großen Hafen, und St. Aubins Galeere folgte ihm im Kielwasser. Der geschwächte und verwundete Admiral Piali, der das ganze Treffen beobachtet hatte, war blind vor Wut. Er spürte, daß er vor seinem Konkurrenten Mustapha und den Befehlshabern der Landtruppen das Gesicht verloren hatte. Wie zu allen Zeiten, so bestand auch damals große Rivalität zwischen den verschiedenen Teilen der Streitkräfte, und Piali empfand Mehemet Beys Feigheit als eine Beleidigung seiner Person und seiner Flotte. Als der unglückselige Galeerenkapitän vor seinen Admiral geführt wurde, degradierte ihn dieser in aller Öffentlichkeit. Piali schloß seine Strafrede, indem er seinem Untergebenen ins Gesicht spuckte.

Unterdessen hatte St. Aubin mit seiner Galeere wieder Kurs auf Sizilien genommen.

Es war Ende Mai, und die von der Sonne ausgedörrten Mauersteine in St. Elmo zersprangen unter dem unausgesetzten Feuer. Eiserne, marmorne und andere Steinkugeln verschossen die Türken nach einem fast mathematisch ausgeklügelten System. Sie wählten sich einen Punkt, einen Wallvorsprung aus und hämmerten Stunde um Stunde darauf ein. Den Artilleristen, welche die Burgen halb Europas bezwungen hatten, konnte dieses kleine Fort auf einer vergleichsweise unbedeutenden Insel nicht imponieren. Malta, »dieser unbekannte Felsblock«, konnte Männern, welche die Städte Persiens und die Metropolen Osteuropas erobert hatten, doch wohl nicht viel Schwierigkeiten machen.

Auch La Valette hatte St. Aubins Versuch, zum Hafen durchzubrechen, und sein Abdrehen auf Sizilienkurs beobachtet. Er wußte auch, daß der Gouverneur von Alexandrien zur Verstärkung der Belagerer eingetroffen war. Jetzt hatte, wie er von früheren Belagerungen her wohl wußte, die dunkle Stunde geschlagen, in der sich alles gegen die Verteidiger zu wenden schien. Da vernahm er in den frühen Morgenstunden des 29. Mai mit großer Freude Rufe und Musketengeknatter, die ihm anzeigten, daß die Garnison von St. Elmo einen Ausfall gegen die Türken unternahm. Von Oberst Mas und dem Chevalier de Medran angeführt, stürmten die Belagerten bei Morgengrauen hinaus – die Zugbrücke hatte man leise heruntergelassen – und eroberten den vordersten Graben der Türken.

Die türkischen Arbeitseinheiten, welche die ganze Nacht hindurch geschafft hatten, wurden völlig überrascht. Panik griff in dem stillen Graulicht des Morgens unter den Linientruppen der Moslems um sich. Der Großmeister und sein Kriegsrat, alle Wachtposten auf den Mauern von St. Angelo hielten, als der Tag anbrach, angestrengt Ausschau, um zu sehen, was der Trompetenschall und die rauhen Rufe kämpfender Truppen zu bedeuten hätten. Sie bemerkten, daß die türkischen Truppen über die kahlen Höhen des Monte Sciberras zurückwichen. Jetzt war ihnen, bei aller Besorgnis, die ihnen La Cerdas unglückseliger Bericht eingejagt hatte, klar, daß die Verteidiger von St. Elmo Mut und Zuversicht noch nicht verloren hatten. Sie zeigten sich immer noch imstande, gegen ihre Angreifer offensiv zu werden.

Als die aufgehende Sonne die Insel in Rosa und Gold tauchte, wurde offenbar, daß beim Gegner etwas im Gange war, was einer wilden Flucht sehr nahekam. In diesem Augenblick erfaßte Mustapha Pascha, der aus seinem Zelt getreten war, um nach der Ursache des Lärms zu fragen, daß die Stunde der Janitscharen gekommen war. In Angriff oder Verteidigung, in zahllosen Feldzügen schon und in vielen Ländern hatte es immer wieder diesen Augenblick gegeben, in dem sich der Ruf erhob: »Die Janitscharen an die Front!« Dann galt es vielleicht eine Panik einzudämmen oder einen noch unsicheren Sieg endgültig an sich zu reißen. Für solche kritischen Augenblicke des Kriegsglücks war dieses Spezialkorps bestimmt. Es wurde in die Waagschale geworfen, um den Ausschlag für die Anhänger des Propheten zu geben.

»Die Janitscharen an die Front!« befahl Mustapha.

Während die Arbeitsbataillone in völliger Auflösung an ihnen vorüberflohen, rückten die unbesiegbaren Soldaten nach vorn. Die fliehenden Türken teilten sich, um sie durchzulassen – sie fürchteten die Janitscharen vielleicht noch mehr als die Christen, die sie verfolgten. In ihren langen, wallenden Gewändern, mit den über ihren Köpfen schwankenden Reiherfedern, die blitzenden Krummsäbel aus der Scheide gezogen, so stürmten die Janitscharen nach vorne, den Rittern und den spanischen Truppen von Oberst Mas und de Medran entgegen. Wie die weiße Schaumkrone eines Ozeanbrechers verteilten sie sich und fielen nieder auf die anrückenden Reihen der Christen.

Bei den Janitscharen, Yeni-Cheri, das heißt »Neue Soldaten«, genannt, handelte es sich um eine der außergewöhnlichsten Erfindungen des türkischen Reiches. Es ist berechtigt, sie als »Erfindung« zu bezeichnen, denn sie unterschieden sich von jeder Art Soldaten, die bis dahin oder seitdem in der Geschichte auftauchten. Das Auffallendste an diesem Elitekorps lag darin, daß keiner der ihm Zugehörenden türkischer Abstammung war. Alle waren sie Kinder christlicher Eltern, die innerhalb der Grenzen des Ottomanischen Reiches wohnten. Alle fünf Jahre einmal fand im ganzen Reich eine umfassende Musterung statt, bei der alle sieben Jahre alt gewordenen Söhne von Christen sich der Inspektion stellen mußten. Diejenigen, die sowohl körperlich als auch geistig am meisten versprachen, wurden nach Konstantinopel gebracht. Wenn sie eine weitere Prüfung bestanden, verteilte man sie – wie W. H. Prescott beschreibt – »... auf verschiedene Orte und schickte sie auf Akademien, wo sie die für die Meisterung ihrer Lebensaufgaben notwendigen

Instruktionen erhielten. Diejenigen wiederum, von denen man sich an Kraft und Ausdauer am meisten erhoffen durfte, wurden an für sie vorbereitete Orte in Kleinasien gebracht. Hier unterzog man sie einer harten Ausbildung. Sie mußten Enthaltsamkeit und Entbehrungen jeder Art auf sich nehmen, dazu die allerstrengste Disziplin, die sie für den Beruf des Soldaten geeignet machen sollte ... Man kann sagen, daß sie ihr ganzes Leben entweder im Krieg oder mit der Vorbereitung auf den Krieg verbrachten. Es war ihnen verboten zu heiraten, sie hatten also keine Familie, an die ihre Gefühle gebunden waren, so daß wie bei den Mönchen und Klosterbrüdern christlicher Länder sich alle ihre Empfindungen auf den eigenen Ordensverband richteten ... Sie waren stolz auf die Privilegien, die sie von der übrigen Armee unterschieden, und schienen darauf zu brennen, den anderen die Berechtigung ihrer Ansprüche durch Disziplin und die Bereitschaft, mit der sie die gefährlichsten und schwierigsten Aufgaben anpackten, zu beweisen ...«

Christen von Geburt, Spartaner durch Erziehung und Moslems durch Bekehrung, so stellten die Janitscharen eine der erstaunlichsten militärischen Einheiten der Geschichte dar. Es schien geradezu, als ob die Türken, über Jahrhunderte hinweg der Männer eingedenk, die ihren Vorfahren bei den Thermopylen so heldenhaft widerstanden hatten, entschlossen gewesen seien, einen Soldatentyp hervorzubringen, der den arrogantesten Militarismus des Westens mit dem religiösen Fanatismus des Ostens verband. Dies waren die Männer, bewaffnet mit Krummsäbel, Hakenbüchse und Rundschild, die Mustapha Pascha jetzt nach vorne geschickt hatte, um dem Ansturm der Christen zu begegnen.

Langsam, aber sicher, um jeden Fußbreit Boden ringend, wurde die Truppe, die so tapfer aus St. Elmo ausgefallen war, zurückgedrängt. Unter den Augen des Großmeisters, der auf dem höchsten Wall von St. Angelo stand und hinüberblickte, ergoß sich die Flut der weißen Gewänder vorwärts und bergab auf das Fort zu. Die über ihren Köpfen flatternden Reiherfedern vermochte er nicht zu sehen, aber er – der eine lebenslange Erfahrung im Kampf gegen die Türken besaß – wußte ganz sicher, daß nur die Janitscharen mit so hohen, klagenden Schreien in die Schlacht gingen und wie eine nie endende Welle vorwärtsströmten.

Unter dem Ansturm dieser hervorragenden Krieger fielen die Verteidiger zurück und erreichten die Sicherheit bietenden Festungstore gerade noch so zeitig, daß die Kanonen über ihren Köpfen das Feuer auf die anrückenden Reihen der Feinde eröffnen konnten. Schwer und undurchdringlich lag Qualm über dem Schlachtfeld. Ein südwestlicher Schirokko, der dumpfe Wind, der alle Feuchtigkeit des südlichen Mittelmeers mit sich führt, wehte an diesem Tage. Erst einige Zeit nach Mittag vermochten die Beobachter auf St. Angelo und die Verteidiger von St. Elmo zu sehen, was auf dem kahlen Hang vor dem belagerten Fort geschehen war. Als es soweit war, wurde ihnen klar, daß ihnen der erste Erfolg vom frühen Morgen keinen Nutzen gebracht hatte.

Über einer hohen Brustwehr, die sich zuvor in der Hand der Christen befunden hatte – sie erhob sich über den äußeren Verteidigungsanlagen noch vor dem Außenwerk selbst –, flatterte der türkische Halbmond in der südlichen Brise. Die Janitscharen hatten nicht nur ihre eigenen Gräben zurückerobert. Sie hatten sich in einer starken Stellung direkt vor den Toren von St. Elmo festgesetzt. Die Männer, die sich rühmten, »der Leib eines Janitscharen ist nur eine Treppenstufe, über die seine Brüder in die Bresche dringen«, hatten bewiesen, daß sie mit Recht so von sich sprachen.

Geschützlärm von See her ließ die Verteidiger von St. Elmo, St. Angelo und St. Michael auf die Wälle steigen, und hoch oben auf den Mauern von Mdina blickten die Wachen angestrengt nach Osten, als der Kanonendonner rumpelte. Die ganze türkische Flotte schien Fahrt aufzunehmen.

Voraus fuhr Admiral Piali, ihm folgten wenigstens 80 türkische Kriegsschiffe. Sie kamen die Küste herauf, passierten Gallow's Point südlich der Einfahrt zum Großen Hafen und hielten direkt auf das Land, auf St. Elmo, zu. Auf der Höhe des rauchenden Forts angelangt, feuerte jedes Schiff eine Salve ab, änderte dann den Kurs wieder und scherte aufs neue in die Linie ein. In diesem Augenblick bemerkten die Wachen die anderen Schiffe, die sich von Südosten näherten; und die Nachricht lief um: »Es ist Dragut.«

Von Überläufern und Gefangenen wußte man, daß der große Pirat schon seit Beginn der Belagerung erwartet worden war. Es konnte kein Zweifel darüber bestehen, daß es sich bei diesem von Nordafrika kommenden Geschwader von 15 Schiffen um das Draguts handelte, des größten mohammedanischen Seemanns der Zeit und Gouverneurs von Tripolis.

Admiral Piali hatte, um Eindruck auf Dragut zu machen, vor St. Elmo seine Kampfstärke demonstrieren wollen, ehe er in Formation dem berühmten Krieger entgegenfuhr. Zum Unglück für Pialis Stolz ließ die artilleristische Fertigkeit seiner Flotte viel zu wünschen übrig. Außer einigen wenigen Schüssen, welche die dicken Mauern der Seeseite von St. Elmo trafen, flogen die meisten Kanonenkugeln schön über das Fort hinweg und erreichten die türkischen Angriffstruppen auf der anderen Seite. Eine von Pialis Galeeren wurde von St. Elmos Feldschlange in Höhe der Wasserlinie getroffen, mußte ins Schlepptau genommen und weiter oben an der Küste auf Grund gesetzt werden. Die Demonstration, als eine Darstellung türkischer Seemacht, hatte ihr Ziel, die Verteidigung zu entmutigen, nur in sehr geringem Maß oder überhaupt nicht erreicht. Mit der Ankunft Draguts jedoch war es eine gänzlich andere Sache.

Dragut Rais oder, in genauerer Wiedergabe seines türkischen Namens, Torghoud, stand, als er zur Zeit der großen Belagerung nach Malta kam, im achtzigsten Lebensjahr. Er war 1485 in Kleinasien als Kind armer Eltern in einem anatolischen Dorf namens Charabalac geboren. Noch als Junge fiel er einem türkischen Gouverneur auf, der zufällig durch Charabalac reiste und von Draguts Intelligenz und Persönlichkeit beeindruckt war. Der Gouverneur nahm den Jungen mit sich nach Ägypten und ließ ihn erziehen, mit dem Erfolg, daß Dragut als junger Mann in das Korps der Mamelucken eintrat und dort Artillerist wurde. Er brachte es zum Experten in der Artilleriekriegführung und ging später, wie viele andere ehrgeizige junge Leute, zur See, um dort sein Glück zu machen.

Er fing als Kanonier auf Korsarenschiffen an und wurde endlich Eigentümer einer Galeasse, die ihren Heimathafen in Alexandrien hatte. Von da an vollzog sich sein Aufstieg rasch und sicher. Der berühmte Korsar Barbarossa stellte den jungen Mann ein, und bald fuhr Dragut als einer von Barbarossas Leutnants zur See. Von seiner Furchtlosigkeit und Geschicklichkeit angezogen, schlossen sich ihm eine Anzahl weiterer Piraten an, und nach kurzer Zeit befehligte er sein eigenes Flottengeschwader. Als Barbarossa 1545 starb, sah man in ihm den gegebenen Nachfolger und die größte Geißel für die Christen im Mittelmeer. Die Liste seiner zu Land und zur See errungenen Erfolge war so ansehnlich, daß ihm seine islamischen Brüder den wohlverdienten Titel »Das gezogene Schwert des Islam« verliehen. Die christlichen Bewohner der Mittelmeerküste und die christlichen Kapitäne andererseits griffen nicht zu hoch, wenn sie sagten, Barbarossas Nachfolger sei sogar ein noch größerer Draufgänger als sein früherer Herr.

Der französische Admiral Jurien de la Gravière würdigt ihn mit folgenden Worten: »Dragut war Barbarossa überlegen, eine wandelnde Seekarte des Mittelmeeres, und verband Wissen mit Kühnheit. Keine Bucht blieb ihm unbekannt, jede Meerenge hatte er schon durchfahren. Erfinderisch im Erdenken von Wegen und Mitteln, wenn alle anderen um ihn herum verzweifelten, tat er sich besonders durch die immer wieder überraschende Art und Weise hervor, wie er sich in äußerst gefährlichen Situationen aus der Affäre zog. Als unvergleichlicher Navigator hatte er in der Seekriegführung nicht seinesgleichen außer dem Chevalier Romegas. Auch an Land bewies er so viel kriegerisches Geschick, daß man ihn mit den besten Heerführern Karls V. und Philipps II. verglich. Er hatte die Härte der Gefangenschaft kennengelernt und verhielt sich seinen eigenen

Gefangenen gegenüber human. Unter jedem Gesichtspunkt mußte man ihn einen Charakter nennen. Keiner war würdiger als er, den Titel ›König‹ zu tragen ...«

Dragut kannte die maltesische Inselgruppe gut, denn zwischen 1540 und 1565 hatte er die Inseln nicht weniger als sechsmal überfallen. Bei der letzten dieser kriegerischen Expeditionen hatte er den Großteil der Bevölkerung Gozos in Gefangenschaft geführt. Man sagte, dies sei seine Rache für ein früheres Erlebnis gewesen, als Draguts Bruder in Gozo getötet worden war und der Kommandant der Zitadelle ihm die Erlaubnis verweigert hatte, den Leichnam mit sich zu nehmen, um ihn zu beerdigen. Aber solche Unternehmen mußten als kleine Episoden gelten im Leben eines Mannes, der Neapel überfallen, Castellamare geplündert und eine den Rittern gehörende Galeere mit 70000 Dukaten an Bord gekapert hatte. Beim Sturm auf den Seehafen Bastia auf Korsika hatte er mehr als 7000 Gefangene fortgeführt und, als er Reggio an der Straße von Messina einnahm, die gesamte Bevölkerung, Männer, Frauen und Kinder, in die Sklaverei geschickt. Als ihn der große Genueser Admiral Andrea Doria auf der nordafrikanischen Insel Djerba belagerte, war er durch eine schlaue Kriegslist entkommen: Er hatte seine Schiffe über Land nach der anderen Seite ziehen lassen, weg von dem Hafen, den Doria blockierte. Er machte sich bei Nacht davon, segelte los und kaperte noch ein großes Schiff, das Verstärkungen für den Genueser Admiral an Bord hatte. Sein Entkommen hatte den großen Doria im ganzen Mittelmeer dem Gelächter preisgegeben – eine Schande, die der Admiral nie verzeihen konnte. Dragut war es auch, der 1551 den Rittern Tripolis entrissen hatte.

Wie La Valette hatte auch er eine Zeitlang als Galeerensklave dienen müssen. Zwar hatte es zeitweilig Meinungsverschiedenheiten zwischen Dragut und Sultan Soliman gegeben, aber in den vergangenen Jahren war er von der Hohen Pforte als Gouverneur von Tripolis bestätigt worden. Auch hatte der Sultan dem alten Korsaren als Zeichen seiner Gunst einen goldgeschmückten Krummsäbel und ein edelsteinbesetztes Exemplar des Korans geschickt. Dies nun war also der Mann, den auf Befehl Solimans die beiden Kommandeure, Mustapha und Piali, in allem respektieren und dessen Anregungen und Ratschläge sie annehmen sollten.

Dragut brachte aus Tripolis 1500 seiner ausgesuchten Krieger mit und 15 mit Belagerungsgeschützen und Munition beladene

Schiffe. Daß Dragut als alterfahrener Belagerungsfachmann – der Malta so gut kannte wie keiner der beiden Oberbefehlshaber – erst eintraf, nachdem der grundlegende Plan für die Belagerung bereits feststand, war ein Glück für die Ritter und ihre Festungsbesatzungen. Er landete in der kleinen Bucht von St. Julian, etwas nördlich von Marsamuscetto. Dort traf Piali mit ihm zusammen, und die beiden gingen an Land, um mit Mustapha Pascha zu konferieren. Unterdessen fuhr die durch Draguts Tripolitaner Schiffe verstärkte Flotte zurück an St. Elmo vorbei und nahm wieder Südkurs auf den Ankerplatz in Marsasirocco.

Der Tag, der mit dem Kanonendonner auf See, mit dem Herannahen Draguts und dem Feuer der Schiffsgeschütze auf St. Elmo begonnen hatte, ist auch durch ein Kavallerieunternehmen gekennzeichnet. Zwei Schwadronen maltesischer Kavalleristen stürzten sich von Birgu und Mdina aus auf eine türkische Truppeneinheit, die den Auftrag hatte, einige an der Westküste der Insel nahe dem Dorf Dingli lebende Malteser gefangenzunehmen. (Es handelte sich meist um Bauern, die in den alten, Bienenwaben gleich in der felsigen Westküste hängenden Höhlenwohnungen hausten.) Die maltesische Kavallerie faßte die türkischen Fußsoldaten auf dem Marsch. Von 400 wurde die Hälfte getötet oder gefangengenommen und der Rest in die Flucht geschlagen. Wieder einmal erwies sich La Valettes Methode, seine Kavallerie für eine Taktik plötzlicher Nadelstiche gegen feindliche Infanteristen zurückzuhalten, als gut und richtig.

Dragut schritt in Begleitung Pialis zum Oberbefehlshaberzelt in der Nähe der Marsa. Mustapha Pascha empfing ihn mit allen einem so berühmten Mann zukommenden Ehren. Nachdem der Korsar den laut verlesenen offiziellen Erlaß des Sultans angehört hatte – des Inhalts, man habe Draguts Rat zu allen wichtigeren Fragen, soweit sie die Belagerung betrafen, einzuholen –, nahm er kein Blatt vor den Mund.

»Ehe ihr irgendeine der Hauptstellungen des Feindes angreift, hättet ihr die Insel nach Norden zu abschneiden müssen. Warum habt ihr nicht zuerst Gozo genommen und euch dann an die Eroberung von Mdina gemacht? Beide Zitadellen sind alt und schwach verteidigt. Sie wären schnell gefallen. Hättet ihr sie erst einmal in der Hand gehabt, dann wäre es leicht gewesen, jedes Kurierschiff auf dem Weg nach Sizilien abzufangen. Der Besitz Gozos und Nord-Maltas hätte auch jede Anlandung von Verstärkungen für die Ritter sehr erschwert. St. Elmo –«, sagte er geringschätzig, »es wäre von selbst gefallen! Ihr hättet es einfach links liegenlassen können, wenn euch nur erst einmal die übrige Insel gehört hätte. Und ganz nach Belieben hättet ihr euch dann daran machen können, Birgu und Senglea anzugreifen.«

Dragut erkannte augenblicklich die Gefahr, die darin lag, daß Maltas Hintertür unbewacht war. Die Meldung von der Kavallerieattacke des Tages (die zu einem großen Teil von Mdina ausgegangen war) bestärkte ihn in seiner Meinung, daß man die alte Stadt vor allen Unternehmungen gegen den Großen Hafen hätte nehmen sollen. Mustapha erkannte zweifellos das Gewicht seiner Argumente. Hatte nicht auch er selbst vorgeschlagen, den Feldzug so anzulegen? Leider aber hatte Piali, dieser junge Verwandte des Sultans, darauf bestanden, Marsamuscetto als sicheren Ankerplatz für die Flotte zu nehmen.

Auch jetzt wiederholte Piali, die Sicherheit der Flotte sei oberstes Gebot. »Überdies«, fügte er, um sich zu verteidigen, hinzu, »hat uns der Pionierkommandeur versichert, St. Elmo könne sich nicht mehr länger als fünf Tage halten.«

Dragut hörte sich mit wachsender Ungeduld an, wie der Pionierkommandeur seine Meinung begründete und die anderen Autoritäten ihre Sicht der Lage vortrugen. Zweifellos wäre Dragut mit La Valette darin einer Meinung gewesen, daß ein kleiner Kriegsrat im Kriege nützlicher sei als ein großer. Aber so verfuhr man im türkischen Reich nicht. Der östliche Respekt vor hoher Abkunft und Präzedenz hatte zur Folge, daß die meisten türkischen Ratsversammlungen zu groß und zu schwerfällig waren. Dragut merkte, daß er die Autorität, die der Sultan ihm verliehen hatte, geltend machen mußte.

»Verdammt bedauerlich, daß man den Angriff auf St. Elmo begonnen hat«, sagte er. »Aber jetzt, da es einmal so ist – wäre es eine Schande, ihn abzubrechen.«

Besser viele Menschen verlieren, als der Truppe den unersetzlichen Kampfgeist nehmen. Er ließ sofort alle Vorbereitungen treffen, um vier schwere Feldschlangen von seinen Galeeren auszuladen und auf Tigné Point, einer Landzunge, St. Elmo im Norden unmittelbar gegenüber, in Stellung zu bringen. Von dort aus über eine Entfernung von nicht mehr als 500 Metern konnte ihr ununterbrochenes Feuer die Belagerten an einer Flanke packen, an der sie bis jetzt noch verhältnismäßig sicher gewesen waren. Die kahle Felsplatte, auf der diese Batterie stand, trägt bis zum heutigen Tag den Namen »Dragut Point«.

Als ein Meister des Belagerungskriegs und der Artillerietechnik wußte Dragut, daß nur schweres Feuer aus vielen Richtungen schließlich die Verteidigung niederzuringen vermochte. Er legte dar, die Batterien auf dem Sciberras seien zwar sehr günstig postiert, aber St. Elmo werde eben doch nur durch eine, die westliche, von der Landseite aus angegangen.

»Wir haben Männer vor uns, denen der Geschützdonner von Jugend auf tägliche Gewohnheit war. Der Lärm wird ihnen keine Furcht einjagen. Wir müssen unseren Verstand gebrauchen.«

Er gab also Befehl, eine weitere Batterie umgehend zur Punta delle Forche, dem Galgenplatz, zu bringen – so genannt, weil an diesem Ort die Ritter Piraten und andere Verbrecher aufzuhängen pflegten. (Das erste, was einem bei der Einfahrt in den Großen Hafen ins Auge fiel, waren gewöhnlich einige von der Sonne ausgetrocknete Leichen, die auf der Landzunge, auf der sich heute Fort Ricasoli erhebt, an ihren Stricken baumelten.) Die Artillerie auf dem Monte Sciberras wurde um weitere 50 Geschütze verstärkt. Ein Erdwall wurde, ausgehend vom Ufer des Großen Hafens, gebaut, um diese starke neue Batterie gegen das Feuer des Forts St. Angelo zu decken, und zusätzliche Geschütze wurden aufgestellt, die Außenwerk und Bastionen unter Kreuzfeuer zu nehmen hatten. St. Elmo sollte durch Feuer aus jeder Himmelsrichtung in Stücke geschlagen werden.

Dragut sah sofort, was Mustaphas und seiner Ratgeber Aufmerksamkeit offenbar entgangen war. St. Elmos Stärke lag in der Tatsache, daß La Valette, indem er bei Nacht Boote von St. Angelo aus herüberschickte, die Garnison hatte verstärken können.

»Schneidet der Festung die Verbindungslinien ab«, sagte Dragut, »und sie muß unausweichlich fallen.«

Dieses Ziel hatte er vor Augen, als er den Befehl gab, die Batterie zum Galgenplatz zu verschiffen. Doch die Ritter hatten Glück: Wiederum war es Piali, der, ohne es zu wissen, sich als ihr Verbündeter betätigte. Er weigerte sich, die verlangte Anzahl seiner Schiffsgeschütze an Land zu bringen, bevor Marsamuscetto fest in der Hand der Türken sei. Infolgedessen setzte Dragut es zwar durch, daß eine Batterie am Galgenplatz in Stellung gebracht wurde, aber sie umfaßte nicht genügend Geschütze, um jeden Bootsverkehr zwischen St. Angelo und Fort St. Elmo zu unterbinden.

Es war bezeichnend für Draguts Wesensart, daß die neuen

Dispositionen nicht im frontfernen Zelt des Kriegsrats entworfen wurden. Trotz der späten Stunde bestand er darauf, selber ins Gelände zu gehen und sich zu vergewissern, daß die von den Pionieren und Artilleristen abgegebene Lagebeurteilung zutraf. Dragut war ein Krieger und kein abstrakter Militärtheoretiker. Mit seinen achtzig Jahren, nach mehrtägiger Seefahrt von Tripolis her und nachdem er morgens von der St.-Julians-Bucht zur Konferenz in der Marsa geritten war, ließ er es sich trotzdem nicht nehmen, sich zu den Truppen zu begeben. Er wollte das ganze Unternehmen mit den Augen der Leute sehen, die die Last zuerst zu tragen hatten.

»Noch eines«, sagte er dann abschließend, »die Außenwerke des Forts müssen um jeden Preis genommen werden. Das ist eine Aufgabe für die Janitscharen.«

Bei der Nachricht, Dragut komme zur Inspektion, verdoppelten die türkischen Kanoniere ihren Eifer. Im abnehmenden Tageslicht schickten sie eine krachende Salve nach der anderen gegen die Wälle von St. Elmo. Die Jubelrufe, der Geschützdonner, die Lichter und Signalzeichen auf dem Hang des Sciberras sagten dem Großmeister und den Verteidigern von St. Angelo, daß jemand von Bedeutung auf dem Plan erschienen war.

Es konnte nur Dragut sein. Nur Dragut konnte, anders als sein Oberbefehlshaber oder Admiral Piali, darauf verzichten, zu abendlichem Mahl und zur Ruhe in sein seidenwandiges Zelt zurückzukehren. Er biwakierte in den Gräben am Monte Sciberras unter den Soldaten. Dort blieb er. Dort nahm er seine Mahlzeiten ein, und dort – unter Rauch und Donner der Feldschlangen – ruhte er.

Sofort mit Draguts Ankunft wurde es offenbar, daß ein koordinierender Geist bei den türkischen Truppen am Werk war. Innerhalb eines Tages war das gegen das Fort gerichtete Feuer doppelt so stark geworden. Wenn die Belagerten die Arbeiten am Galgenplatz und auf der Tigné-Halbinsel beobachteten, mußten sie sich auch sagen, daß bald neue Batterien das Feuer gegen sie aufnehmen würden. Breschen begannen in den Mauern sichtbar zu werden, und kaum hatten die Belagerten dahinter neue Wälle errichtet, da wurden auch diese weggeschossen. In naher Zukunft konnten sie mit einem Massenangriff rechnen.

Balbi di Correggio, der spanische Glücksritter und Soldat, der während der ganzen Belagerung bei der Besatzung von St. Michael diente und uns einen Augenzeugenbericht hinterließ, beschreibt das St. Elmo dieser Tage: »Es glich einem ausbrechenden Vulkan, der Feuer und Rauch ausspeit.« Pepe di Ruvo, ein neapolitanischer Ritter, der in der Festung später den Tod fand, hinterließ eine Notiz, in der er mitteilt, er habe die von den Türken abgegebenen Salven gezählt. »An den meisten Tagen wurden durchschnittlich nicht weniger als 6000 bis 7000 Schuß gegen St. Elmo abgefeuert.«

Es war jetzt Ende Mai, und die Temperatur stieg auf über 30 Grad. Die Nächte waren ruhig und wolkenlos, und auch während des Tages gingen nur leichte Brisen über die Insel. Hitze und Durst wurden zusätzliche Belastungen für die Belagerten. Die Verwundeten lagen in ihrem Blut und Schweiß, wo immer ein bißchen Schatten zu finden war. Man schob ihnen in Wein und Wasser getauchtes Brot zwischen die Lippen. Essensträger machten die Runde von Wachtposten zu Wachtposten und zu den Ausbesserungstrupps, die an den Wällen arbeiteten. Sie brachten ihnen Speise und Wasser, so daß keine Zeit mit den Mahlzeiten verlorenging. Vom Wallgraben vor dem Fort, wo seit dem Janitscharenangriff Gefallene von Freund und Feind übereinandergehäuft lagen, begann der Gestank verwesender Leichen aufzusteigen. Die kahlen Hänge des Sciberras verschwammen in der Hitze, und die südlichen Hügelketten hinter Birgu und Senglea zitterten in der Sonne.

Weder für die Belagerten noch für die Belagerer gab es eine

Erleichterung in dem glühendheißen Wetter. Die Türken litten nicht weniger als die Ritter und die Malteser unter der Wasserknappheit. Obwohl es ihnen gelungen war, die Wasserlöcher und die Brunnen der Marsa zu reinigen, ist es wahrscheinlich, daß die unter den türkischen Truppen wütende Ruhr ihren Ursprung in der Wasserversorgung hatte. Von Juni an litten sie in zunehmendem Maß unter Krankheiten, so daß sie sich gezwungen sahen, in der Marsa Hunderte von Zelten zur Unterbringung ihrer Kranken aufzuschlagen.

Für La Valette gab es keinen Grund, den gegenwärtigen Stand der Belagerung anders als pessimistisch zu beurteilen. Am Tage, nachdem Dragut angekommen war und in den Angriff auf St. Elmo eingegriffen hatte, war es einem kleinen Schiff gelungen, die Blockade zu durchbrechen und einen Kurier an Land zu setzen. Er brachte dem Großmeister die Nachricht, daß es keine Hoffnung auf baldigen Entsatz gebe. Der Vizekönig von Sizilien sagte in seiner Botschaft, es sei unumgänglich, daß jedes Fort auf der Insel so lange wie irgend möglich aushalte. Es erwies sich als eine schwierige und langwierige Aufgabe, Verstärkungstruppen auszuheben, und außerdem sah sich Don Garcia durch Knappheit an geeignetem Schiffsraum behindert. Wiederum bat er den Großmeister, er möge doch die hinter St. Angelo und in der Werftbucht liegenden Galeeren nach Sizilien schicken.

Am 31. Mai, dem Himmelfahrtstag, las La Valette die Botschaft seinem Kriegsrat vor. Natürlich kam ein Versuch, die verbliebenen Galeeren aus dem Großen Hafen herauszubringen, nicht in Frage. La Valette hatte Don Garcia ja bereits dargelegt, daß er nicht genug Leute besitze, sie zu bemannen, und daß auf keinen Fall auch nur eine Galeere durch die Blockade gelangen könne. Eine ganz andere Sache war es mit den kleinen von maltesischen Fischern bemannten und geführten Segelbooten; diese Fischer kannten die eigenen Küsten, die Sandbänke und Buchten ihrer Insel wie ihre Hosentasche.

»Nun wissen wir«, sagte La Valette, »daß wir unsere Rettung nicht von anderen erwarten dürfen! Nur auf Gott und auf unsere Schwerter können wir uns verlassen! Aber das ist kein Grund für uns, den Mut sinken zu lassen. Eher ist das Gegenteil der Fall, denn es ist besser, seine wahre Lage zu kennen, als sich durch trügerische Hoffnungen täuschen zu lassen. Unser Glaube und die Ehre unseres Ordens sind in unsere Hände gelegt. Wir werden nicht schwach werden.«

In seiner Antwort an den Vizekönig von Sizilien begründete La Valette nochmals, warum es unmöglich sei, die Galeeren nach Messina zu schicken. Statt dessen bat er darum, die in Messina liegenden Ordensgaleeren mit inzwischen aus Europa eingetroffenen Rittern und Bewaffneten nach Malta zu senden. Er beschwor Don Garcia, jeden Mann zu schicken, den er entbehren könne. Die Verluste in St. Elmo stiegen von Tag zu Tag, und die Aufgabe, die Besatzung immer wieder zu verstärken, schwächte die zukünftigen Verteidiger St. Angelos, St. Michaels und Birgus ständig. Trotzdem entschloß er sich, auch weiterhin und solange es möglich war, Verstärkungen überzusetzen. Jede Nacht wurden auch die Verwundeten von St. Elmo in das sichere Hospital zu Birgu übergeführt.

Es war nicht länger mehr möglich, bei Tageslicht Boote hinüberzuschicken. Erst nach Einbruch der Nacht konnten die Ruderboote an der Brücke von St. Angelo ablegen und die 800 Meter hinüber zum Landeplatz unter St. Elmo fahren. Obwohl sie ruhig und vorsichtig ruderten, verriet doch das Eintauchen der Ruder in das glitzernde, phosphoreszierende Wasser der Mittsommernacht ihre Bewegungen den wachsamen Türken. Bei einer Gelegenheit glitten die Türken in kleinen Booten aus der Bucht in der Nähe des Galgenplatzes heraus und fingen den Verstärkungskonvoi ab. Eine Miniatur-Seeschlacht entwickelte sich, in deren Verlauf eines der Malteserboote geentert und erobert wurde. Bei einem zweiten Angriff unterlagen die Türken und verloren zwei ihrer Boote. Danach gaben sie sich damit zufrieden, die Entsatzboote unter Kanonen- und Musketenfeuer zu nehmen.

Am Morgen des 3. Juni, des Tages, der nach dem kirchlichen Kalender dem heiligen Elmo geweiht ist, eröffnete Draguts neue Batterie auf der Tigné-Landzunge das Feuer auf die Festung. St. Elmos Schutzpatron wurde seit langem mit dem als »Elmsfeuer« bekannten Naturphänomen in Verbindung gebracht. Dieses von statischer Elektrizität hervorgerufene bläuliche Licht – das an Masten und Rahen erscheint mit einem zischenden Laut, den man noch aus einer Entfernung von mehreren Metern hören kann – nahm man als sichtbares Zeichen dafür, daß der Heilige das Schiff unter seinen Schutz genommen hatte. Am St.-Elmos-Tag schien es, als wäre der Heilige tatsächlich zu dem Fort herabgestiegen, das seinen Namen trug. Die gesamte sternförmige Bastion rauchte und krachte, und das Feuer aus den Geschützen der Verteidiger lief wie Blitzeszucken den Wall entlang.

Von der eroberten Außenschanze her, in welche die Janitscharen ihre Vorhut gelegt hatten, kam ständiges und genau gezieltes Hakenbüchsenfeuer. Laut riefen die Janitscharen ihrem Aga zu, die Breschen, die sich vor ihnen auftäten, seien groß genug für einen Sturm. Dragut, der mit Tagesanbruch wach und in den vordersten Linien war, wartete und beobachtete, um den Zeitpunkt abzupassen, an dem sich die Gelegenheit für einen großangelegten Angriff auf den Ravelin ergeben würde. Wie er schon bei der ersten Konferenz Mustapha Pascha gesagt hatte, hielt er dafür, dieses Außenwerk von Fort St. Elmo müsse bald genommen werden – welche Verluste das auch immer kosten würde. Er wußte, sobald sich das Außenwerk in türkischer Hand befand, konnte es mit Sicherheit nur Tage dauern, bis die Festung fiel. Er sah auch, daß die Christen immer noch guten Mutes schienen und ihr Gegenfeuer genau und heftig kam. Im selben Augenblick, in dem sie eine Konzentration türkischer Truppen bemerkten, die sich möglicherweise zu einem Angriff gegen die Breschen in den Wällen bereitstellten, richteten sie ihr Kanonen- und Arkebusenfeuer sofort in die sich massierenden Truppen. »Noch nicht«, sagte sich Mustapha. Er war nicht gewillt, die Elitetruppen des Sultans aufs Spiel zu setzen, ehe er eine gute Erfolgschance erkennen konnte.

Zu dieser Tagesstunde, als im Feldlager die Morgenfeuer zu rauchen begannen, fiel ihm das langerstrebte Außenwerk, mehr durch Zufall als planmäßig, in die Hand. Eine Gruppe türkischer Pioniere, die man nach vorne geschickt hatte, damit sie über den Zustand der Wälle St. Elmos berichteten, beschloß, den Ravelin zu inspizieren. Dieses Außenwerk, welches das Fort an der Nordwestecke absicherte, war durch das türkische Geschützfeuer schwer beschädigt worden. Die Pioniere erkannten, daß es nur noch äußerst schwach geschützt war, und obwohl sie nahe an seine Mauern herankamen, rief sie kein Posten an, und kein wachsamer Hakenbüchsenschütze gab einen Schuß in ihrer Richtung ab. Der Ravelin schien verlassen. Einer aus der Gruppe stellte sich auf die Schulter eines Kameraden und lugte durch eine niedrige Schießscharte. Er sah nur ein paar erschöpfte, schlafende Soldaten. In größter Stille und Eile schlich sich das Kommando zu den türkischen Linien zurück und berichtete Dragut und Mustapha Pascha, das Außenwerk sei fast verlassen. Keine Wachtposten schienen aufgezogen, und man könne es leicht nehmen.

Die Historiker haben darüber diskutiert, warum sich wohl dieses wichtigste Außenwerk von Fort St. Elmo zu der gefährlichen Stunde des Tagesanbruchs in solcher Verfassung befand – zu einer Stunde, in welcher der Soldat in Erwartung eines Angriffs sonst stets alarmbereit ist. Ihre Vermutungen sind fruchtlos, denn es ist uns kein Bericht überkommen, der die Vorgänge erklären würde. Selbst Balbi, der verläßlichste Augenzeuge der Belagerung, kann nur eine Vermutung wagen (er selbst befand sich auf Wache in St. Michael auf der anderen Seite des Großen Hafens). Es ist möglich, daß der Wachtposten, der auf den Mauern patrouillieren sollte, eingeschlafen war. Sehr wahrscheinlich aber hatte eine verirrte Kugel aus einem türkischen Scharfschützengewehr den Mann auf seinem Posten getötet, und sein Tod wurde von den schlafenden Kameraden nicht bemerkt.

Wenige Minuten nach Eintreffen der Nachricht wurde die Janitscharenvorhut aus der Außenschanze nach vorn geschickt. Ihre weißgewandeten Gestalten glitten im frühen Morgenlicht vorwärts. Sie legten ihre Sturmleitern gegen die Mauern des Ravelin an. Dann brachen sie über die Zinnen mit einem Schrei, der die schlafenden Soldaten aufweckte und die Posten auf St. Elmo alarmierte. Aber zum Widerstand war es zu spät. Niedergeschossen oder niedergehauen, ehe sie noch recht ihre fünf Sinne beisammen hatten, fielen die Verteidiger des Ravelin fast bis zum letzten Mann.

Eine Bohlenbrücke diente als Verbindung zwischen dem Ravelin und dem Fort selbst, und über sie flohen nun einige wenige Überlebende in die Sicherheit von St. Elmo. Auf dieser Brücke entwickelte sich der Hauptkampf, als die Janitscharen von dem eroberten Ravelin aus vorwärtsstürmten und versuchten, in das Fort einzubrechen, ehe man das Fallgitter zu schließen vermochte. Lanfreducci, ein Ritter aus Pisa, befehligte die beiden Geschütze über dem Fallgitter. Als seine christlichen Brüder auf das sichere Fort zueilten, eröffnete er das Feuer auf die vorrückenden Reihen der Janitscharen; es gelang ihm, sie in Schach zu halten, während man das Fallgitter hochzog und die Überlebenden einließ.

Immer noch rannten die türkischen Soldaten an. Manche von ihnen stürmten bis unmittelbar vor das Fallgitter und begannen, auf ihre Feinde im Fort zu schießen.

»Löwen des Islam!« feuerte sie ein Derwisch an. »Nun laßt das Schwert des Herrn ihre Seelen von ihren Körpern trennen, ihre Köpfe von den Rümpfen! Befreit den Geist von der Materie!«

Ohne der von den Kanonen in ihre Reihen gerissenen Lücken zu achten, drangen die Janitscharen wie ein Wespenschwarm über die Brücke und schickten sich an, ihre Sturmleitern auch am Fort selbst anzulegen. Eine Feuerpause, bedingt durch den Tod des Ritters, der für den Munitionsnachschub zu Lanfreduccis Kanonen verantwortlich war, ermöglichte es den Türken, ihre Leitern in Stellung zu bringen und den Aufstieg zu versuchen, über sich die Verteidiger mit ihren Musketen in der Hand. Jetzt boten diese alle Erfindungen des Belagerungskriegs gegen die Angreifer auf. »Griechisches Feuer, ›Trompeten‹ und Feuerreifen prasselten auf die weißgewandeten Türken hinab …«

Für kritische Augenblicke wie diesen, wenn der Feind schließlich bis an die Mauern vorgedrungen war, hatte man die Vorläufer des modernen Flammenwerfers entwickelt. Das Griechische Feuer, wie man es nannte, wurde schon in der antiken Kriegführung verwendet. Erst während der Kreuzzüge jedoch wurde die Kunst, diese brennbare Mischung zu bereiten, zur Vollendung gebracht. Ihre genaue Zusammensetzung wechselte mit den verantwortlichen Artilleristen oder Pionieren, und manche der Herstellungsformeln galten zu ihrer Zeit als streng gehütete Geheimnisse. Im wesentlichen jedoch enthielt die Mischung Salpeter, pulverisierten Schwefel, Pech, ungereinigtes Ammoniaksalz, Harz und Terpentin. Sie wurde in dünnwandige Behälter gefüllt, die leicht zerbrachen. (Nach dem Historiker Bosio waren die Behälter in der Größe so, »daß sie ein Mann in die Hand nehmen und 20 bis 30 Meter weit werfen konnte«.) Es handelte sich dabei um eine Mann-gegen-Mann-Waffe und um so etwas wie ein Mittelding zwischen Eierhandgranate und Flammenwerfer. Die Öffnungen der die Mischung enthaltenden Gefäße waren klein und mit Leinen oder dickem Papier verschlossen, diese wiederum mit in Schwefel getauchten Schnüren festgebunden; vier Schnurenden hingen frei herunter. Kurz bevor man einen Behälter mit Griechischem Feuer warf, zündete man eines dieser Schnurenden oder auch alle vier an, so daß beim Zerbrechen des Behälters das Zündmaterial explodieren mußte.

Unter »Trompeten« verstand man Röhren aus Holz oder Metall, die an langen Stangen befestigt wurden. Ebenso wie die Behälter mit Griechischem Feuer füllte man sie mit einer brennbaren Mixtur, nur war diese durch Beimischung von

Leinsamenöl oder Terpentin flüssiger gemacht. »Wenn man die Trompete anzündet«, schreibt ein Fachmann, »dann schnaubt und faucht sie lange und laut und speit heftig breite und mehrere Meter lange Flammenbündel.« Die »Trompete« erhielt ihren Namen von dem scharfen, schnaubenden Geräusch, das sie nach dem Anzünden von sich gab. Eine kleinere Abart wurde an der Spitze einer Pike befestigt und enthielt oft einen weiteren sinnreichen Mechanismus, mittels dessen sie kurz vor dem Ausbrennen zwei kleine eiserne oder Messingzylinder ausstieß, die mit Pulver geladen waren und Bleikugeln verschossen.

Als die Janitscharen versuchten, die Wälle von St. Elmo zu stürmen, gesellte sich dieser Feuerregen zu den Hakenbüchsenschüssen, den Steinblöcken und Kesseln siedenden Pechs, mit denen die Christen sich verteidigten. Dabei stellten die von den Türken getragenen langen, wallenden Gewänder – so praktisch sie in der Sommerhitze waren – die am wenigsten geeignete Uniform der Männer dar, die sich lodernden Flammen gegenübersahen. Wie menschliche Fackeln fielen die eskaladierenden Soldaten zurück in den Wallgraben unter dem Fort. Der süßliche Geruch versengten Fleisches erfüllte die Luft.

Von Morgengrauen bis kurz nach Mittag wütete die Schlacht um die Brücke und die landseitigen Wälle von St. Elmo. Die Türken warfen Säcke mit Lumpen, Stroh und Erde in den Wallgraben zwischen Außenwerk und Fort, um den Zugang zu den Mauern zu erleichtern. Bald war all dies Füllmaterial durch das Griechische Feuer in Brand gesetzt. Steil erhoben sich die Wälle aus einem Flammen- und Rauchschleier.

Jetzt, an diesem Morgen, erhielten die Janitscharen, die darauf schon gewartet hatten, Gelegenheit, ihren Mut zu beweisen. Mustapha Pascha ließ eine Angriffswelle nach der anderen von des Sultans besten Truppen gegen die rauchgeschwärzten und zerborstenen Mauern von St. Elmo anrennen. Die Verluste der Türken waren schwer, denn die Verteidiger hinter ihren Brustwehren wandten alle Taktiken an, welche die Ritter des heiligen Johannes in vier Jahrhunderten Kriegführung gelernt hatten. Schlimmer noch als das Griechische Feuer oder die »Trompeten« waren die Feuerreifen – deren Erfindung von dem Historiker Vertot La Valette selbst, von Balbi jedoch einem Ordensbruder, Ramon Fortunii, zugeschrieben wurde.

Diese Reifen »bestanden aus ganz leichtem Holz und wurden zunächst in Spiritus getaucht, mit Öl eingerieben und dann mit Wolle und Baumwolle umwickelt, die man zuvor in andere brennbare und mit Salpeter und Pulver versetzte Flüssigkeiten getaucht hatte. Wenn das Ganze abgekühlt war, wiederholte man dieselbe Prozedur mehrmals. Bei einem Angriff wurden die Reifen angezündet, mit Zangen aufgenommen und mitten unter die vorrückenden Sturmabteilungen geworfen. Einer dieser Flammenreifen legte sich gewöhnlich um zwei oder drei Soldaten ...« Die Reifen hatten bei den Moslems in ihren lose flatternden, leichten Gewändern eine verheerende Wirkung. In erster Linie diesen Feuerreifen war es zuzuschreiben, wenn der erste Großangriff auf St. Elmo scheiterte.

Als Mustapha schließlich seine Truppen zurückrief, hatte er schätzungsweise fast 2000 Mann verloren, die nahezu alle zur Elite der Janitscharen-Vorhut zählten. Die Verteidiger verloren lediglich zehn Ritter und 70 Soldaten. Wenn angesichts solcher Zahlen der Sieg bei der Besatzung von St. Elmo zu liegen schien, bleibt es doch Tatsache, daß dem türkischen Oberbefehlshaber allein schon die Eroberung des Außenwerks einen Preis von 2000 Mann wohl wert war. Jetzt hielt er Schanzen in kurzer Distanz zum Fort besetzt und befand sich in einer Stellung, von der aus er Geschütze außer Gefecht setzen und das Innere von St. Elmo beherrschen konnte.

Noch während der Kämpfe unter den Festungswällen hatten das türkische Arbeitskorps und Sklaven von den Galeeren die Aufgabe, das Außenwerk uneinnehmbar zu machen, in Angriff genommen. Langsame Ochsen- und Menschengespanne zogen bereits weitere Kanonen die Hänge des Sciberras hinauf. Kaum hatten die Janitscharen sich zurückgezogen, da begannen die Geschütze am Galgenplatz und auf der Tigné-Halbinsel wieder mit ihrer Kanonade.

In den Nahkämpfen dieses Tages wurde ein Ritter aus der Auvergne, Abel de Bridiers de la Gardampe, von einem Schuß getroffen und auf den Tod verwundet. Als seine Freunde ihm zur Hilfe eilten, winkte er sie fort mit den Worten: »Rechnet mich nicht mehr zu den Lebenden. Ihr nutzt eure Zeit besser, wenn ihr euch um unsere anderen Brüder kümmert.«

Während die Kanonen donnerten, von den Wällen herab Feuer regnete und die Janitscharen mit ihrem Kriegsgeschrei Welle auf Welle anbrandeten, schleppte sich La Gardampe zur Kapelle von St. Elmo. Am Nachmittag, als die Ordensritter in die Kapelle zogen, um Dank zu sagen für das, was ihnen fast als ein Sieg erschien, fanden sie den Ritter aus der Auvergne tot zu Füßen des Altars ausgestreckt.

»Seiner Außenwerke beraubt, stand das Kastell von St. Elmo
wie ein nackter, einsamer Baumstumpf da, der ganzen Wut des
Sturmes ausgesetzt...« Nun die Türken das Außenwerk besetzt
hielten, begannen sie dahinter und darüber einen mächtigen
Erdwall hochzuziehen. Sobald er vollendet war, würden sie das
ganze Innere von St. Elmo mit ihrem Feuer beherrschen und
direkt auf die Verteidiger schießen können.

Tag um Tag verschlechterte sich mit der Steigerung des türkischen Feuers und dem Wachsen der Rampe über das Außenwerk hinaus die Lage der Besatzung. Marschall Copier, dem La
Valette befohlen hatte, hinüberzufahren und die Festung zu
inspizieren, berichtete, es sei unmöglich, den Feind aus dem
Außenwerk hinauszuwerfen. Die Türken hielten die eroberte
Stellung mit einer großen Zahl von Truppen, und ein Ausfall
von St. Elmo gegen sie hatte keinerlei Aussicht auf Erfolg. Marschall Copier legte seine Meinung dar, das Fort könne nur
standhalten, wenn wie bisher auch weiterhin jede Nacht Verstärkungen hinübergeschickt würden.

Etwa eine Stunde vor Morgengrauen am 4. Juni tauchte
plötzlich aus dem Dunst über der See ein kleines Boot auf. Als
die Wachen das Feuer eröffneten, erhob sich eine Gestalt von
der Heckplattform des Bootes und rief: »Salvago! Salvago!«

Die Stimme drang hinüber zur Festung, und man erkannte
den Mann. Es handelte sich um einen Ritter des Ordens, Raffael
Salvago, der sich in Begleitung des spanischen Hauptmanns de
Miranda befand. Letzterer war ein bekannter Soldat, den Don
Garcia geschickt hatte, damit er St. Elmo und die gesamten
Verteidigungsanlagen besichtige und La Valette eine neue Botschaft des Vizekönigs überbringe. Von den beiden Ordensgaleeren, die in Messina gelegen hatten, eskortiert, war es ihnen
gelungen, den im Blockadering liegenden Türkenschiffen zu
entgehen; und als sie in die Nähe von St. Elmo gelangt waren,
stiegen sie in ein kleines Boot um. Die Galeeren hatten wieder
Kurs zurück nach Sizilien genommen, nachdem die Besatzung
Salvago und Miranda auf dem Weg zum Ufer gesehen hatte. Es
zeugt nicht gerade für die Schlagkraft der Flotte Pialis, daß in
diesem Stadium der Belagerung zwei Galeeren so dicht vor die
Küste gelangen konnten.

Salvago und Miranda landeten in einer kleinen Bucht knapp östlich des Forts, wo eine Reihe Stufen direkt nach St. Elmo hinaufführten, und wiesen ihre Bootsbesatzung an, zu warten, während sie die Verteidigungsanlagen inspizierten. Noch ehe der Tag anbrach, mußten sie auf der Fahrt über den Großen Hafen sein, um dem Großmeister Don Garcias Meldung zu überbringen. Eine eilige Besichtigung zeigte, daß sich die Garnison in nahezu aussichtsloser Lage befand.

»Da die unerträglichen Strapazen immer größer wurden, vor allem auch während der ganzen Nacht, da auf den Brustwehren überall Gedärme und Gliedmaßen der durch das feindliche Geschützfeuer zerrissenen und zermalmten Männer im Schutt begraben lagen, befanden sich die unglücklichen Belagerten in einer furchtbaren Verfassung; dadurch, daß sie sich nie von ihren Posten rühren konnten, dort schlafen und essen und alle anderen menschlichen Funktionen verrichten mußten, immer in Waffen und in Alarmbereitschaft waren, bei Tag der brennenden Sonne, bei Nacht dem kalten Dunst, weiter Entbehrungen aller Art ausgesetzt, dazu dem Pulverqualm, dem Rauch, dem Staub, dem Griechischen Feuer, Eisen, Steinen, Musketensalven, den Einschlägen des gewaltigen Artilleriebombardements, bei ungenügender und ungesunder Ernährung, bei alledem boten sie einen so entstellten Anblick, daß sie einander selbst kaum mehr erkannten. Sie hielten es für unehrenhaft, sich aus der Kampffront zurückzuziehen, wenn sie nicht offensichtlich sehr gefährliche und fast tödliche Wunden davongetragen hatten, und so erblickte man hier welche, denen nicht unbedingt lebenswichtige Körperteile verstümmelt oder gebrochen, deren fahle Gesichter von schrecklichen Wunden gezeichnet waren oder die ganz und gar lahmten und unter Schmerzen umherhumpelten; dort andere mit notdürftigen Verbänden um den Kopf, die Arme in Schlingen, seltsam verzerrt und verkrümmt – solche Gestalten sah man häufig, ja fast allgemein und hätte sie eher für Gespenster denn für lebende Wesen gehalten.«

Der Wasserspiegel des Großen Hafens begann im Widerschein des Tageslichts zu glänzen, und die massigen Umrisse von Fort St. Angelo zeichneten sich gegen den heller werdenden Himmel ab, als Salvago und Miranda ihr Boot bestiegen und in Richtung Birgu ablegten. Trotz des Feuers der türkischen Kanoniere und Wachtposten gelang es ihnen, unter Verlust eines Matrosen, Birgu zu erreichen. Was sie in St. Elmo gesehen hatten, vermittelte ihnen die Überzeugung, daß die Festung unmöglich weiter aushalten konnte, wenn nicht neue Verstärkungen in beträchtlicher Zahl hinübergeschickt würden. Wenn das geschah, konnte man nach Mirandas Meinung das Fort wahrscheinlich noch einige weitere Tage gegen die Türken halten. Für einen längeren Widerstand gab es keinerlei Aussicht. Miranda erklärte sich, obwohl er wußte, daß er in den Tod fahren würde, freiwillig bereit, sofort hinüberzugehen und dem Komtur de Guaras bei den notwendigen Maßnahmen für die letzten Verteidigungsanstrengungen beizustehen.

Ritter Salvago und Hauptmann de Miranda hatten noch andere und schlimmere Nachrichten für den Großmeister. Die Botschaft Don Garcias, die sie überbrachten, enthielt die Zusage, dieser werde Ende Juni Malta zur Hilfe kommen – er gab genau das Datum des 20. Juni an –, doch nur unter der Bedingung, daß der Großmeister ihm die Ordensgaleeren aus Malta schicke. Die Historiker der Belagerung sind mit Don Garcia wegen seines zögernden Verhaltens hart ins Gericht gegangen – und nicht ohne guten Grund. In dem Schriftwechsel mit La Valette war ihm bereits exakt und sorgfältig durchdacht dargelegt worden, warum es unmöglich war, die Galeeren nordwärts nach Sizilien zu schicken. Auch St. Aubin (der mit seiner Galeere versucht hatte, die Blockade zu durchbrechen) hatte ihm berichtet, es sei unmöglich, in den Hafen zu gelangen. Wie also konnte Don Garcia auf einen Erfolg des noch schwierigeren Manövers – die Galeeren herauszubekommen – hoffen?

Don Garcia wußte genau, wie viele Leute La Valette hatte – von allem Anfang an nicht mehr als 9000 Mann. Ebenso wußte er, daß man, selbst bei auf die Hälfte reduzierten Besatzungen, mehrere hundert Matrosen benötigte, um die Galeeren zu bemannen; und nicht einen einzigen von ihnen konnte man an seinem Platz in den belagerten Forts entbehren. Der Sieger von Peñon de la Gomera war ein sehr erfahrener Soldat. Es kann kein Zweifel darüber bestehen, daß er sich nur ein Alibi für sein Verhalten beschaffen wollte, wenn er seine Hilfe für die Insel von der Entsendung der Galeeren nach Messina abhängig machte.

Obwohl keine Dokumente ans Licht gekommen sind, die des Vizekönigs Handlungsweise zu erklären vermöchten, gibt es doch eine Anzahl von Gründen, die uns bei einer Erklärung helfen können. Als Gouverneur von Sizilien trug er die Verantwortung für eine der wichtigsten Besitzungen Philipps II. im Mittelmeer. Er muß sich darüber klar gewesen sein, daß Solimans Unternehmen gegen Malta wahrscheinlich nur ein Vorspiel war für einen Angriff auf Sizilien und das Königreich Neapel. Würde Don Garcia eine Flotte und ein Hilfskorps von ungenügender Stärke schicken – und würden diese dann auf See vernichtet oder an Land besiegt –, dann stünde die Tür nach Sizilien weit offen. Innerhalb von Stunden konnte die türkische Flotte von Malta ablegen und südlich Syrakus und in der Nähe von Kap Passaro eine Landung einleiten. Wenn der Vizekönig alle ihm zur Verfügung stehenden Truppen und Schiffe in einem überstürzten Hilfsunternehmen für Malta verlor, dann mußte Sizilien innerhalb weniger Wochen fallen. Don Garcias Abneigung, eine Entsatztruppe zu schicken, bevor er sie mit Sicherheit für mehr als ausreichend halten durfte, ist verständlich. Die verschiedenen Ordenshistoriker, von Bosio im 16. bis zu Taafe im 19. Jahrhundert, lassen die Tendenz erkennen, den Gouverneur als einen Schurken oder Feigling zu zeigen. Er war einfach vorsichtig.

In seiner Antwort auf diese weitere Botschaft Don Garcias betonte La Valette, die Hilfstruppe brauche nicht stärker als 15 000 Mann zu sein und könne sehr leicht in den nordwestlichen Buchten Maltas, entweder bei Mgarr oder bei Ghain Tuffieha, landen. Er teilte mit, er schicke jede Nacht bis zu 200 Mann frische Truppen nach St. Elmo; dieser Aderlaß an den Verteidigungskräften Birgus und Sengleas könne aber nicht so weitergehen. Er bat Don Garcia, ihm auf jeden Fall 500 Mann zukommen zu lassen, sie konnten auf den beiden Galeeren verschifft werden, die soeben Miranda und den Ritter Salvago gebracht hatten.

Man schrieb jetzt den 4. Juni, und wenn man Don Garcias Botschaft glauben wollte, mußte der Großmeister nur noch weitere vierzehn Tage ausharren, bis er Hilfe bekam. Glücklicherweise war er ebenso skeptisch wie klarsehend.

La Valette nahm Mirandas Angebot, mit einer Hilfstruppe nach St. Elmo zurückzukehren, an. In der Nacht wurden der Spanier und eine Reihe von Rittern, die sich freiwillig gemeldet hatten, zusammen mit einem Kontingent von 100 Soldaten zu der verlorenen Festung übergesetzt. Diese regelmäßigen Bluttransfusionen hielten St. Elmo am Leben.

Das Feuer der Türken war so schwer, daß es, um mit einem Zeitgenossen zu sprechen, schien, als »hätten sie vor, die Festung zu pulverisieren«. So schnell auch Oberst Mas und seine Truppe auf der Nordseite arbeiteten, um hinter den zertrümmerten Wällen neue Verschanzungen zu errichten, ebenso schnell zerhämmerte sie die von Dragut auf der Tigné-Halbinsel postierte Batterie wieder. Auf der dem Außenwerk und den türkischen Batterien gegenüberliegenden Seite bestanden die Wälle nur noch aus einem zerbröckelnden Haufen von Trümmern, die hinunterfielen und -rutschten und den darunterliegenden Wallgraben auffüllten. Im Bewußtsein der ständig wachsenden Bedrohung von dieser Seite her hatten die Verteidiger die Brücke zwischen Außenwerk und Festung gesprengt. Mit wachsender Resignation verzeichneten sie, wie das türkische Arbeitskorps während der Nächte unablässig daran arbeitete, den Wallgraben, der das Außenwerk von St. Elmo trennte, zuzuschütten.

Hinter den Behelfswällen und den aus Knüppelholz, Erde und sonstigem Material errichteten Schanzen krochen die Verteidiger von Deckung zu Deckung. Es war nicht länger möglich, die offenen Flächen des Forts sicher zu überqueren. Am Donnerstag, dem 7. Juni, versuchten die Türken mit Hilfe einer aus Schiffsmasten und Spieren gefertigten Brücke einen neuen Sturm. Sie ließen ihrem Angriff ein intensives Artilleriebombardement vorhergehen, nach dem die Cavalier-Bastion so zerstört war, daß die Verteidiger sie nicht länger besetzen konnten. Auch Teile des Walles auf der Landseite lagen in Trümmern. Während dieses Bombardements schwankte und bebte das ganze Fort wie ein Schiff im Sturm. Den Beobachtern auf St. Angelo schien es, als habe St. Elmos letzte Stunde mit Sicherheit geschlagen. Wolken von Rauch und Staub stiegen über der Landzunge auf; von den Mauern abprallende Kanonenkugeln heulten gen Himmel und fielen dann in die See; große, sich von den Wällen lösende Mauerbrocken donnerten die steilen Felsklippen auf der Ostseite hinab und stürzten in den Großen Hafen. Es schien unglaublich, daß in einem solchen Gewittersturm jemand am Leben bleiben konnte.

Als jedoch der Angriff kam und die Janitscharen über das Außenwerk hinunter und über den teilweise aufgefüllten Wallgraben brandeten, schlug ihnen ein Hagel von Kugeln und Brandwaffen entgegen. Die »Trompeten« zischten und heulten, die zerbrechlichen Behälter mit Griechischem Feuer barsten inmitten der vorrückenden Angriffswellen, und die Feuerreifen flogen herab. Sie prallten auf die Erde, sprangen wieder hoch wie Teufelsspielzeug, überschlugen sich und umklammerten den Feind im Fall.

Als der Angriff mehr und mehr ins Stocken kam, ertönte das Signal zum Rückzug. Augenblicklich begann ein derartig verheerendes Feuer gegen St. Elmo, daß die Verteidiger weder an ihre Kanonen herankommen noch irgend etwas gegen die weichenden Türken unternehmen konnten. Es schien, als ob alle Geschütze auf den Hängen des Sciberras zugleich feuerten, während Draguts Batterie auf der Tigné-Halbinsel auch die Nordwestwälle bombardierte. Die Schäden, welche dieses letzte Bombardement an den einstürzenden Wällen anrichtete, überstiegen alles Vorhergegangene. Luigi Broglia, de Guaras und Miranda kamen zu dem Schluß, jede Aussicht, das Fort noch zu halten, sei geschwunden. An mehreren Stellen waren die Breschen groß genug für einen feindlichen Sturmangriff. Sappeur- und Mineurtrupps hatten unter dem Schutz der Tagesangriffe gearbeitet, und obwohl ihnen der gewachsene Fels, auf dem St. Elmo stand, einen Strich durch die Rechnung machte, hatten sie ihr Teil zu der Zerstörung beigetragen. Die Cavalier-Bastion des Forts befand sich in einem solchen Zustand, daß sie den Verteidigern keinen Nutzen mehr bot.

Nach der Beratung beschlossen die rangältesten Offiziere St. Elmos, de Medran noch in derselben Nacht hinüber zum Großmeister zu schicken. Es bestand keine Gefahr, daß etwas von de Medran Vorgebrachtes Verdacht erregte. Dieser tapfere Soldat hatte seit dem Beginn der Belagerung ständig in der vordersten Front des Kampfes gestanden. (Übrigens, La Cerda, jener Ritter, »den die Furcht beredt gemacht hatte«, befand sich jetzt in den Verliesen von St. Angelo. Nach seiner ersten unglückseligen Unterredung mit La Valette und dem Kriegsrat war er nach St. Elmo zurückgekehrt und verwundet worden. Nachdem er eines Nachts zusammen mit den übrigen Verwundeten übergesetzt worden war, hatte man ihn bei der Einlieferung ins Hospital untersucht und über seine Wunde die Diagnose gestellt: »Nur ein Kratzer.« La Valette hatte augenblicklich befohlen, ihn einzukerkern. Solange ein Mann noch zu stehen vermochte, betrachtete man ihn während der großen Belagerung nicht als Verwundeten.)

Chevalier de Medran sah sich vom Großmeister und dem Rat mit größter Achtung empfangen. De Medrans Hauptargument lautete, das Fort sei jetzt nicht mehr länger zu halten. Er wies darauf hin, daß jeder Versuch, dort weiterhin Widerstand zu leisten, eine Verschwendung wertvoller Menschenleben bedeute. Die Ritter und Soldaten wären von weit größerem Nutzen, wenn sie die Besatzungen von Birgu und Senglea verstärkten, auf die mit Sicherheit der nächste Schlag fallen würde. Außerdem könne man den Versuch, St. Elmo zu halten, einzig mit Hilfe von Verstärkungen unternehmen, was wiederum gleichbedeutend sei mit einem weiteren Aderlaß an den Streitkräften Birgus. Man solle, so schloß de Medran, die Festung sofort evakuieren, sie sprengen und das Gewicht ihrer Garnison den beiden Hauptstützpunkten hinzufügen.

Seine Beweisgründe waren vernünftig und die Mitglieder des Kriegsrats in ihren Ansichten geteilt, da manche der älteren de Medrans Lagebeurteilung billigten. Dies war jedoch nicht der Augenblick für Unentschlossenheit. Jetzt gaben des Großmeisters einzigartiges Ansehen und seine Persönlichkeit den Ausschlag. Dieser Mann, von dem man sagte: »seine Macht beruhte auf seiner bewundernswerten Tapferkeit und auf dem Respekt, ja der Furcht, die er einflößte«, er blieb ruhig und äußerlich unbeeindruckt.

Zum ersten Mal teilte er dem Kriegsrat mit, daß der Vizekönig von Sizilien ihn hatte wissen lassen, er werde seine Flotte nicht aufs Spiel setzen, wenn St. Elmo verlorengehe. Außerdem berichtete er ihnen von Don Garcias letzter Botschaft – daß er ihnen am 20. Juni zur Hilfe kommen könne. Jetzt schrieb man erst Donnerstag, den siebten.

»Wir haben Gehorsam geschworen, als wir in den Orden eintraten«, sagte La Valette. »Wir haben auch den Ritterschwur abgelegt, unser Leben für den Glauben hinzugeben, wann und wo immer der Ruf dazu uns erreicht. Unsere Brüder in St. Elmo müssen dieses Opfer jetzt bringen.«

Es erfordert größeren Mut, die Kameraden in den Tod zu schicken, als selbst zu sterben. Jedes Ratsmitglied wußte, daß La Valette, wenn es die Situation verlangte, bereit war, sofort und als erster in die Bresche zu springen. Sein Argument, jedes Fort auf Malta müsse, eines wie das andere, bis zum letzten Mann und bis zur letzten wankenden Mauer durchhalten, wurde akzeptiert. Einzig wenn jede zu verteidigende Stellung bis zum Ende gehalten wurde, bestand eine Aussicht, daß der Orden überleben und die Türken schließlich doch von der Insel vertrieben werden konnten.

»Noblesse oblige«, dieser Satz besaß noch Inhalt und Bedeutung. Wenn die Ritter Aristokraten und privilegiert waren, dann mußten sie auch die Tatsache bejahen, daß die einzige Rechtfertigung ihrer Ausnahmestellung in der Bereitschaft lag,

alles zu opfern, wenn der Ruf dazu an sie erging. Als der Großmeister jede Möglichkeit eines Rückzugs ausschloß, sprach er
damit de Medran und der Besatzung St. Elmos das Todesurteil.

15 Freiwillige aus den Reihen der Ritter und 50 Soldaten aus
der Garnison von Mdina fuhren mit dem Chevalier de Medran
über die dunklen Gewässer des Großen Hafens nach St. Elmo
zurück.

Um die Mitternacht zum 8. Juni empfing der Großmeister einen unerwarteten und unwillkommenen Boten. Den ganzen Tag hatten die Kanonen über St. Elmo gedonnert, und am Nachmittag hatte er noch einen weiteren Sturm auf die tapfere Festung beobachtet. Der Angriff hatte über sechs Stunden gedauert, erst bei Sonnenuntergang war er abgeblasen worden. Wieder einmal war es St. Elmo gelungen, sich wie ein stampfendes Schiff gegenüber der bedrohlichen See zu behaupten. Und nun, um Mitternacht, traf der italienische Ritter Vitellino Vitelleschi mit einem versiegelten Brief von den Verteidigern St. Elmos ein. La Valette öffnete und las ihn im gelben Schein der Kerzen des Ratssaales. Ab und zu flackerte das Licht, wenn St. Angelo die Türken auf dem Sciberras oder Draguts neue Batterien am Galgenplatz unter Feuer nahm.

»Erlauchtester und ehrwürdigster Herr«, las er.

»Als die Türken hier landeten, befahlen Eure Hoheit allen hier gegenwärtigen Rittern, herbeizueilen und diese Festung zu verteidigen. Das haben wir mit größtem Mut getan, und bis zu diesem Augenblick ist von unserer Seite alles geschehen, was geschehen konnte. Eure Hoheit wissen das, auch daß wir uns weder Strapazen noch Gefahren entzogen haben. Doch nun hat uns der Feind bis zu einem solchen Grad geschwächt, daß wir weder etwas gegen ihn auszurichten noch auch uns zu verteidigen vermögen (da er die Hauptbastion und den Wallgraben besetzt hält). Er hat auch eine Brücke geschlagen und Stufen zu unseren Wällen hinauf in den Fels gehauen, den Wall unterminiert, so daß wir stündlich erwarten müssen, in die Luft zu fliegen. Das Vorwerk haben sie so weit höhergeführt, daß man nicht auf seinem Posten ausharren kann, ohne getötet zu werden. Wir können keine Wachtposten aufstellen, um den Feind im Auge zu behalten, da sie – Minuten nach dem Aufziehen – von Scharfschützen erschossen werden. Wir sind so bedrängt, daß wir den offenen Platz im Mittelpunkt des Forts nicht mehr länger betreten können. Mehrere unserer Männer sind dabei schon getötet worden, und wir haben dort keinen Schutz außer der Kapelle. Unsere Soldaten haben den Mut verloren, und selbst ihre Offiziere können sie nicht mehr dazu bringen, ihre

Stellungen auf den Wällen zu beziehen. Sie sind überzeugt, daß das Fort unausweichlich fallen wird, und bereiten sich darauf vor, sich durch Schwimmen zu retten und in Sicherheit zu bringen. Da wir den Pflichten unseres Ordens nicht mehr wirkungsvoll nachkommen können, sind wir gewillt – wenn Eure Hoheit uns heute nacht keine Boote schickt, damit wir uns zurückziehen können –, einen Ausfall zu machen und zu sterben, wie es Rittern geziemt. Schickt keine weiteren Verstärkungen, denn sie sind von vornherein tote Leute. Dies ist der feste Entschluß aller, deren Unterschriften Eure erlauchte Hoheit hier unten lesen können. Wir setzen Eure Hoheit weiter davon in Kenntnis, daß türkische Galeassen am Ende der Halbinsel tätig geworden sind. Und nun küssen wir, festen Willens, unser Vorhaben auszuführen, Eure Hände.

Gegeben zu St. Elmo, am 8. Juni 1565.«

Darauf folgten 53 Unterschriften.

Es handelte sich um keine Meuterei, und in keiner Weise konnte die Aktion dieser Ritter auf Feigheit zurückgeführt werden. Sie, die Opfer ständigen Bombardements, waren zu der Ansicht gekommen, es sei besser, in einem letzten, verzweifelten Unternehmen gegen den Feind ehrenvoll zu sterben, als sich weiter wie Schafe zu verhalten, die in einem Schlachthaus warten, bis die Reihe an sie kommt. Die Unterzeichner gehörten zu den jüngeren Rittern, die sich mit der von de Medran bei dessen Rückkehr überbrachten Entscheidung des Großmeisters, daß es keine Räumung geben könne, nicht ohne weiteres abfanden.

Es wird nie geklärt werden, ob sie mit ihrem Brief einen Druck auf den Großmeister ausüben wollten, damit dieser sie doch vielleicht aus St. Elmo zurückziehe. Ihre Namen sind uns nicht überliefert, und es ist unwahrscheinlich, daß auch nur ein einziger von ihnen die Belagerung überlebte.

La Valette las den Brief und schaute zu dem italienischen Ritter auf.

»Wartet!« sagte er.

Er ließ drei Ritter aus drei verschiedenen Provinzen kommen, einen Franzosen, einen Italiener und einen Spanier. Er teilte ihnen die Hauptpunkte der soeben erhaltenen Botschaft mit und befahl ihnen, sofort nach St. Elmo überzusetzen und über die Situation dort zu berichten.

La Valette machte sich keine Illusionen über das Schicksal des Forts und seiner Besatzung. Er wußte, daß er den unter seinem Befehl stehenden Männern fast übermenschliche Leistungen abverlangte. Und er wußte auch, daß Stolz und Furcht und abermals Stolz Männer in Stellungen ausharren lassen, die nach aller Logik unhaltbar sind. Er beabsichtigte, das im Feuer schwach gewordene Rückgrat der Besatzung mit Stahl zu festigen. Sie mußten dort bleiben und fallen bis zum letzten Mann, wie er selbst es in Birgu tun würde, wenn die Zeit gekommen war.

»Dem Gesetz der Ehre«, sagte er dem Ritter Vitelli no Vitelleschi, »kann unmöglich dadurch Genüge getan werden, daß man sein Leben fortwirft, wenn es einem so paßt. Es ist die Pflicht des Soldaten, zu gehorchen. Ihr werdet Euren Kameraden sagen, daß sie auf ihrem Posten zu bleiben haben. Sie haben dort zu bleiben und keinen Ausfall zu machen. Wenn meine Abgesandten zurückkehren, werde ich entscheiden, was geschehen muß.«

In den frühen Morgenstunden erreichten die drei von La Valette ausgewählten Ritter St. Elmo. Sofort wurden sie von den rebellierenden Männern der Garnison umringt, alle wollten eilfertig darstellen, wie unmöglich es sei, die Festung noch länger zu halten. Schon bereiteten einige der Ritter und ihre Leute sich auf den Abzug vor. Sie fingen an, Waffen, Munition und Vorräte zu vernichten, damit sie von den Moslems nicht mehr benutzt werden konnten. Die Szene erweckte den Eindruck von Konfusion und nahender Panik. Es war ein Augenblick, wie er vor jeder Evakuierung eintritt, wenn die Disziplin zusammenzubrechen beginnt und jeder nur an seine eigene Sicherheit denkt.

Bestürzt über das, was sie sahen, weigerten sich die Abgesandten, über irgendwelche Vorbereitungen zum Rückzug mit sich reden zu lassen, bevor sie die Lage des Forts sorgfältig untersucht hätten. Die älteren und ranghöheren Ritter wie Broglia und de Guaras und die erfahrenen Hauptleute wie Miranda und Le Mas lehnten es ab, irgendeinem Vorschlag zur Aufgabe des Forts ihre Stimme zu geben. Die Auflehnung schien lediglich von den jüngeren Mitgliedern zu kommen.

Nach der Inspektion der Befestigungsanlagen stellten zwei der Abgesandten, ein Kastilier, Kommandant de Medina, und ein Provenzale, Antoine de la Roche, ruhig, aber bestimmt fest, sie sähen die Situation nicht als gänzlich hoffnungslos an. »Das Fort«, sagten sie, »kann noch einige weitere Tage gehalten werden.«

Der dritte Abgesandte, ein neapolitanischer Ritter namens

Castriota, war weniger taktvoll. »Es ist ganz und gar nicht hoffnungslos«, behauptete er. »Nur frische Soldaten sind nötig und
eine neue Taktik.« Ob er nun wirklich andeuten wollte, mangelnde Tapferkeit und mangelnde Geschicklichkeit hätten
St. Elmo in die augenblickliche Notlage gebracht oder nicht,
jedenfalls lösten seine Worte bei den jungen Rittern heftige Em-
pörung aus. Sie hatten viele Tage lang an der vordersten Front
unter Feuer gelegen, und da kam ein Stabsoffizier aus dem
Hauptquartier, um ihnen zu sagen, daß sie ihre Aufgabe
schlecht erfüllten.

»Bleibt nur einmal einen Tag lang bei uns!« riefen sie. »Wir
möchten gerne Eure ›neue Taktik‹ sehen, wenn die Janitscharen
durch die Breschen stürmen.«

Während der heftigen Debatte, die sich nun entspann, verließ
eine Anzahl von Soldaten ihre Posten, um zuzuhören, was ihre
Offiziere, die Ritter, zu sagen hatten. Da geschah es, daß der
praktische de Guaras einen Trompeter anwies, Alarm zu blasen
und so die Ordnung wiederherzustellen. Beim ersten schmet-
ternden Ton der Trompete eilten Ritter und Soldaten augenblicklich auf ihre Posten. Die ihnen in Fleisch und Blut überge-
gangene Disziplin kühlte ihre Leidenschaften ab und rief sie zur
Ordnung zurück.

Nach Birgu zurückgekehrt, suchten die Abgesandten sofort
La Valette auf. Der Großmeister wartete bereits auf ihren Bericht. Alte Menschen brauchen wenig Schlaf. Immer und immer
während dieser langen Monate, zu welcher Stunde des Tages
oder der Nacht es auch sein mochte – der Großmeister war stets
bereit und hellwach. Später, während der Belagerung von Birgu
und Senglea, scheint er überhaupt kaum geschlafen zu haben.
Wann immer Gefahr drohte, er war zur Stelle und doch zur
gleichen Zeit ununterbrochen mit Ratsangelegenheiten beschäftigt oder damit, neue Verteidigungsmaßnahmen zu ersinnen.

Der kastilische und der provenzalische Ritter stellten sofort
fest, sie betrachteten die Lage als praktisch hoffnungslos. Ca-
striota andererseits blieb ungehalten dabei, mit einer neuen
Truppenzufuhr und mit neuen Lösungen für die Probleme der
Verschanzungen und Verteidigungstaktik könne St. Elmo noch
einige Zeit gehalten werden. Er erbot sich, an der Spitze einer
Truppe nach St. Elmo zu gehen und seine Worte zu beweisen.
Er wolle, sagte er, mit des Großmeisters Erlaubnis sofort nach
Birgu hinausgehen und dort genug Freiwillige finden, um die
jetzige Garnison von St. Elmo abzulösen.

La Valette erteilte Castriota die Erlaubnis, und innerhalb einer Stunde (bevor noch die türkischen Geschütze ihr morgendliches Routinebombardement auf das Fort begonnen hatten) brachte der Neapolitaner 600 Mann auf, die bereit waren, St. Elmo zu Hilfe zu kommen. Es ist fraglich, ob La Valette jemals wirklich die Absicht hatte, auch nur annähernd so viele wertvolle Truppen in eine Stellung zu schicken, deren Verlust unmittelbar bevorstand, wie er wohl wußte. Er wandte seine Kenntnisse der Psychologie seiner Ritter an, um sie bis zu einem solchen Grad brennenden Ehrgeizes mitzureißen, daß sie lieber sterben als sich ablösen lassen würden.

Am Abend dieses selben Tages wurde eine Meldung nach St. Elmo hinübergeschickt. Sie machte die Beschämung der aufsässigen Ritter vollständig. Von Castriotas Freiwilligenkorps hatten sie bereits erfahren. Auch ihre Freunde in den einzelnen Provinzen hatten Botschaften hinübergeschickt, in denen sie ihnen vorwarfen, sie entehrten ebenso ihre Nationen wie auch den Orden. Die 53 Ritter erschraken über die Situation, in der sie sich nun fanden. Unter der Anklage, die Ehre des Ordens und ihrer Provinzen zu verraten, wollten sie jetzt nur noch den Beweis antreten, daß solches nie in ihrer Absicht gelegen habe.

»Eine Freiwilligentruppe ist aufgestellt«, schrieb La Valette, »sie steht unter dem Kommando des Ritters Costantino Castriota. Euer Begehren, St. Elmo verlassen zu dürfen und den Schutz Birgus aufzusuchen, ist nun gewährt. Heute abend mögt ihr, sobald die Entsatztruppe an Land gegangen ist, die Boote zur Rückfahrt besteigen. Kehrt, meine Brüder, zum Konvent und nach Birgu zurück, wo ihr in größerer Sicherheit seid. Ich werde ruhiger sein, wenn ich weiß, daß das Fort – von dem das Schicksal der Insel so entscheidend abhängt – von Männern verteidigt wird, denen ich bedingungslos vertrauen kann.«

Sein Sarkasmus traf sie härter, als zornige Worte es vermocht hätten. Mit einem Schlag sahen sie sich ihrer Ehre beraubt, ihren Ruf vor dem Orden und vor dem ganzen Adel Europas herabgesetzt. Sie würden gebrandmarkt sein als diejenigen, die ihre Haut gerettet, aber St. Elmo verloren hatten.

Minuten, nachdem man den Brief des Großmeisters vorgelesen hatte, war die Revolte vorüber. La Valette hatte sein Ziel erreicht. Er hatte den Verteidigern der Festung so das Rückgrat gestärkt, daß nichts mehr ihre Moral erschüttern konnte.

Ein maltesischer Schwimmer (manche meinen, es sei der legendäre Toni Bajada gewesen, dessen Taten heute noch auf der

Insel besungen werden) meldete sich freiwillig, einen Brief hinüber nach Birgu zu bringen. Darin baten die Ritter den Großmeister, sie nicht abzulösen. Sie versicherten ihn ihrer Ergebenheit gegenüber dem Orden und ihres unwandelbaren Gehorsams gegenüber allen seinen weiteren Befehlen. Sie würden
keinen Ausfall gegen den Feind machen. Sie wollten lieber in
St. Elmo bleiben und sterben als nach Birgu zurückkehren.

La Valette widerrief augenblicklich die Befehle für Castriotas
Entsatztruppe und schickte statt ihrer lediglich 15 Ritter und
weniger als 100 Soldaten hinüber. Inzwischen war es früher
Morgen des 10. Juni. Was immer er von der Garnison erwartete, er kann kaum davon geträumt haben, daß sie noch länger
als drei oder vier Tage aushalten würde.

Man mochte es ansehen, wie man wollte, dem türkischen Ober-
kommando war klar, daß der Feldzug nicht nur einen langsa-
men, sondern einen ungünstigen Verlauf nahm. Einer Streif-
schar unter Marschall Copier war es gelungen, Draguts neue
Batterie am Galgenplatz zu zerstören. Seit die Invasion begonnen hatte, waren nun 23 Tage verstrichen. Nach allen Vorausbe-
rechnungen sollte Fort St. Elmo schon lange genommen und
der Angriff gegen die Hauptpositionen Birgu und Senglea eröffnet sein. Mustapha Pascha begann sich Sorgen zu machen über
die mögliche Landung eines Entsatzkorps im Norden, das ihn
dann plötzlich im Rücken fassen könnte. Der Morgen des
10. Juni bewies, wie berechtigt seine Befürchtungen waren.
Plötzlich erschienen zwei Malteser-Galeeren vor der Nordküste
Gozos.

Unter dem Befehl St. Aubins und eines Neffen La Valettes
waren diese Galeeren mit etwa 500 Mann schließlich als Antwort auf des Großmeisters Bitte um einige Verstärkungen von
Sizilien herübergeschickt worden. Nachdem die Galeeren den
ganzen Tag über vor Gozo gekreuzt hatten, wurden sie von
Pialis Flotte gezwungen, sich wieder nach Sizilien zurückzuziehen. Dragut hegte den Verdacht, die Schiffe seien vielleicht nur
die Vorhut einer größeren Streitmacht gewesen, und schlug vor,
die Überwachung des Kanals von Malta zu verstärken. Von da
an wurden 100 Galeeren nördlich Gozo stationiert. Bei Morgengrauen ruderten sie in Formation hinaus und nahmen nördlichen Kurs auf Sizilien. Wenn der Abend einfiel, wendeten sie
und fuhren die zweite Hälfte ihrer Patrouillenstrecke zurück
nach Gozo.

Dragut war entschlossen zu verhindern, daß sich ein Hilfskorps heranschleichen und plötzlich landen konnte. Zugleich
wurde ihm das, was er bereits in seiner ersten Konferenz mit
Piali und Mustapha Pascha dargelegt hatte, noch deutlicher bewußt, daß nämlich die nächtlichen Verstärkungen für St. Elmo
es der Festung ermöglichten, weiter auszuhalten, und so entschloß er sich, die Batterie am Galgenplatz wieder einsatzfähig
zu machen. Dieses Mal wurde keine halbe Arbeit geleistet. Draguts Leute landeten in großer Zahl auf der felsigen Halbinsel

und stellten starke Wachttrupps auf der Landseite auf, so daß eine Überraschung ihrer Kanoniere durch Marschall Copiers Kavallerie nicht mehr in Frage kommen konnte. Sofort machten sie sich daran, eine wirklich feuerstarke Batterie an dem Platz in Stellung zu bringen. Mehrere der schwersten Geschütze wurden von den Schiffen an Land gebracht, und die Soldaten des Arbeitskorps begannen, Rampen und Palisaden zur Verteidigung zu errichten. Diese Batterie würde die Verbindungslinien zur See zwischen St. Angelo und St. Elmo beherrschen können. Sie würde die stärksten Wallmauern St. Elmos, die nach dem Großen Hafen zu, aufs Korn nehmen und im weiteren Verlauf imstande sein, das Gewicht ihrer Feuerkraft gegen St. Angelo zu richten.

Am 10. Juni fand der erste große Nachtangriff der Belagerung statt. Den ganzen Tag über hatte das Artilleriefeuer ohne Pause angehalten, und Mustapha war sicher, sobald die Dunkelheit hereinbrach, würden seine frischen Truppen die erschöpften Verteidiger aus ihren Stellungen hinauswerfen können. Der Aga der Janitscharen hielt eine Ansprache an seine Leute, ehe er sie in den Kampf schickte. Ihnen, so sagte er, falle die Ehre zu, die Festung zu nehmen und die Ungläubigen niederzumachen. Ihnen – den Soldaten, die dem Feind noch nie den Rücken zugewandt hatten – falle die Ehre zu, die ersten in der Bresche und die Herren dieses Stützpunktes zu sein, von dem der Besitz der Insel Malta abhänge.

Der Angriff richtete sich gegen die Südwestecke des Forts, wo sich eine große Bresche in den Mauern aufzutun begann, und wurde bei Fackellicht und im flackernden Schein der Brandwaffen und Flammen vorgebracht. Dieses Mal benutzten nicht nur die Verteidiger Brandwaffen und Feuerwurfgeschosse. Die vorrückenden Reihen der Janitscharen warfen »Sachetti«, Feuerhandgranaten, auf ihre Gegner, denjenigen ähnlich, welche die Christen auf sie herunterschleuderten. Die Türken hatten einen Typ von Brandmaterial entwickelt, der beim Auseinanderplatzen an der Rüstung oder am Körper haftete. Immer wieder vermochten sich die Ritter, die in der Bresche standen, nur dadurch davor zu retten, bei lebendigem Leibe in ihren Kettenpanzern geröstet zu werden, daß sie in große, entlang den Brustwehren aufgestellte Fässer mit Wasser sprangen. Es war während dieses Angriffs so hell, daß, wie sich der von den Wällen von St. Michael aus zusehende Balbi erinnerte, »die Nacht durch die große Zahl künstlicher Feuer damals dem Tage glich. Es war tatsächlich so hell, daß wir St. Elmo ganz deutlich vor uns sahen. Auch die Kanoniere von St. Angelo konnten ihre Geschütze auf die vorrückenden Türken richten, die sich im Schein der Feuer klar abhoben.« Der Rauch der Fackeln, der »Trompeten« und Brandgranaten hing in einer dichten Wolke über dem Großen Hafen. Immer wieder stürmten die Angreifer über den Wallgraben vor dem Fort. Immer wieder wurden sie zurückgeschlagen. Als es dämmerte und das Rückzugssignal geblasen wurde, lagen 1500 der besten Soldaten des Sultans tot oder sterbend in dem Niemandsland zwischen Außenwerk und Fort. Die Verteidiger verloren insgesamt 60 Mann.

Die einzige Desertion aus St. Elmo während der ganzen Belagerung geschah am 13. Juni; ein spanischer Querpfeifer schlich sich hinaus und über den Wallgraben zu dem eroberten Außenwerk. Vor Mustapha Pascha gebracht, versicherte er ihm, die Garnison sei mit ihren Kräften fast am Ende. »Wenn nur die Rampe über dem Außenwerk noch etwas erhöht würde«, sagte er, »könntet Ihr ihnen allen Mut nehmen, indem Ihr jede Bewegung in dem Fort gänzlich verhindert.«

»Wenn du lügst«, antwortete Mustapha, »werden wir uns eine interessante Art ausdenken, dich zu töten; weder durch den Strick noch durch die Bastonade – beide sind zu schade für Feiglinge und gemeine Menschen wie dich.«

Trotzdem verfuhr er nach dem Rat des Deserteurs. Letzterem gelang es übrigens, seinem neuen Herrn zu entkommen. Das Bedrohliche, das seiner wartete, wenn die türkischen Angriffe fehlschlugen, ließ ihn wünschen, nie desertiert zu sein. Die Türken waren berüchtigt für ihr Geschick als Folterknechte. Wenn die Bastonade, die man bei einem vornehmen Kriegsgefangenen wie dem französischen Ritter Adrien de la Rivière angewandt hatte, nach Meinung der Türken zu schade war für einen Deserteur, mag der Querpfeifer Grund zum Zittern gehabt haben. (Bei der Bastonade wurden erst die Fußsohlen, dann der Leib mit Bambusruten geschlagen, bis jeder Nerv zum unerträglichen Folterinstrument wurde. Der Tod infolge innerer Blutungen erlöste gewöhnlich den Leidenden.) Bosio berichtet, der Pfeifer habe sich durch die türkischen Linien geschlichen und nach Mdina begeben, wo er sich als christlichen Sklaven ausgab, der aus der türkischen Armee entkommen sei. Er wurde jedoch von einem echten türkischen Überläufer erkannt (einem Italiener, der sich entschlossen hatte, zur christlichen Seite überzugehen). »An den Schwanz eines Pferdes gebunden, wurde der Querpfeifer gesteinigt und von der Volksmenge gelyncht.«

Mit am erstaunlichsten bei dem ganzen Verlauf der Belagerung ist die Tatsache, daß es, obwohl es eine Anzahl von Desertionen aus Birgu und Senglea gab, auch nicht ein einziges Mal vorkam, daß ein Malteser zum Feind überging. Diese einheimischen Bewohner der Insel, die wenig Ursache hatten, die Ordensritter zu lieben, legten während des ganzen Feldzugs außerordentliche Treue und ungewöhnlichen Mut an den Tag. Von Kindesbeinen an hatten sie sich an den furchtbaren Blutzoll gewöhnen müssen, den die Überfälle der muslimischen Korsaren Jahr um Jahr ihren kleinen Inseln abforderten. Die Entschlossenheit, sich zu rächen, mag sehr wohl bei ihrer Standhaftigkeit mitgespielt haben. Die Malteser können auch den Anspruch erheben, eines der ältesten christlichen Völker der Welt zu sein (ihre Bekehrung begann mit der Landung des heiligen Paulus auf der Insel im Jahre 60), und ihr uralter Glaube verlieh ihnen ohne Zweifel große Kraft. Selbst Bosio, der Historiker des Ordens, der sich hauptsächlich damit befaßte, den unerschütterlichen Mut der Ritter und der »religio« zu schildern, muß feststellen: »Während der großen Belagerung gab es aus fast allen Nationen solche, die zu den Ungläubigen flohen, aber nicht einen einzigen von den geborenen Maltesern.«

Leider stehen, außer in der Sage, die Namen vieler maltesischer Heroen nirgendwo verzeichnet. Die Namen einzelner Ritter und sogar der türkischen Feinde wurden in Chroniken festgehalten, aber vom Heroismus der Inselbewohner wurde die Kunde nur von Mund zu Mund weitergegeben. Männer wie Luqa Briffa, der große maltesische Reiter, und Toni Bajada, Schwimmer, Reiter und so etwas wie ein Robin Hood des Mittelmeers, leben weiter in der Folklore, nicht aber in schriftlichen Zeugnissen. Daß sie gelebt haben und viele gleich ihnen, kann keinem Zweifel unterliegen. Die Ritter bildeten das stählerne Rückgrat der Verteidigung, und ohne sie hätte es keinen Widerstand geben können. Aber auf den 5000 bis 6000 maltesischen Männern im wehrfähigen Alter lag die Hauptlast der Verteidigung Maltas. Bevor nicht ein Lokalhistoriker aus den Liedern und Sagen die Namen und Taten seiner Vorfahren ans Licht hebt, kann der Chronist nur die wenigen Namen aufführen, die in zeitgenössischen Dokumenten vorkommen. Nie darf in der Geschichte der großen Belagerung vergessen werden, daß nicht nur die Träger der angesehensten Namen Europas die türkischen Invasoren besiegten. Neben ihnen standen die dunkelhaarigen, kurzbeinigen, breitbrüstigen Männer Maltas. Eine kräftige Rasse von Inselbewohnern, Nachkommen vielleicht der Phoenizier, bewiesen sie – wie ihre Vorväter vor vielen Jahrhunderten bei der Belagerung Karthagos –, daß sie fast unglaubliche Strapazen zu ertragen vermochten.

»Kein Krieg ist grausamer und blutiger als der Belagerungskrieg ...« Die Richtigkeit dieser Feststellung sollte sich während der nächsten wenigen Monate immer wieder erweisen. Die Türken waren jetzt gegen die Christen so aufgebracht, daß jedes Gefühl für Ritterlichkeit, das ihre Befehlshaber einst beseelt haben mochte, lange schon geschwunden war. Mustapha und Piali hatten beide ein schlechtes Gewissen wegen des langen Aufenthalts vor St. Elmo – dieses kleine und verhältnismäßig unwichtige Fort sollte sich schon längst in ihren Händen befinden. Dragut, der sich mit einer durch die anfängliche Stümperei der Kommandeure des Sultans verschuldeten langen Belagerungsdauer abgefunden hatte, war nun genauso felsenfest entschlossen wie der Admiral und der Oberbefehlshaber, die Belagerung von St. Elmo unter keinen Bedingungen aufzuheben.

In der Nacht zum 14. Juni wurde ein türkischer Parlamentär in den Wallgraben zwischen Außenwerk und Fort geschickt, um mit den Verteidigern zu verhandeln und ihnen zu sagen, Mustapha verspreche jedem freien Abzug, der in dieser Nacht das Fort zu verlassen wünsche. Bei seinem Bart und bei den Gräbern seiner Vorfahren hatte der türkische Oberbefehlshaber geschworen, jeder, der jetzt abziehen wolle, könne die Festung unbelästigt verlassen. Man darf vermuten, daß, wäre das Angebot früher ergangen, der eine oder andere der jüngeren Ritter und Soldaten davon Gebrauch gemacht hätte. Jetzt aber waren sie alle entschlossen, zu sterben, wo sie standen. Darüber hinaus hatten sie, obwohl sie wußten, daß sie nicht viel länger standhalten konnten, so große Erfolge errungen, daß ihr Kampfgeist ungebrochen war. Sie brauchten nur herabzusehen auf die Berge von Leichen, die ihr belagertes Fort säumten, dann stand ihnen deutlich vor Augen, was ihr Widerstand die Türken kostete. Mustaphas Parlamentär wurde gezwungen, sich unter einem Hagel von Hakenbüchsenschüssen zurückzuziehen. Es würde keine Deserteure aus St. Elmo mehr geben!

Während des ganzen folgenden Tages zeigte das verstärkte Bombardement an, daß ein neuer Angriff bevorstand. Das Feuer vom Monte Sciberras, von der Tigné-Halbinsel und von

den wieder aufgestellten schweren Batterien auf dem Galgenplatz kannte keine Pausen. Taub geworden, völlig benommen
und so übermüdet, daß sie fast schon nicht mehr schlafen konnten, stellten sich die Verteidiger auf den unvermeidlichen Angriff ein. Wenn der Feind mit dem Trommelfeuer beabsichtigte,
sie zu demoralisieren, hatte er damit keinen Erfolg. Es diente
nur dazu, sie wachsam und um so bereiter für den kommenden
Angriff zu halten. Die Stille der Nacht vom 15. auf den 16.
wurde auch durch kleinere Unternehmungen unterbrochen.
Der Feind war ganz offenbar zuversichtlich geworden und begann zu glauben, der Siegespreis liege in seiner Reichweite.

La Valette, der von jenseits des Wassers lauschte und beobachtete, muß ebenfalls geglaubt haben, daß das Ende nahe sei.
St. Elmo hatte bereits über alle vernünftige Erwartung hinaus
standgehalten. Es mochte noch bis morgen gehen oder bis über-
morgen, aber es war unvorstellbar, daß die Garnison viel länger
widerstehen konnte.

Der Angriff begann bei Morgengrauen am Samstag, dem
16. Juni. Die Insel war noch feucht von der Nachtluft, und der
Geruch der See lag über der Halbinsel, als die Signalzeichen wie
Blitze die Wälle St. Elmos entlangliefen. Die Verteidiger hatten
die Truppenmassierungen des Feindes bemerkt. Sie hatten die
hohen Stimmen der Mullahs gehört, welche die Gläubigen auf-
riefen, für das Paradies den Tod zu erleiden.

»Einer von der scheinheiligen Mörderbrut, dem Morden und
dem Koran ergeben ...«, stand auf dem hohen Außenwerk und
rief aus, alle, die in dem Heiligen Krieg zwischen Rechtgläubigen und Christen mit feindwärts gewandtem Antlitz fielen,
würden die vollkommene, vom Propheten verheißene Welt
ererben. Dort im Paradiese befänden sich Brunnen mit klarem
Quellwasser. Die Dattelpalmen spendeten Schatten am ewigen
Nachmittag, und der Saft der Traube (den Gläubigen in diesem
sterblichen Leben verboten) werde sie erquicken. Dort würden
göttlich schöne Huris diese Krieger in ihren Armen willkom-
men heißen, und die höchste Liebeswonne werde volle zehntau-
send Jahre dauern.

Ihrem anderen Himmel verschworen und ergeben, erwarteten
sie die Christen. Sie hörten das dumpfe Dröhnen der großen
Trommeln und den metallenen Ruf der Trompeten. Sie blickten
auf die See hinaus und sahen, daß die ganze türkische Flotte
während der Sommernacht herangeglitten war und nun wie ein
großer Ring um die Landzunge herum lag. In solchem Augen-

blick spürte selbst der Tapferste die Furcht wie einen harten Kloß in der Kehle.

Fast 4000 Hakenbüchsenschützen verteilten sich in einem großen Bogen vom Ufer Marsamuscettos quer über die Senke am Fuß des Monte Sciberras bis hinüber zum Großen Hafen. Sie richteten ein verheerendes Feuer auf die Schießscharten des Forts. Leitern, Steigeisen und improvisierte, aus Masten und Spieren gefertigte Brücken wurden in den Wallgraben hinuntergeschleppt, wo die Leichen so vieler der besten Soldaten aus der Armee des Sultans schon schwarz waren und unter der Sommerhitze barsten. Pialis Flotte eröffnete das Feuer, als der erste Tagesschimmer über das Wasser flog. Die Sonne erhob sich hinter den Schiffen und warf die Schatten ihrer Rümpfe und Segel über das Meer. Minuten nach diesem Bombardement von See aus eröffneten Mustaphas Kanoniere auf dem Sciberras mit ihren 60-, 80- und 160-Pfündern das Feuer. Im Norden begannen die Batterien auf der Tigné-Halbinsel, im Süden die am Galgenplatz ihr Kreuzfeuer gegen St. Elmo.

Eng an die Wälle gekauert, hinter improvisierten Barrikaden Schutz suchend, erwarteten die Verteidiger den Angriff. Sie hatten Feuerreifen und Brandgranaten, Kessel mit siedendem Pech und »Trompeten« neben den Schießscharten und hinter der gefährdeten Bresche im Südwestwall bereitgestellt. Erst zwei Nächte zuvor war es La Valette gelungen, ihnen mit einem Konvoi diesen Nachschub an Brandwaffen zu schikken. Außerdem hatte er weitere Vorräte an Wein und Brot gesandt, denn St. Elmos Bäckerei war zerstört, und das Wasser wurde knapp.

Für diesen Angriff – den Angriff, der Mustapha, so glaubte er, die Festung in die Hand geben würde – hielt man die Janitscharen in Reserve zurück. An ihrer Stelle und für den ersten wilden Ansturm schickte Mustapha die Iayalaren vor. Dabei handelte es sich um eine fanatische Truppe ohne die eiserne militärische Ausbildung der Janitscharen, aber ausgezeichnet durch eine völlige Mißachtung für das eigene Leben und das anderer. Dem Haschischgenuß ergeben, waren die Iayalaren eine glühend gläubige muslimische Sekte, ihren blinden Mut zogen sie aus einer Mischung von Religion und Rauschgift. Wie die Berserker des Nordens versetzten sich die Iayalaren methodisch in eine Raserei, die sie alles vergessen ließ außer der Lust am Töten. Sie waren »ausgesuchte Leute, in die Felle wilder Tiere gekleidet, vergoldete Helme auf dem Kopf. Ihre Felltuniken schmückten sie mit verschiedenen silbernen Abzeichen und Emblemen. Bewaffnet waren sie mit Rundschild und Krummsäbel.«

In einer vor Raserei schäumenden Welle – vor sich nur die Linien der Brustwehren und dahinter das Paradies sehend – kamen die Iayalaren zum ersten Sturm die Hänge herab. Die Pupillen ihrer Augen waren wie stechende Nadeln, auf den schäumenden Lippen hatten sie nur das eine Wort »Allah!«.

Auch die Malteser trugen das Wort »Alla« auf den Lippen, denn in ihrer Sprache hieß der christliche Gott ebenfalls so. Hinter den Wällen und in der Bresche auf der Südwestseite warteten die Ritter, die spanischen Soldaten und die Malteser.

»In vielen, ja in den meisten Schlachten ist das persönliche Gefühl nur wenig am Kampf beteiligt ... Auf Malta war das Element persönlichen Hasses die Haupttriebfeder, welche die Kämpfer auf beiden Seiten bewegte: Jeder betrachtete den andern als Ungläubigen, dessen Tötung dem Gott, den er verehrte, das angenehmste Opfer sei.« Wenn der Begriff des Jehad, des Heiligen Krieges, bei den Moslems seinen Ursprung genommen hatte, so hatten ihn doch auch schon die Christen vor vielen Jahrhunderten übernommen. Schrecken und Unversöhnlichkeit der Religionskriege lagen nicht nur darin begründet, daß die Soldaten auf beiden Seiten glaubten, wenn sie in der Schlacht fielen, erwarte sie der Himmel, sondern auch darin, daß sie meinten, sie seien es ihren Gegnern schuldig, sie in die Hölle zu schicken.

Durch das Feuer der Verteidiger abgeschlagen, zogen sich die Iayalaren zurück über den mit den Leichen ihrer Kameraden gefüllten Wallgraben. Nach ihnen kam eine Horde von Derwischen. Mustapha hielt seine geübten Elitetruppen zurück, bis seine »Religiosen« mit ihren Leibern einen Damm nach St. Elmo gebaut hätten. Zuletzt blickte er zu den Janitscharen hinüber und gab ihnen, dem Stolz des Islam, den Befehl zum Vorrücken. Zwei Tage war es her, seit der Aga, der General ihres Korps, durch eine von St. Angelo abgefeuerte Kanonenkugel getötet worden war. Jetzt war die Zeit für die »Unbesiegbaren« gekommen, seinen Tod mit Christenblut zu sühnen. Söhne von Griechen, Bulgaren, Rumänen, Österreichern und Slawen, alle diese zum Islam Bekehrten, stürmten vor und hinauf zu den Mauerbreschen. Obwohl sie immer und immer wieder vorgingen, kam ihr Angriff doch im Feuer der Verteidiger jedesmal wieder ins Stocken und brach schließlich zusammen.

Den höchsten Blutzoll forderte ihnen eine kleine Batterie auf der Südseite des Forts ab. Aus diesem Winkel vermochten die Artilleristen den vorrückenden Feind unter Flankenfeuer zu nehmen. Trotz der gegen sie angesetzten türkischen Kanonen und Scharfschützen hielten sie ihre mörderische Schußfolge den ganzen Tag über. Auch St. Angelo stand den Verteidigern bei. Die Kanoniere auf der hohen Cavalier-Bastion der Festung bestrichen ununterbrochen die Reihen der Moslems mit flankierenden Weitschüssen. Die Kanone riß große schwarze Löcher in die weiße Sturzwelle des vorrückenden Gegners.

Während des ganzen Angriffsunternehmens standen sowohl Dragut als auch Mustapha Pascha in voller Sicht des Feindes auf dem Außenwerk und überwachten den Ansturm. Dragut griff überall ein. Mit eigener Hand richtete der alte Korsar die Kanonen, beriet die Geschützführer und leitete das Artilleriefeuer. Während Janitscharen oder Iayalaren an einem Abschnitt vorgingen, sorgte Dragut dafür, daß in den Abschnitten, wo sich keine türkischen Truppen befanden, die Geschosse dicht und schnell hintereinander einschlugen. Sobald ein Angriff schwächer wurde, wechselte er das Ziel und nahm das erbarmungslose Bombardement gegen die schwachen Stellungen wieder auf. St. Elmo glich einem sturmumtobten Felsen.

Erst als die Nacht einfiel, wurde der Angriff abgeblasen. Türken und Christen gleicherweise schien es unglaublich, daß ein derart kleines Fort so lange Widerstand hatte leisten können. 150 Männer der Besatzung waren tot und weit mehr verwundet, aber die Gefallenen und Verwundeten der Türken bedeckten das ganze Vorfeld der zerfetzten und wankenden Wälle. Ein noch in dieser Nacht abgehaltener Appell ergab, daß die Armee des Sultans in den vergangenen drei Wochen 4000 Mann verloren hatte – fast 1000 davon während der Angriffe dieses einen Tages.

Unter den Toten von St. Elmo befand sich der tapfere de Medran. Pepe di Ruvo (der Ritter, der die Zahl der während der Belagerung gegen das Fort abgegebenen Schüsse berechnete) wurde ebenfalls getötet. Miranda war schwer verwundet worden. Wenn der 16. Juni einen Sieg gebracht hatte, dann einen Pyrrhussieg. Obwohl die Verluste der Verteidiger gering waren, konnten diese sich doch selbst geringe Verluste nicht leisten. Es mochte nicht mehr lange dauern, bis Draguts Batterie auf dem Galgenplatz jede effektive Verstärkung verhindern würde. Sobald das geschah, war alles verloren.

Zum ersten Mal seit dem Beginn der Belagerung verzichtete La Valette darauf, weitere Soldaten oder Ritter unter Befehl zur Verstärkung nach St. Elmo zu schicken. Er rief Freiwillige auf. 30 Ritter und 300 Soldaten und Malteser aus Birgu traten vor. Sie boten sich an für eine Aufgabe, die sicheren Tod bedeutete.

Am Tage nach dem großen Angriff hielten die türkischen Befehlshaber eine neue Konferenz ab, um darüber zu beraten, welche anderen Mittel sie noch anwenden könnten, die Festung zu bezwingen. Angesichts der Verheerungen, die durch die gedeckte Batterie an der Südecke von St. Elmo unter ihren Truppen angerichtet worden waren, trafen sie Anstalten, zwei schwere Geschütze gegen sie in Aktion treten zu lassen. Der Grund für alle bisherigen Fehlschläge lag, wie Dragut alsbald auseinandersetzte, immer noch in der Tatsache, daß ein Zufluß von Truppen, Vorräten und Munition jede Nacht von Birgu her über den Großen Hafen einströmte.

»Solange man der Besatzung nicht alle Hilfe von außen vollständig abschneidet, wird sie uns weiterhin Widerstand leisten.«

Er schlug vor, alle verfügbaren Arbeitskräfte sollten sofort zum Bau eines Walles aus Steinen, Erde und Strauchwerk eingesetzt werden, der den türkischen Truppen gegen die Kanonen von Fort St. Angelo Deckung gebe. Entlang der östlichen Flanke des Monte Sciberras errichtet und sich zum Wasser des Großen Hafens fortsetzend, würde es dieser Schutzwall den Türken ermöglichen, ihre Truppen zu entfalten, ohne daß die Bewegungen beobachtet werden könnten. Er würde ihnen zugleich einen gut gedeckten Beobachtungspunkt bieten, von dem aus sie den Hafen zu überblicken vermöchten. Von hier aus könnten sie jedes Boot mit Nachschub an Bord, das zu landen versuchte, unter schweres Arkebusenfeuer nehmen.

Es war der letzte Ratschlag und die letzte Hilfe von seiten des alten Korsaren. Am 18. Juni, während er mit Mustapha zusammen beschäftigt war, die Aufstellung der neuen Batterie und die Errichtung des Deckungswalles zu überwachen, streckte ein Kanonenschuß Dragut zu Boden. Eine auf dem Cavalier von St. Angelo abgefeuerte Geschützkugel schlug in der Nähe der versammelten Würdenträger ein. Wahrscheinlich hat der betreffende Kanonier wohlüberlegt auf sie gezielt, denn Dragut wie Mustapha verschmähten es beide, vor dem Feuer der Christen Schutz zu suchen, und ihre und ihrer Umgebung prächtige Kleidung zeigte ihren Rang zur Genüge an. Als die Kanonenkugel in die harte Erde krachte und nach oben abprallte, schlug sie große Felssplitter los. Einer dieser Splitter traf Dragut über dem rechten Ohr und hätte ihn auf der Stelle getötet, wäre nicht der dicke Turban ein gewisser Schutz gewesen. Dragut fiel zu Boden, und das Blut strömte ihm aus Nase und Ohren.

Mustapha nahm zunächst an, der alte Krieger sei tot. Er befahl einem Angehörigen seines Stabes, die Leiche mit einem Mantel zu bedecken und sie heimlich zum Hauptquartier in der Marsa schaffen zu lassen. Draguts Name und Ruf galten so viel, daß Mustapha befürchtete, die Truppen würden den Mut verlieren, wenn sie von seinem Tod erführen. Wenige Minuten später tötete eine zweite Kanonenkugel, die an fast derselben Stelle einschlug, den Aga der Janitscharen. Mustapha jedoch weigerte sich, den Platz zu verlassen, und führte seine Besprechung mit den Artilleristen und Pionieren fort. Während man die Entscheidung, den Deckungswall bis hinunter zum Ufer weiterzuführen, wie Dragut es geraten hatte, bekräftigte, wurde der offenbar leblose Körper des »gezogenen Schwertes des Islam« zurück zu seinem Zelt in der Marsa getragen. Vor vielen Jahren, während seines Feldzuges gegen Gozo im Jahre 1544, als sein Bruder getötet worden war, hatte Dragut eine Vorahnung seines Schicksals gehabt. »Auf dieser Insel habe ich den Schatten der Todesflügel gespürt!« hatte er gesagt. »Der Tag ist schon bezeichnet, an dem auch ich im Reich der Ritter sterben werde.«

An diesem Abend brachte ein Deserteur des türkischen Heeres dem Großmeister in Birgu die Nachricht, der große Feind des Ordens sei gefallen. Seine Meldung war verfrüht, denn Dragut lebte noch einige Tage. Er sollte jedoch sein Zelt nicht wieder verlassen und griff in den Feldzug nicht mehr ein. Da er der einzige gewesen war, der die Operationen der Armee und der Flotte hatte koordinieren können und dessen Rat sowohl Piali als Mustapha Pascha annahmen, erwies sich sein Verlust als unheilvoll für die Türken.

Am folgenden Tage erhielt ihre Moral einen weiteren Stoß, als Antonio Grugno, der auf der Cavalier-Bastion von St. Elmo kommandierende Ritter, ein Geschütz auf eine Gruppe türkischer Offiziere richtete und es ihm gelang, mit einem Schuß mitten unter sie zu treffen. Unter den Getöteten befand sich der kommandierende General der türkischen Artillerie, der in der Rangordnung des Heeres einzig Mustapha nachstand. Die Nachricht von Draguts Verwundung und vom Tod des Janitscharenagas war – trotz Mustaphas Versuchen, sie geheimzu-

halten – zu seinen Truppen durchgedrungen. Der Tod eines
weiteren hohen Offiziers vergrößerte ihre Bestürzung. Antonio
Grugno jedoch konnte sich seines Erfolges nicht lange freuen.
Er wurde kurze Zeit darauf durch die Kugel eines Scharfschützen schwer verwundet und mußte von seinem Posten abgelöst
und ins Hospital gebracht werden.

Während so auf beiden Seiten täglich mehr tapfere Männer
getötet und verwundet wurden, brach der 27. Tag der Belagerung von St. Elmo an. Am 24. Mai hatten die ersten Batterien
auf dem Monte Sciberras das Feuer eröffnet, und jetzt schrieb
man den 19. Juni. Aber noch immer hielt sich dieses kleine,
veraltete, sternförmige Fort, über das die Spione des Sultans
berichtet hatten, es werde »innerhalb von vier oder fünf Tagen«
fallen, jetzt schon in einem weiteren Monat.

An diesem 19. zog das plötzliche Dröhnen einer Explosion in
St. Angelo die Aufmerksamkeit der belagernden Türken auf
diese Festung jenseits des Großen Hafens. Über den Brustwehren erhob sich eine Wolke von Staub, Rauch und Flammen. Es
war ihnen sogleich klar, daß nur ein in die Luft fliegendes Ma-
gazin eine solche Detonation verursachen konnte. Es war, so
berichtet uns Balbi, eine kleine Pulvermühle in die Luft gegangen; sie riß acht Soldaten mit sich und deckte einen Teil des
Festungsdaches ab.

»Ich kann kaum schildern, welch ein großes Triumphgeschrei
die Türken mit ihren bestialischen Stimmen erhoben, in der
Annahme, der Schaden sei weit größer. Aber der Großmeister
befahl sofort, ein halbes Dutzend Kanonen gegen die Linien der
Türken abzufeuern, um sie auf andere Gedanken zu bringen.«

Um Mitternacht des 19. Juni wurde offenbar, daß nichts mehr
das Fort St. Elmo retten konnte. Eine Meldung Mirandas setzte
den Großmeister davon in Kenntnis, daß »der Fall St. Elmos
von Stunde zu Stunde erwartet werden« müsse. Ein Versuch,
die Brücke, welche die Türken über den Wallgraben gebaut
hatten, zu zerstören, war fehlgeschlagen. An manchen Stellen
war der Wallgraben fast ganz mit Steinblöcken von den Wällen
gefüllt, an anderen schützte kaum mehr als eine niedrige
Schutzwehr zerbröckelten Mauerwerks die Verteidiger. Eine
weitere Meldung Mirandas am Abend des 20. stellte fest, »jede
neue in das Fort geschickte Verstärkung ist umsonst. Es wäre
daher grausam, noch mehr Männer herüberzubringen, nur damit sie hier sterben.« Der Ring um das Fort war nun vollständig.

Die Batterie, die Dragut in dem Augenblick, da er niedergestreckt worden war, in Stellung bringen ließ, beherrschte bereits die Ostseite des Forts, ebenso aber auch die Stelle, an der bis jetzt Verstärkungen hatten landen können. Der Deckungswall und der gedeckte Weg, der zum Ufer hinunterführte, waren vollendet, und die türkischen Scharfschützen vermochten nun jede Reservetruppe während der Überfahrt aufs Korn zu nehmen. La Valette wurde die Aussichtslosigkeit der Lage bewußt, als er ein einzelnes Boot, mit dem Chevalier de Boisberton an Bord, zu einer Besprechung mit Miranda hinüberschickte. Ein Hagel von Kanonen- und Hakenbüchsenschüssen riß die Wasseroberfläche im Großen Hafen auf, und das Boot mußte Spießruten laufen. Von Kugeln durchlöchert, vermochte es nur eben noch, seine Aufgabe zu erfüllen. Einem Ruderer wurde auf der Hinfahrt durch eine Kanonenkugel der Kopf abgerissen, ein anderer wurde auf der Rückfahrt erschossen.

De Boisberton brachte La Valette die Meldung zurück, Miranda und die anderen führenden Ritter glaubten, noch einem weiteren türkischen Angriff widerstehen zu können. Danach, so hatte er gesagt, gäbe es für sie keine andere Wahl, als sich nach Birgu zurückzuziehen.

La Valettes »edle Gesichtszüge, schon gewöhnlich von Melancholie überschattet, umwölkte noch tiefere Traurigkeit, als ihm bewußt wurde, daß er jetzt seine tapferen Kameraden ihrem Schicksal überlassen müsse«. Er wußte, was ihnen vielleicht noch nicht klar geworden war, daß nun eine Räumung St. Elmos nicht mehr in Frage kam. Die türkischen Pioniere und Arbeitskolonnen hatten, dem letzten Rat Draguts folgend, die Garnison von der Außenwelt abgeschlossen. St. Elmo war endgültig und vollständig allein.

Durch die engen Straßen Birgus zogen die Ritter des Hospital-
ordens St. Johannis von Jerusalem in feierlicher Prozession zu
der dem heiligen Laurentius geweihten Konventskirche. Es war
Donnerstag, der 21. Juni 1565, das Fronleichnamsfest, ein Fest,
dessen Feier die Ritter in all den Jahrhunderten seit der Grün-
dung ihres Ordens nie versäumt hatten. Auch in dieser dunklen
Stunde der Belagerung, da man stündlich den Fall St. Elmos
erwarten mußte, hielten sie diese Tradition aufrecht und legten
Waffen und Rüstung ab. In den dunklen Mänteln ihrer Ordens-
kleidung mit dem aufgestickten Malteserkreuz »begleiteten der
Großmeister und alle Ritter, die abkommen konnten ... zusammen mit weltlichen und geistlichen Würdenträgern die heilige
Hostie durch die von frommem Volk gesäumten Straßen; man
hatte als Prozessionsweg den gewählt, der vor der türkischen
Artillerie am sichersten zu sein schien, und als der feierliche Zug
nach St. Laurentius zurückkehrte, knieten alle nieder und fleh-
ten zum Gott der Gnade, er wolle nicht zulassen, daß ihre
Brüder in St. Elmo durch das gnadenlose Schwert der Ungläubigen gänzlich zugrunde gingen«.

Im Verlaufe dieses Tages geschah es, daß die Cavalier-Bastion
von St. Elmo, auf welche die von Dragut auf der Tigné-Halbinsel postierten Geschütze nun schon so lange einhämmerten,
endgültig nicht mehr zu halten war. Janitscharen, die sich dem
Ufer von Marsamuscetto entlang angeschlichen hatten, kletterten die Hänge hinauf und besetzten dieses Außenbollwerk des
Forts. Die Garnison bemerkte erst, daß der Cavalier nun in
Feindeshand war, als die Scharfschützen der Janitscharen sie
von hinten zu beschießen begannen. Man richtete eine Kanone
auf diesen Janitscharen-Vortrupp und konnte ihn so noch einmal kurze Zeit vertreiben. Doch sobald die Nacht einfiel, kehrte
des Sultans Elitetruppe von Hakenbüchsenschützen zurück –
und diesmal in größerer Stärke. Jetzt waren beide vorgeschobe-
nen Verteidigungswerke von den Türken besetzt.

Das Artilleriebombardement kannte keine Unterbrechung
mehr. Vom ersten Frühlicht an, durch die Mittagshitze der
Spätjunitage, bis die Sonne hinter den niedrigen Hügelkämmen
im Westen der Insel versank, verrichteten die Belagerungsge-

schütze, die Schiffskanonen und die gewaltigen »Basilisken« unablässig ihr donnerndes Werk. Die Mittagstemperatur stieg nun auf über 40 Grad, die kleinen, verlassenen Felder wurden rissig unter der Hitze, die Bewässerungsgräben lagen trocken, und die wenigen vergessenen Feldfrüchte, die sich einen Weg durch den ausgetrockneten Boden gebrochen hatten, welkten und starben dahin. In der Marsa sprangen die für die türkischen Kranken und Verwundeten aufgeschlagenen Zelte weiter und weiter ins flache Land vor. Die Opfer von Feuer und Schwert aus der Belagerungsfront vor St. Elmo lagen Seite an Seite mit den durch Typhus, Malaria und Ruhr aufs Krankenlager Geworfenen. In den klaren Augenblicken zwischen Bewußtlosigkeit und Delirium hörte Dragut das ständige Dröhnen der Kanonen. Er konnte nicht mehr unterscheiden, ob es sich um ein Sommergewitter handelte oder um jenen von Menschen verursachten Donner, der ihn sein ganzes Leben lang begleitet hatte.

In Birgu und Senglea kümmerten sich die Besatzungen um die letzten Vorbereitungen. Sie spannten alle Kräfte an wie Seeleute, die an der höher und höher werdenden Dünung ablesen können, daß ein Wirbelsturm näherrückt. »An Lebensmitteln besaßen sie 7000 bis 8000 Scheffel Weizen, nicht gerechnet die 3000 Scheffel Gerste, die man zu Beginn der Erntezeit geschnitten hatte.« Nach Vendôme hatten sie auch 40 000 Fässer Wasser aufgespeichert; daneben stand ihnen die Quelle in Birgu zur Verfügung. Die Vorratsbestände in Birgu und Senglea reichten für eine lange Belagerung. Da gab es große Mengen Pökelfleisch, Käse, Butter, Olivenöl, Sardinen, Thunfisch und getrockneten Dorsch. Auch die Munitionsvorräte waren reichlich bemessen, aber, so schrieb Vendôme, »was diese angeht, so kann ich keine Zahlen angeben, denn solche Dinge werden stets geheimgehalten«. Der Vizekönig von Sizilien hatte versprochen, bis zum 20. Juni der Insel zu Hilfe zu kommen, und jetzt schrieb man den 21. Wenn La Valette alle Vorbereitungen überblickte, die er für eine lange Belagerung getroffen hatte, konnte er sich nur beglückwünschen, daß er schon als junger Mann gelernt hatte, Versprechungen zu mißtrauen. Hätte er sich auf Hilfe von außen verlassen, die Insel wäre schon lange verlorengegangen.

Am Freitag, dem 22., schien es fast gewiß, daß St. Elmo fallen würde. Das Artilleriefeuer begann bei Morgengrauen und bald danach der Ansturm der Infanteristen. Wie bei der vorausgegangenen Attacke war die Türkenflotte über Nacht aufgefahren und hatte nach See zu einen Halbkreis gebildet. Aus allen vier Himmelsrichtungen wurde das Fort unter konzentrisches Feuer genommen, und es schien unglaublich, daß in dieser qualmenden Ruine noch etwas am Leben sein sollte. Doch schon die Tatsache, daß auch das Fort Feuer zurückspuckte, mit Kanonen, Feuerreifen, »Trompeten« und anderen Brandwaffen, zeigte, daß die Verteidiger immer noch die Wälle hielten.

Die Bewegungen der türkischen Truppen waren jetzt vor den Kanonieren St. Angelos zum großen Teil abgeschirmt, und erst wenn die Moslems sich schließlich aus ihrem Deckungswall zum Angriff erhoben, setzten sie sich dem Feuer aus. Aber dann waren sie bereits zu nahe an den Wällen und den Verteidigern, als daß es die Artilleristen von St. Angelo hätten wagen können, auf sie zu feuern. (Schon einmal war es vorgekommen, daß ein von St. Angelo aus abgegebener Fehlschuß acht Angehörige der Besatzung von St. Elmo getötet hatte.) Die gedeckte Batterie auf der Südseite St. Elmos, die beim Abweisen vorhergegangener Angriffe eine so große Rolle gespielt hatte, war vom türkischen Geschützfeuer zerstört worden.

Immer aufs neue brachen die Türken über den Wallgraben vor. Sie kamen bereits mit den auf ihren zerschlagenen Wällen stehenden Verteidigern ins Handgemenge. Doch immer noch hielt St. Elmo aus. Immer noch trafen die Iayalaren und Janitscharen, wenn sie den glatten Hang vom Wallgraben hinaufgeklettert waren, auf die in Stahl gekleideten Männer, die in der Bresche auf sie warteten. Jetzt, da Brandwaffen und Arkebusenfeuer keine entscheidende Wirkung mehr erzielen konnten, griffen die Männer zurück auf die einfacheren Waffen, die in früheren Kriegen entwickelt worden waren. Manche der Krieger kämpften mit »Partisanen«, langstieligen hölzernen Speeren, während die Janitscharen Krummsäbel und Schild bevorzugten. Ein Ritter schwang hoch über dem Kopf einen langen Zweihänder, während sein Gegner mit dem Kurzschwert nach ihm stieß. Piken und Lanzen (mit gebogener scharfer Schneide), Streitäxte, selbst Dolche wurden eingesetzt, wenn die Angreifer über den bröckelnden Mauerkronen auf die Verteidiger trafen. In tödlichem Ringen verklammerte Männer rollten in den Wallgraben hinunter, wo der Sandstein seit langem von Blut dunkel war und Verwesung ausströmte.

Einmal sah es so aus, als seien die Moslems durchgebrochen, an einer Stelle, wo während des ganzen Morgens das dichteste Kampfgetümmel geherrscht hatte. Einer Gruppe von Janitscharen gelang es, die Mauerkrone zu erreichen und mit den Rittern und Soldaten handgemein zu werden. Die kleine Gruppe fiel in den Festungsgraben, als ein Teil des Walles unter ihren Füßen nachgab. Für einen Moment schien die Bresche ohne Verteidiger, und eine neue Welle von Janitscharen eilte zu dem offenen Mauerstück. Während sie sich noch den Abhang hinaufmühten, schlossen den zertrümmerten Wall entlang von rechts und links Verstärkungen auf und formten erneut diese Mauer aus Stahl, die allmählich fast einen Teil von St. Elmos Befestigungsanlagen zu bilden schien. Genau in diesem Augenblick eröffneten die Janitscharen-Scharfschützen, die den Cavalier über Nacht wieder besetzt hatten, das Feuer. Aus dem Hinterhalt von Kugeln gefällt und von vorne attackiert, wankte die Verteidigung und begann zusammenzubrechen. Eine weitere Gruppe türkischer Soldaten stürmte über den Wallgraben und schickte sich an aufzusteigen.

Die Situation wurde nur durch den Chevalier Melchior de Monserrat, einen Ritter aus Aragonien, gerettet, der den Befehl in St. Elmo übernommen hatte, nachdem Luigi Broglia durch eine Verwundung kampfunfähig geworden war. De Monserrat bemerkte die Ursache der Verwirrung, ließ eine Kanone gegen die Cavalier-Bastion richten und fegte die Scharfschützen der Janitscharen von ihrer Vorpostenstellung hinunter. Ohne sein schnelles Reagieren hätte ihr wilder Ansturm die Türken sehr wohl durch die Bresche und bis in das Fort selbst tragen können. Nur einige Minuten später wurde de Monserrat durch einen Musketenschuß getötet.

Sechs Stunden lang griffen die Türken an und warfen sich ohne Rücksicht auf Verluste gegen die dünne Linie der Verteidiger. Sechs Stunden lang wogte die Schlacht vor und zurück, bebte manchmal im Gleichgewicht, aber immer wieder zeigte sich, wenn die Rauch- und Staubwolken abzogen, daß die Belagerten mit Arkebusen, blankem Stahl oder Brandwaffen weiterhin Widerstand leisteten. Man nimmt an, daß 2000 türkische Soldaten an jenem furchtbaren Freitag ihr Leben verloren, und Mustapha befahl, als er schließlich einsah, daß St. Elmo an diesem Tag nicht mehr genommen werden könne, den Angriff abzublasen. Der Großmeister und die anderen Beobachter auf der Cavalier-Bastion von St. Angelo vernahmen plötzlich laute Freudenrufe von ihren Brüdern in St. Elmo, die sie schon verlorengegeben hatten. Die Verteidiger taten La Valette, dem Orden und schließlich ganz Europa kund, daß sie, mochten sie auch dem Tode geweiht sein, wenigstens heute noch einmal gesiegt hatten. 200 Mann waren in der Schlacht gefallen, und sie wußten, daß das Ende bald kommen mußte, denn es würde keine Verstärkungen mehr geben.

La Valette machte einen letzten Versuch, der Garnison zu Hilfe zu kommen. Selbst dieser nüchterne Mann war an jenem Abend von Mitleid bewegt. Ein maltesischer Soldat sprang von den Felsen unter St. Elmo ins Wasser, er brachte es, lange Strecken unter Wasser schwimmend, fertig, dem feindlichen Feuer zu entgehen und St. Angelo zu erreichen, und übergab die letzte Meldung der Besatzung. Er beschrieb den Kampf des Tages und berichtete, fast alle Überlebenden seien verwundet. De Guaras, Miranda und Le Mas, die alle drei die ganze Belagerung durchgestanden hatten, lebten noch, waren aber sehr schwer verwundet – einer durch Säbelhiebe, einer durch einen Musketenschuß und der dritte durch Brandgeschosse furchtbar verbrannt. Immer noch aber, so berichtete der Bote, hielt die Besatzung Disziplin, und ihr Kampfgeist loderte noch hell. Jeder Mann hatte seine Aufgabe und würde sie bis zum letzten erfüllen. Selbst diejenigen, welche zu sehr geschwächt waren, um Waffen zu tragen, machten sich noch nützlich, »indem sie große Teller mit in Wein getauchten Brotschnitten von Mann zu Mann trugen, um die Kämpfer, ohne daß diese ihre Posten verlassen mußten, zu erfrischen und zu stärken«.

Es wird uns überliefert, La Valette sei »zu Tränen gerührt« gewesen, als er diesen Bericht von Tapferkeit und Leiden seiner Brüder vernahm. Aus der Bewegung des Augenblicks heraus stimmte er einer Anregung zu, eine letzte Freiwilligentruppe solle versuchen, das Fort zu erreichen. Chevalier de Romegas, der große Seemann, leitete das Unternehmen, und sofort waren fünf offene Boote mit Freiwilligen überfüllt. 15 Ritter und viele Soldaten und Malteser aus Birgu traten freudig vor, und, fügt ein Chronist hinzu, »erstaunlicherweise meldeten sich auch zwei Juden freiwillig, um mit ihnen zu fahren und zu sterben«. Daß zwei Angehörige einer von den Christen des 16. Jahrhunderts so sehr verfolgten und verachteten Rasse sich entschlossen, in den Reihen des Ordens auf Fort St. Elmo zu sterben, macht die seltsame Macht deutlich, mit welcher der Heroismus auf andere Menschen überspringen kann.

La Valettes Aktion, mehr dem Gefühl als kühler Planung entsprungen, war von Anfang an zum Fehlschlag verurteilt. Kaum bemerkten die türkischen Wachtposten die über den

Großen Hafen gleitenden Boote, als sich auch schon jede verfügbare Kanone und Hakenbüchse auf diese richtete. Zugleich fuhr eine Anzahl offener Boote, die Piali mit dem speziellen Auftrag, jedes derartige Unternehmen zu vereiteln, in die Einfahrt des Großen Hafens gelegt hatte, zum Landeplatz unter St. Elmo ab. Aus den dunklen Wassern des Hafens schossen Fontänen, als die Geschützladungen vom Galgenplatz her und die Kugeln der Scharfschützen, die am Ende des Deckungswalles am Ufer postiert waren, einschlugen. Nichts konnte diesen Vorhang aus Feuer lebend durchbrechen. Und hinter dem Feuervorhang bemerkte Romegas undeutlich die Umrisse der türkischen Boote, die nur darauf warteten, ihnen den Weg verlegen zu können, sollte es ihnen je gelingen, sich dem anderen Ufer zu nähern. Nachdem er fast sein eigenes Boot verloren hatte, befahl er den Rückzug der Entsatztruppe. Die Überlebenden in St. Elmo sahen, wie sie schnell nach St. Angelo und in die schützenden Wasser der Bucht zurückruderten. Sie bereiteten sich zum Tode.

Die beiden Kapellane, die während der ganzen Belagerung bei den Verteidigern geblieben waren, nahmen den überlebenden Rittern und Soldaten die Beichte ab. »Sie empfingen das heilige Sakrament, umarmten und ermutigten einander mit Trostworten, wie sie nur tapfere Männer, die vor dem Tode stehen, finden...« Pierre Vigneron, der französische Kapellan, und Alonso de Zambrana, ein spanischer Kapellan von der kastilischen Provinz, sollten beide mit den Kämpfenden zusammen in den Ruinen St. Elmos sterben.

Später in jener Nacht bargen Ritter und Kapläne die kostbaren Symbole des Glaubens unter dem Steinboden der Kapelle. Dann brachten sie die Wandteppiche, Bilder und hölzernen Einrichtungsstücke ins Freie und setzten sie in Brand. Sie waren entschlossen, den Mohammedanern keine christlichen Andachtsgegenstände zu Spott und Entweihung in die Hände fallen zu lassen. Als letzte feierliche Handlung und zugleich um ihren Freunden und Brüdern in St. Angelo, Birgu und Senglea anzuzeigen, daß sie ihren Frieden mit Gott gemacht und sich zum Ende bereitet hatten, begannen sie die Glocke der kleinen Kapelle zu läuten.

Als die Türken das Feuer sahen und den Klang der Glocke hörten, lächelten sie zufrieden in der Annahme, die Garnison richte einen letzten Appell an ihre Brüder, sie möchten kommen und sie retten. Ihre Toten lagen übereinandergeschichtet auf diesem Sandsteinhügel, aber am kommenden Tag würden sie Rache nehmen.

> »Aus dem Land, da es Elefanten gibt, bis
> zu den Forts von Meron und Balghar
> Haben wir unseren schimmernden Stahl getragen
> und unseren Stern, damit er über Roms Ruinen leuchte.
> Denn der Feigling ging unter wie der Tapfere,
> als unsere Schlacht wie eine Woge aufbrandete.
> Die Toten wir gaben der Wüste
> und den Ruhm im Liede dem Gott.«

Die Wachtposten in St. Angelo und Senglea sahen den Feuerschein und hörten das Geläut der Kapellenglocke von St. Elmo. Sie und ihre Offiziere blickten über das Wasser und wußten, daß sie den letzten Gruß ihrer Kameraden vernahmen. »Und in dieser selben Nacht«, schreibt Francisco Balbi, »bereiteten sich die Bedauernswerten in St. Elmo, nachdem sie gesehen hatten, daß unser Versuch, ihnen Hilfe zu senden, fehlgeschlagen war, darauf vor, im Dienste Jesu Christi zu sterben.«

Am 23. Juni näherten sich die grauen Schatten der Schiffe Pialis mit dem ersten, dem Sonnenaufgang vorhergehenden Tageslicht, um dem Fort den Todesstoß zu versetzen. Da sie wußten, daß sich die Cavalier-Bastion jetzt in türkischen Händen befand, wagten sich einige von ihnen sogar zwischen die Halbinseln von St. Elmo und Tigné. Sie fuhren als erste der türkischen Flotte in den Hafen von Marsamuscetto, den Hafen, um den es in der Schlacht der letzten Monate gegangen war. Als es heller wurde, kamen die Galeeren langsam herein, überquerten die Fünf-Faden-Linie und richteten den schmalen Bug gegen das zertrümmerte Fort. Ihre Buggeschütze eröffneten das Feuer. Fast im selben Augenblick trugen die Janitscharen, Spahis, Iayalaren und regulären Truppen den ersten massierten Angriff vor. An diesem Tage gab es keine besonderen, aus Elitetruppen gebildeten Sturmabteilungen. Heute stürzte sich die gesamte Armee wie ein reißender Strom auf St. Elmo. Keine Verluste konnten ihr Vorrücken hindern, und die schwachen Salven und wenigen Brandwurfgeschosse und Feuerreifen konnten die erbarmungslose Flut nicht eindämmen.

Zu Mustaphas und seines Kriegsrats Erstaunen hielt sich Fort St. Elmo noch über eine Stunde lang. Weniger als 100 Mann der Garnison überlebten diesen ersten Ansturm, aber diese wenigen zwangen die türkische Armee, sich zurückzuziehen und neu zu formieren.

De Guaras und Miranda, beide zu schwer verwundet, um noch stehen zu können, hatten sich in der Bresche auf Sitzen niedergelassen. Dort saßen sie zusammengesunken, jeder ein großes Zweihänderschwert an der Seite.

Dieses Mal zeigte etwas in den Schlachtrufen der Türken den Besatzungen von Birgu und Senglea an, daß alles vorüber war. Die weißgewandeten Soldaten strömten die Hänge hinunter, zögerten einen Augenblick auf der Mauerkrone wie ein sich aufbäumender Brecher und stürzten dann über das Fort herein. Von den nordöstlichen Wällen Birgus konnten die Soldaten und die Malteser sehen, wie die Türken, einem Meer gleich, St. Elmo überschwemmten.

De Guaras, bei dem Angriff von seinem Sitz geschleudert, erhob sich wieder, ergriff eine Pike und versuchte, sich dem Vordringen des Feindes entgegenzustemmen. Ein Krummsäbel trennte ihm den Kopf von den Schultern. Der tapfere Le Mas wurde in Stücke gehauen. Paolo Avogardo von der italienischen Provinz wurde an der Kapellentür gefällt, wo er mit dem Schwert in der Hand stand und die Angriffsspitze der Janitscharen abwehrte. Einer nach dem anderen starben die Verteidiger, manche einen schnellen, gnädigen Tod, andere zwischen ihren gefallenen Freunden langsam ihren Wunden erliegend. Der italienische Ritter Francisco Lanfreducci stieg, einem zuvor gegebenen Befehl gehorchend, über den Wall gegenüber der Bighi-Bucht und entzündete das Signalfeuer. Als sich sein Rauch emporkräuselte und in den klaren blauen Himmel wirbelte, wußte La Valette, daß die heldenhafte Besatzung und das Fort, das sie bis zum Ende verteidigt hatte, verloren waren.

Jetzt überquerte Mustapha, der es kaum erwarten konnte, seine Eroberung in Augenschein zu nehmen, den Wallgraben. Von seinem Stab gefolgt, stieg er durch die Bresche nach St. Elmo hinein. Hinter ihm trug ein Fähnrich das Banner Sultan Solimans des Prächtigen, Eroberers des Ostens und Westens. Die Flagge des heiligen Johannes, die den türkischen Oberbefehlshaber so lange verhöhnt hatte, wurde niedergeholt, ein Janitscharenoffizier warf sie in den Staub zu Mustaphas Füßen. Ein Soldat befestigte an der verschmutzten und von der Sonne gebleichten Leine der Fahnenstange die Halbmondfahne der Türkei und des Islam.

Auf den Mauertrümmern St. Elmos stehend, blickte der Sieger über die glänzenden stillen Wasser des Großen Hafens. Hinter sich vernahm er das Prasseln der Flammen und die Schreie der Verwundeten, der süßliche, ekelerregende Geruch von Blut drang ihm in die Nase. Er hörte das Dröhnen der Gongs und das blecherne Schmettern der Trompeten, als die Flotte im Triumph nach Marsamuscetto einfuhr, um dort vor Anker zu gehen. Im Augenblick des Sieges vergaß er auch den Mann nicht, der ihn in so mannigfacher Hinsicht miterrungen hatte, den sterbenden Dragut. Sofort wurde ein Bote zum Zelt des Piraten in der Marsa geschickt, um ihm die Nachricht zu überbringen. »Er bekundete seine Freude durch mehrere Zeichen, hob die Augen wie in Dankbarkeit für empfangene Gnade zum Himmel und hauchte unmittelbar danach seine Seele aus. Er war ein Heerführer von außergewöhnlicher Tapferkeit und weit größerer Menschlichkeit, als sie gewöhnlich diese Piraten besitzen.«

Mustapha Pascha aber fand, als er über die Ruinen von St. Elmo blickte, wenig Grund zur Freude. Vor ihm über dem Wasser drohten die dunklen, massigen Umrisse von St. Angelo.

»Allah!« rief er. »Wenn schon ein solch kleines Kind uns so viel gekostet hat, welchen Preis werden wir erst für einen so großen Vater zu zahlen haben?«

St. Elmo fiel am 23. Juni. Drei Tage lang war es von aller äußeren Hilfe vollständig abgeschnitten gewesen. Es hatte 31 Tage ununterbrochener Belagerung ausgehalten, und im Rückblick sollte sich sein Widerstand als Angelpunkt des ganzen Feldzuges erweisen. Dieses kleine Fort, das nach allen Berechnungen innerhalb einer Woche hätte gestürmt oder zur Übergabe gezwungen sein müssen, erwies sich als eine Katastrophe für die türkische Armee. Die Angaben über die türkischen Verluste während der Belagerung schwanken, aber im Durchschnitt nehmen die Kommentatoren und Historiker eine Gesamtzahl von etwa 8000 Mann an. Das war fast ein Viertel der Streitmacht, die in Konstantinopel an Bord gegangen war. Die Verteidiger verloren etwa 1500 Mann, so daß ungefähr ein Gefallener der Christen auf sechs gefallene Moslems kam. Bei den Toten handelte es sich in der Mehrzahl um Spanier, Malteser oder andere nicht dem Orden angehörende Soldaten. Der Orden verlor 120 Ritter und waffentragende Brüder, die meisten davon, 31, waren Italiener. Die übrigen kamen aus Aragonien, Auvergne, Frankreich und Provence. Die deutsche Provinz verlor fünf ihrer Mitglieder.

Bei dem auf die endliche Erstürmung des Forts folgenden Blutbad hätte es keine Überlebenden gegeben, wären nicht einige von Draguts Korsaren gewesen. Diesen Männern war eine Geisel mehr wert als eine Leiche, und es gelang ihnen, neun Ritter gefangenzunehmen. Balbi berichtet uns ihre Namen – es waren fünf Spanier: Lorenzo de Guzman, Juan de Aragon, Francisque Vique, Fernandez de Mesa, Velasquez d'Argote; drei Italiener: Pedro Guadani, Francisco Lanfreducci, Bachio Craducci; und ein französischer Ritter, Antoine de Molubech. Es scheint jedoch keine Nachricht darüber zu geben, daß der eine oder andere dieser Ritter ausgelöst worden wäre (was die Korsaren natürlich gehofft hatten). Vielleicht erlagen sie ihren Wunden oder blieben für den Rest ihres Lebens Galeerensklaven. Einigen wenigen Malteser Soldaten gelang es, aus den Trümmern des Forts zu entkommen. Fünf sprangen nach den Berichten von den Felsen unter St. Elmo und schwammen über den Großen Hafen nach Birgu. Aus dem, was diese Malteser, die dem Untergang des umkämpften Forts entronnen waren, berichteten, gewann Balbi das Material für seine Schilderung der letzten drei Tage von St. Elmo.

Wenn es nach dem Willen Mustapha Paschas gegangen wäre, hätte es keine Überlebenden gegeben. Der türkische Oberbefehlshaber war schon immer für seine Grausamkeit bekannt gewesen, aber der lange Widerstand St. Elmos hatte ihn in helle Wut versetzt. Die Chronisten des Ordens waren schnell bei der Hand, Mustapha ob seines Befehls, keinen Pardon zu geben, zu verdammen, aber sie vergaßen dabei die merkwürdigen »Regeln«, nach denen zur damaligen Zeit Krieg geführt wurde. Im allgemeinen wurde gerade beim Belagerungskrieg ein Kodex von Regeln beachtet. Man teilte allgemein die Auffassung, daß, sobald erst einmal eine größere Bresche in den Wall geschossen war, die Verteidiger zu kapitulieren hätten. Taten sie das, gestand man ihnen militärische Ehren, vielleicht sogar freien Abzug zu, jedenfalls aber konnten sie mit einem Lösegeld wieder freigekauft werden. Wenn sich andererseits die Verteidiger einer belagerten Festung weigerten zu kapitulieren und dem Ansturm bis zum Ende Trotz boten, besaßen sie kein Recht auf Pardon. Der Gegner mochte sie in die Sklaverei führen oder dem Schwert überantworten.

Mustapha Pascha befand sich also im Recht, als er befahl, keine Gefangenen zu machen. In jedem Fall wäre es für ihn schwierig oder selbst unmöglich gewesen, seine Truppen unter Kontrolle zu halten. Sie hatten so ungeheure Verluste erlitten, daß sie entschlossen waren, sich zu rächen. Außer den neun Rittern und den wenigen Maltesern, die über den Großen Hafen entkamen, überlebte niemand von der Besatzung.

Mustaphas Entschluß, keine Gefangenen zu machen, ist verständlich. Seine anderen Aktionen aber verraten jene Grausamkeit, die er bereits auf so vielen Schlachtfeldern bewiesen hatte. Er glaubte, daß man in vielen Fällen den Feind durch solche abscheulichen Akte unbarmherziger Härte einschüchtern könne. Er befahl, die Leichen der Ritter von denen der gemeinen Soldaten gesondert zu legen. Inzwischen hatte er die ranghöchsten Ritter identifizieren lassen. Den Leichen von Le Mas und Miranda wurde der Kopf abgeschlagen, wie das de Guaras schon während des Endkampfes geschehen war. Die Köpfe der drei wurden hoch über dem Großen Hafen auf Stangen gesteckt und mit dem Gesicht der Festung St. Angelo zugewendet.

Es war nicht schwer, die Ritter zu identifizieren. Niemand

sonst trug solch kunstvolle Waffen und Rüstungen. Einigen hatte Mustapha die Kettenpanzer ausziehen lassen. Die Leichen wurden enthauptet und die kopflosen Rümpfe auf hölzerne gekreuzte Balken genagelt, zur Verhöhnung der Kreuzigung Christi. (Manche Kommentatoren sagen, es sei den noch lebenden Rittern das Zeichen des Kreuzes in die Brust geschnitten worden, dann habe man ihnen das Herz aus dem Leib gerissen, ehe man ihnen die Köpfe abschlug.) Eines ist sicher: eine Anzahl dieser Rümpfe ohne Kopf wurde in der Nacht nach St. Elmos Fall in die Gewässer des Großen Hafens geworfen.

Es war der Abend vor dem Fest des heiligen Johannes, des Ordenspatrons, und trotz des Falls St. Elmos ordnete der Großmeister an, die üblichen Feiern abzuhalten. Man hatte weder Pulver noch Material für Festbeleuchtung oder Feuerwerk übrig, aber in ganz Birgu und Senglea wurden Freudenfeuer angezündet, und die Kirchenglocken schallten weit über Land und Meer. Als die Türken diese offenbaren Zeichen der Festfreude im christlichen Lager bemerkten, entzündeten sie, wie Balbi schreibt, »eine gewaltige Zahl von Feuern in der Marsa, nicht weil sie das Fest des heiligen Johannes feiern wollten, sondern weil sie St. Elmo erobert hatten... Als wir die Feuer sahen, bekümmerte uns das sehr, denn dies war eine Feier, welche die Ritter immer abhielten, um ihren heiligen Schutzpatron zu ehren.«

Am Sonntag, dem 24. Juni, morgens, führte die sanfte Strömung, die während des Sommers durch die Einfahrt des Großen Hafens geht und die Ufer der Buchten auf der Südostseite auswäscht, eine unheilvolle Last. Auf ihren hölzernen Kreuzen schwimmend, wurden die kopflosen Leichen von vier Rittern unter St. Angelo angeschwemmt.

La Valette erhielt sofort Meldung von dem Vorfall. Er kam mit seinem lateinischen Sekretär, Sir Oliver Starkey, und den anderen Mitgliedern des Rates hinunter zum Ufer. Nur zwei der Leichen, die Giacomo Martellis und Alessandro San Giorgios, beides Ritter der italienischen Provinz, konnten identifiziert werden. Sie wurden von ihren eigenen Brüdern erkannt, die sich unter den Verteidigern St. Angelos befanden.

La Valette, dem von Anbeginn bewußt war, daß es sich bei der Belagerung von Malta um einen Krieg »à l'outrance« handelte, zögerte nicht. Er würde seiner Gefolgschaft wie den Türken klarmachen, daß eine ehrenvolle Kapitulation nicht in Frage kam. Er befahl, alle türkischen Gefangenen seien hinzurichten.

Es gab deren viele in Birgu, die bei Marschall Copiers Kavallerieunternehmen gefangengenommen worden waren. Sie wurden sofort zur Exekution geführt. Man enthauptete sie und warf ihre Leichen in die See.

Mustaphas Truppen waren gerade dabei, die in St. Elmo erbeuteten Kanonen zu sammeln und sie als Kriegstrophäen für den Transport nach Konstantinopel vorzubereiten, als sie durch Kanonendonner gestört wurden. Die großen Geschütze auf der Cavalier-Bastion nahmen sie unter Feuer. Sie schossen mit den Köpfen der türkischen Gefangenen.

Selbst solche Historiker, die gänzlich von der Tendenz beherrscht sind, am Großmeister, diesem außerordentlichen Mann, keinen Fehler zu finden, taten sich schwer, seine Handlungsweise in diesem Fall zu rechtfertigen. W. H. Prescott schreibt: »Er befahl, seinen türkischen Gefangenen die Köpfe abzuschlagen und sie aus den großen Geschützen in die Reihen des Feindes zu schießen, um den Moslems« – so sagt uns der Chronist – »eine Lektion in Menschlichkeit zu erteilen.« Ein Schriftsteller der viktorianischen Zeit, General Whitworth Porter, kommentiert: »Für den Ruf La Valettes wäre es gut gewesen, wenn er die Gefühle der Entrüstung, die der schändliche Vorfall (die Enthauptung der Ritter) sehr verständlicherweise in ihm wachrief, in vernünftigen Grenzen gehalten hätte. Aber leider sieht sich der Chronist zu der Feststellung gezwungen, daß diese Vergeltung ebenso grausam und eines christlichen Soldaten unwürdig war wie die vorangegangene Untat; nein, noch grausamer, denn Mustapha hatte sich damit begnügt, die gefühllosen Leichen seiner Feinde zu verstümmeln, während La Valette aus der zornigen Erregung des Augenblicks heraus alle seine türkischen Gefangenen enthaupten und ihre Köpfe aus den Geschützen von St. Angelo in das türkische Lager schießen ließ. So unmenschlich diese Handlungsweise war und so abstoßend sie für die Begriffe des modernen Soldaten erscheint, befand sie sich doch – leider – zu sehr in Übereinstimmung mit der damaligen Praxis, als daß die Chronisten der Zeit sie mit Mißbilligung oder auch nur mit Verwunderung betrachtet hätten. Trotzdem, das Vorkommnis wirft einen Schatten auf den leuchtenden Ruhm eines sonst so ausgezeichneten Helden, einen Schatten, den die Geschichtsschreibung nicht gerne verzeichnet.«

Der Großmeister machte durch seinen sofortigen unbarmherzigen Gegenschlag ein für allemal klar, daß es sich hier um eine

Belagerung handelte, bei der kein Pardon erwartet wurde. Als er den Befehl gab, die Köpfe seiner Gefangenen in die türkischen Linien zu feuern, tat er in Wirklichkeit der Besatzung und dem Volk von Malta kund: »Es gibt kein Zurück. Es ist besser, in der Schlacht zu sterben als auf solche Weise.«

An diesem Morgen trat der Große Rat zusammen, und die letzten Dispositionen wurden getroffen. Fünf Kompanien, die bis jetzt in Mdina gelegen hatte, erhielten Befehl, die Besatzungen von Birgu und Senglea zu verstärken. Die letzten, privaten Kaufleuten und Hausherrn gehörenden Lebensmittelvorräte wurden für die Vorratshäuser der Allgemeinheit aufgekauft. (Es ist bezeichnend für La Valettes Wesensart, daß er den gerechten Marktpreis für die Vorräte zahlte, die mancher andere Kommandant einer belagerten Stadt einfach requiriert hätte.) Alle Hunde in Birgu und Senglea mußten getötet werden, weil »... sie die Besatzungen bei Nacht störten und bei Tage von ihren Vorräten fraßen«. La Valette war, wie die meisten Adligen seiner Zeit, ein großer Liebhaber der Jagd, aber jetzt ließ er keine Ausnahmen von seiner Anordnung zu. Seine eigenen Jagdhunde wurden getötet, wie auch die Hunde aller Einwohner.

La Valette wußte sehr wohl, daß Kriege nicht nur durch Planung und Organisation gewonnen werden, sondern auch durch die Kampfmoral.

»Was könnte ein rechter Ritter sich glühender wünschen, als in Waffen zu sterben?« sagte er zu seinem Kriegsrat. »Und was könnte es Angemesseneres für ein Mitglied des Ordens vom heiligen Johannes geben, als sein Leben in der Verteidigung seines Glaubens aufzuopfern? Wir sollten nicht erschrecken, weil es den Moslems schließlich gelungen ist, ihr verfluchtes Banner auf den zertrümmerten Brustwehren St. Elmos aufzupflanzen. Unsere Brüder, die für uns gestorben sind, haben ihnen eine Lektion erteilt, die in ihrer gesamten Armee Schrecken verbreiten muß. Wenn das arme, schwache, unbedeutende St. Elmo imstande war, ihren gewaltigen Anstrengungen über einen ganzen Monat zu widerstehen, wie können sie gegen die stärkere und zahlreichere Besatzung von Birgu auf Erfolg hoffen? Mit uns muß der Sieg sein.«

Er legte dar, daß unter den Türken, wie er von seinen Spionen und von Überläufern wußte, verheerende Krankheiten umgingen. Ihre Vorräte wurden knapp, und »die Schiffe, die sie zum Herbeischaffen zusätzlicher Lebensmittel nach Afrika, Griechenland und der Ägäis entsandt hatten, kehrten nicht zurück«.

Man lebte in einem Jahrhundert, in dem sich der Adel nicht dazu herabließ, den unter ihm dienenden Soldaten und Bewaffneten die Gründe für seine Entscheidungen zu erklären, aber auch in dieser Frage bewies der Großmeister seine eingehende Beherrschung der Psychologie. Er dachte daran, daß es auf Rhodos Unruhe unter Teilen der Stadtbevölkerung gegeben hatte – Unruhe, die man vielleicht hätte abwenden können, wenn den Bewohnern der Insel deutlicher gewesen wäre, daß ihr Geschick mit dem des Ordens verbunden war. Dementsprechend ging La Valette, nach Aufhebung des Kriegsrats, hinaus und sprach zu den Maltesern und Soldaten: Er brauche den Maltesern kaum zu erklären, welches Schicksal ihrer warte, sollte es den Türken gelingen, die Insel zu erobern. Hatten sie nicht schon jahrhundertelang unter den jährlich wiederkehrenden Beutezügen der muslimischen Piraten leiden müssen? Im Guten oder Bösen, die Malteser könnten gar nicht anders, als bis zum Ende zu kämpfen.

Den Soldaten rief er ins Gedächtnis: »Wir alle sind Soldaten unseres Herrn, wie ihr, meine Brüder. Und solltet ihr durch ein böses Geschick uns und alle eure Offiziere verlieren, so werdet ihr, dessen bin ich sicher, deshalb nicht weniger entschlossen kämpfen.« Auch die Verteidiger von Mdina wurden aufgerufen, bis zum Tode zu kämpfen. La Valette gab ihnen den gleichen Befehl, den er bereits an die Garnisonen am Großen Hafen erlassen hatte: »Keine Gefangenen!« Jeden Morgen, bis zum Ende der Belagerung, »... hängten sie auf den Wällen von Mdina einen türkischen Gefangenen«.

Obwohl die Türken unmittelbar nach dem Fall St. Elmos begonnen hatten, ihre Kanonen gegen St. Angelo in Stellung zu bringen, brauchten sie mehrere Tage, um die Belagerung der beiden Hauptstützpunkte vorzubereiten. Nahezu alle Kanonen und Waffen, die sie mit so viel Mühe auf den Monte Sciberras transportiert hatten, mußten zerlegt und durch die Marsa in das Gebiet hinter den beiden Halbinseln gebracht werden. Neue Verschanzungen und Geschützbettungen waren auszuheben, die natürlichen Gegebenheiten des Landes möglichst gut auszunutzen.

Während so die türkische Armee langsam die Stellungen wechselte und sich für das große Unternehmen vorbereitete, erhielt La Valette einige willkommene Hilfe. Ohne daß er es wußte, hatte am selben Tag, an dem St. Elmo im Todeskampf lag, eine kleine Entsatzstreitmacht die Nordspitze Gozos erreicht. Sie bestand aus vier Galeeren (von denen zwei dem Orden und zwei Don Garcia de Toledo gehörten), kam von Messina und wartete auf einen günstigen Augenblick, um die Truppen an Land zu setzen. An Bord befanden sich 42 Ritter, 20 »edle Freiwillige« aus Italien, drei aus Deutschland und zwei Engländer; außerdem 56 gut ausgebildete Kanoniere und eine Abteilung von 600 Mann Infanterie (spanische Truppen aus den Garnisonen Siziliens und Süditaliens).

Unter dem Kommando des Chevalier de Robles, eines ausgezeichneten Ordensmitglieds und berühmten Soldaten, war diese »kleine Entsatztruppe« – sie wurde als *piccolo soccorso* bekannt – nach Malta geschickt worden mit dem ausdrücklichen Befehl, nicht zu landen, wenn St. Elmo bereits gefallen sei. Der spanische Flottillenchef, Don Juan de Cardona, hatte eindeutige Instruktionen vom Vizekönig erhalten: Wenn sich die Festung bereits in türkischen Händen befinde, habe er sofort nach Sizilien zurückzukehren.

Zum Glück für die Verteidigung Maltas gelangte das Schicksal St. Elmos erst zu Cardonas Kenntnis, als es bereits zu spät war. Als er im Nordwesten der Insel Ankergrund erreicht hatte, sandte er unverzüglich einen Ritter an Land, um die Lage zu erkunden. Dieser Kundschafter erfuhr schnell, daß St. Elmo gefallen war, verheimlichte aber bei seiner Rückkehr aufs Schiff Cardona diese Nachricht; lediglich den Ritter de Robles informierte er, und dieser beschloß, sich mit seinen Truppen bei Nacht durch die türkischen Linien zu schleichen und Birgu zu verstärken. Nachdem er die Erlaubnis zur Landung erhalten hatte, setzte de Robles alle seine Truppen ans Ufer. Er hielt sich auf der Westseite der Insel, und es gelang ihm, den türkischen Patrouillen zu entgehen. Die Entsatztruppe gelangte unbehelligt in das Gebiet südlich des großen feindlichen Feldlagers in der Marsa, machte einen Bogen um die neuen Befestigungslinien, die vor Birgu und Senglea angelegt wurden, und stieß nahe der Stelle, wo sich heute das Fischerdorf Kalkara befindet, auf das Ufer des Großen Hafens. Man hatte Meldegänger vorausgesandt, die La Valette die Nachricht überbringen sollten, Verstärkungen von 700 Mann befänden sich in der Nähe und auf dem Weg zur Bucht. Don Cardona kehrte unterdessen mit seinen vier Galeeren nach Sizilien zurück und hatte keine Ahnung davon, daß er von den eigenen Leuten getäuscht worden war.

Es war die Nacht des 29. Juni, als de Robles die »kleine Entsatztruppe« über die vom Feind besetzte Insel Kalkara führte.

Durch einen außerordentlichen Glücksfall blies gerade der Schirokko. Dieser warme Südwind ist selten im Juni, einem Monat, in dem der Nordwestwind, der den Himmel klarfegt, gewöhnlich vorherrscht. Der feuchte Schirokko jedoch, der über die See von Afrika herüberkommt, führt oft einen dichten Dunst mit sich. Er bringt Malta fast so etwas wie einen Nebel unserer Breiten, soweit dies im Süden möglich ist. In jener Nacht lag der Dunst dicht über den steinigen Talgründen und schmalen Wegen, welche die Soldaten entlangschritten. Die nackten Pfade und die holprigen Abhänge schienen die Feuchtigkeit auszuschwitzen. Die Oliven und die unbewachten Weinberge glitzerten und trieften. Die Türken kauerten sich um ihre Lagerfeuer und warteten auf den Morgen. Unangefochten, ohne den Verlust auch nur eines einzigen Mannes, erreichte de Robles das Ufer der Kalkara-Bucht. Dort stieß er schon auf La Valettes wartende Boote. Lautlos glitten sie über den eine Kabellänge (231 Meter) breiten Streifen Wassers. (Das Ende der Bucht war von türkischen Patrouillen besetzt.) Aber keiner rief sie an, und kein Schuß hallte in dem weißen Nebel. Sicher erreichte die »kleine Entsatztruppe« das Ufer von Birgu. Es war ein Triumph. In diesem Augenblick der Belagerung sollte sich die Ankunft von 700 wohlausgebildeten und frischen Soldaten als ein unschätzbarer Aktivposten erweisen.

Am nächsten Morgen erfuhren die Türken, was geschehen war. Die Christen machten sich nicht die Mühe, ihre Freude zu verbergen, und sie höhnten den Feind mit den Bannern ihrer neuen Waffenkameraden. Vielleicht war das der Grund, warum Mustapha jetzt den Entschluß faßte, einen Verhandlungsversuch zu machen. Trotz La Valettes Aktion gegen die türkischen Gefangenen und obgleich alles dafür sprach, daß »diese Hundesöhne« keinen Gedanken an Kapitulation hegten, fragte sich Mustapha, ob er nicht doch vielleicht dasselbe Ergebnis wie auf Rhodos erreichen könne. Seine Verluste vor St. Elmo hatten in keinem Verhältnis zur Größe des Forts gestanden. Er würde La Valette die gleichen Bedingungen anbieten, die vor 43 Jahren Großmeister Villiers de l'Isle Adam angenommen hatte – freien Abzug für ihn und alle seine Untergebenen unter der Bedingung, daß sie die Insel übergaben. Sie mochten sich unter den üblichen militärischen Ehren von Malta nach Sizilien zurückziehen.

Dementsprechend wurde ein Bote unter der Parlamentärsflagge zum Großmeister nach Birgu abgesandt. Der Bote wurde durch das landseitige Tor eingelassen, dann verband man ihm sofort die Augen. Mustapha Pascha hatte für die Mission einen alten Griechen ausgewählt, einen Sklaven, den die Türken schon als Jungen gefangengenommen hatten. Vielleicht war die Wahl auf ihn gefallen, weil er Französisch oder Italienisch sprechen konnte, oder vielleicht auch, weil Mustapha glaubte, ein christlicher Sklave würde glimpflich behandelt werden. Der alte Mann wurde vor La Valette geführt. Dieser hörte sich die türkischen Vorschläge an, »ohne sie einer Antwort zu würdigen«, dann sagte er: »Führt ihn weg und hängt ihn auf.«

Der Abgesandte fiel dem Großmeister zu Füßen und bat um sein Leben. Es sei nicht seine Schuld, rief er, daß man ihn zum Boten des Paschas gemacht, noch daß man ihn vor so vielen Jahren in Griechenland gefangen und in die Sklaverei geführt habe.

Es ist unwahrscheinlich, daß La Valette die Absicht hatte, seine Drohung auszuführen. Aber er war felsenfest entschlossen, durch das, was dem türkischen Oberbefehlshaber nachher berichtet würde, Mustapha völlig klarzumachen, daß der Großmeister in dem Willen, niemals nachzugeben, unbeugsam sei.

»Verbindet ihm die Augen wieder«, befahl er.

Der Sklave wurde aus dem Ratssaal geführt, »und sie ließen ihn durch das Tor im Abschnitt der Provenzalen hinaus und stellten ihn zwischen die Bastionen der Provenzalen und derer aus der Auvergne. Und als er mitten zwischen ihnen stand, machten sie ihm die Augen frei und ließen ihn die Tiefe des Wallgrabens vor ihm sehen und die Höhe der Festungsmauer über ihm...«

»Was meinst du dazu?« fragten sie.

Der alte Mann betrachtete die dicken Wälle oben und den Wallgraben zu seinen Füßen. »Die Türken werden diesen Ort niemals erobern«, antwortete er dann. Darauf gab ihm der Großmeister die Antwort auf Mustaphas Angebot.

»Sag deinem Herrn: dies ist das einzige Gebiet, das ich ihm überlassen werde.« Er wies auf den Wallgraben. »Hier ist das Land, das er haben kann – vorausgesetzt, daß er es mit den Leichen seiner Janitscharen füllt.«

Sie führten Mustaphas Boten zwischen langen Reihen von Soldaten zurück und verbanden ihm wiederum die Augen. So erschreckend war für ihn gewesen, was er gesehen hatte, so furchterregend die Geschütze, die Brustwehren und Verteidigungswerke, so grimmig die schweigenden Reihen der gerüsteten Männer, daß er – so berichtet uns der Chronist – »... seine Hosen beschmutzte«.

Mustaphas Reaktion auf La Valettes Antwort war blinde Wut. Er hatte diesem verrückten Christen die besten Bedingungen geboten und bekam nur eine Beleidigung zur Antwort. Den Eroberer von St. Elmo, den Sieger auf hundert Schlachtfeldern zwischen Österreich und Persien durfte ein christlicher Pirat, der Führer einer Handvoll Fanatiker, nicht so behandeln. Er schwur, er werde Birgu und Senglea nehmen und jedes Mitglied des verfluchten Ordens über die Klinge springen lassen.

Jetzt, da die Flotte in Marsamuscetto sicher vor Anker lag, war das Problem des Transports von Geschützen und Belagerungswaffen weit leichter zu lösen. Das äußerste Ende von Marsamuscetto lag keine drei Kilometer über Land von den Festungen der Ritter entfernt. Mustapha beschloß, für die Belagerung von Birgu und Senglea nicht nur die Geschütze heranzubringen, die man gegen St. Elmo aufgefahren hatte, sondern auch jede andere für die Belagerung verfügbare Waffe. Durch Rinder, Ochsen, Maultiere und Sklaven würde er sie alle auf die Corradino-Höhen und in das Land hinter den Stützpunkten bringen lassen. Vom Monte Sciberras und Corradino aus würde er ein Kreuzfeuer auf die vorspringende Bastion am Ende Sengleas eröffnen und sie ins Wasser fegen. Mit der Hauptmacht seiner Truppen würde er die Festung St. Michael vor Senglea angreifen. Nach St. Elmo war dies der schwächste Punkt der Verteidigungsanlagen. Wenn erst einmal St. Michael bezwungen und seine Verteidiger dem Schwert überantwortet waren, würde er die geballte Kraft seiner Armee und der Flotte Pialis zur Niederringung Birgus und St. Angelos einsetzen. Keine Verstärkungen über Land sollten den Feind mehr erreichen, keine mehr über See. Die letzte Zuflucht der Ritter vom heiligen Johannes war völlig eingeschlossen. Sie, ihre Schiffe und ihre Flagge sollten die Untertanen des Sultans niemals mehr belästigen.

Der Angriff auf Senglea

Seltsame Laute waren auf der Insel zu hören. In der Sommernacht knallten Peitschen, knarrte und ächzte Holz, riefen Männer. Auf der Landseite des Monte Sciberras, wo die kahlen Hänge zur Marsa hin abfallen, wurde die Dunkelheit von flakkernden Feuern unterbrochen. In ihrem unsicheren Licht sah man nackte Männergestalten, die schweißtriefenden Flanken von Ochsen und lange Geschirre aus Seilen und Ketten. Dann hoben sich plötzlich die hohen Vordersteven von Schiffen aus dem Dunkel. Jetzt konnte man auch die Ursache des Lärms erkennen: Er kam von Schiffen, die auf hölzernen Rollen aus der Bucht von Marsamuscetto über 800 Meter felsigen Landes in den Großen Hafen gezogen wurden.

Mustapha war ein Meisterstreich eingefallen. Dachten die Ritter, nichts könne an den schweren Geschützen von St. Angelo vorbeikommen? Glaubten sie nur von der Landseite, von Süden her, mit feindlichen Angriffen rechnen zu müssen? Jetzt würden sie feststellen, daß die Gewässer des Großen Hafens, die sie bis jetzt als ihr eigenes, sicher geschütztes Reservat betrachtet hatten, auf einmal von feindlichen Schiffen wimmelten. Sie besaßen keine Schiffe auf See, um dieser Bedrohung begegnen zu können, und von beiden Seiten aus belagert, würden sie sicher nicht lange aushalten.

Im Verlauf von wenigen Tagen hatten die Galeerensklaven der Flotte 80 Schiffe über die Landenge zwischen dem Großen Hafen und Marsamuscetto transportiert. Der Großmeister und sein Rat beobachteten mit Bestürzung, wie die Schiffe über dem höchsten Punkt aufragten und dann ihren allmählichen Abstieg zur Marsa begannen. Sofort wurde deutlich, von wo aus sich der erste Angriff entwickeln würde. Die Schiffe vermochten in die Bucht zwischen Birgu und Senglea nicht einzudringen, daran hinderte sie die Sperrkette. Ebensowenig konnten sie den Großen Hafen hinauffahren, um Birgu von Norden her anzugehen, dafür sorgten die Geschütze von St. Angelo. Die türkischen Schiffe waren dazu bestimmt, Senglea an seiner Südflanke zu attackieren.

Im allgemeinen hat man den Entwurf dieses genialen Planes Mustapha zugeschrieben, aber es scheint weit näherliegend, daß die Anregung dazu von Dragut gekommen war. Denn durch eben diesen Trick (seine Schiffe aus dem Hafen von Djerba über Land an die jenseitige Küste der Insel zu ziehen) war Dragut damals in jenem berühmten Unternehmen dem Admiral Doria entkommen.

La Valettes Mutmaßung, die erste Attacke werde sich gegen Senglea richten, wurde auf bemerkenswerte Weise bestätigt. Ein Ritter namens Zanoguerra, der über der vorspringenden Bastion am äußersten Ende Sengleas auf Posten stand, bemerkte plötzlich, wie ihm ein Mann vom Ufer unter dem Sciberras aus zuwinkte. Er setzte unverzüglich den Großmeister davon in Kenntnis, ein türkischer Deserteur scheine den Versuch zu machen, mit ihnen Verbindung aufzunehmen. Nach seiner äußeren Erscheinung zu schließen, handelte es sich bei dem Mann nicht um einen Sklaven, sondern um jemanden von Rang. La Valette befahl, ein Boot hinüberzuschicken, das den Deserteur aufnehmen sollte. Gerade als es abstieß, bemerkten auch die Türken den Deserteur, und eine Anzahl von ihnen setzte sich die Sciberras-Hänge hinab in Bewegung, um ihn abzufangen. Im Bewußtsein dessen, was ihn bei einer Gefangennahme erwartete, warf sich der Türke, obwohl er nicht schwimmen konnte, ins Wasser. Drei Seeleute der Garnison Senglea stürzten sich, als sie ihn mit den Wellen kämpfen und fast schon untergehen sahen, ebenfalls ins Wasser des Großen Hafens und schwammen zu ihm hinaus. Es gelang ihnen, den Mann über Wasser zu halten, bis das Boot sie erreichte. Balbi überliefert uns die Namen der Retter: Es waren Ciano, ein Syrakusaner, Piron, ein Provenzale, und ein Malteser namens Giulio.

Dieser türkische Offizier war in der Tat kein gewöhnlicher Deserteur, sondern ein Grieche aus der alten und edlen Familie Lascaris, die drei byzantinische Kaiser zu ihren Vorfahren zählte. Noch als junger Mann in Gefangenschaft geraten, hatte es Lascaris in der türkischen Armee zu hohem Rang gebracht. Er war vertraut mit all ihren Techniken der Kriegführung, ebenso aber auch mit den besonderen Plänen, die Mustapha Pascha und sein Kriegsrat für die jetzige Belagerung entworfen hatten. Vertot berichtet uns, welche Gründe er für die plötzliche Entscheidung, sein Schicksal mit dem der Ritter zu verbinden, anführte: »Die von den Rittern Tag um Tag so reichlich bewiesene heldenmütige Tapferkeit hatte sein Mitgefühl erregt; er klagte sich selbst an, weil er auf der Seite von Barbaren kämpfte, von Männern, die den Tod der meisten fürstlichen

Glieder seiner eigenen Familie verschuldet und die übrigen – seit der Eroberung Konstantinopels – gezwungen hatten, in fernen Ländern ein Exil zu suchen.«

Vor den Großmeister gebracht, beklagte Lascaris alle die Jahre, die er im Lager ihrer gemeinsamen Feinde gekämpft, und gab weiterhin freimütig alle Informationen preis, zu denen er Zugang gehabt hatte. Während der folgenden Wochen erwies sich Lascaris als Berater von unschätzbarem Wert und obendrein als tapferer Soldat. Er sagte La Valette, es sei dringend erforderlich, die Verteidigung auf der Südseite von Senglea zu verstärken. Mustapha beabsichtige, sobald alle 80 Schiffe im Großen Hafen lägen, die Halbinsel mit aller Macht von der Land- wie von der Seeseite aus anzugreifen. Während die Masse des Heeres gegen das Fort St. Michael geworfen wurde, sollten die Schiffe über die ganze Uferlänge von Senglea hin – von der vorspringenden Bastion bis hinunter zum Ende der Bucht – angreifen.

Die ersten Belagerungsgeschütze waren bereits auf die Senglea überragenden Corradino-Höhen transportiert worden, und geschickte Hakenbüchsenschützen wandten wiederum die Taktik an, die sich gegen St. Elmo so wirksam erwiesen hatte. Kaum ließ ein Soldat seinen Kopf in den Schießscharten sehen, hatte er mit hoher Wahrscheinlichkeit sein Leben verwirkt. La Valette beschloß, entlang dem Ufer eine Palisade, einen »stoccado«, zu bauen, stark genug, um die türkischen Boote an der Landung zu hindern, und so dicht, daß ihre Soldaten auch nicht schwimmend das Ufer erreichen konnten. Maltesische Handwerker und Seeleute von den Galeeren arbeiteten unablässig neun Nächte lang – bei Morgengrauen mußten sie sich jeweils zurückziehen –, und es gelang ihnen, ihre Aufgabe rechtzeitig zu vollenden.

Die Palisade zog sich über die ganze Strecke von der Landspitze von Senglea bis zum Ende der Befestigungsanlagen hin. Sie war ein Meisterstück der Improvisation und bestand aus Pfählen, die man in den Meeresgrund getrieben hatte. Diese Pfähle waren an der Spitze mit eisernen Ringen versehen, durch die man eine lange Kette zog. An manchen Stellen, wo das Wasser zu tief oder der Grund zu hart war für die Pfähle, hatte man lange Segelrahen und Schiffsmasten zusammengenagelt. Mit diesem Verteidigungswerk allein noch nicht zufrieden und in der Erwartung, die türkische Flotte könnte sogar versuchen, in die Mündung des Großen Hafens einzudringen und die

Nordwälle Birgus zu stürmen, ließ La Valette eine ähnliche Palisade in der Kalkara-Bucht errichten. Diese lag den drei Haupt-Verteidigungsabschnitten von Birgu entlang, den Abschnitten der kastilischen, deutschen und englischen Provinzen. (Dem Abschnitt der Engländer, den bis dahin nur Sir Oliver Starkeys gemischtes Korps ausländischer Soldaten besetzt gehalten hatte, waren zwei englische Freiwillige von der unter dem Chevalier de Robles stehenden Entsatztruppe zugeteilt worden. Balbi nennt uns ihre Namen – es waren Juan Smilt [John Smith?] und Eduardo Stamle [Edward Stanley]. Bei diesen beiden Söldnern handelte es sich wahrscheinlich um vertriebene Katholiken, von denen eine Anzahl lieber ihren Wohnsitz in Rom genommen hatte, als in das England Königin Elizabeths zurückzukehren.)

Gegen Ende der ersten Juliwoche begann ein großangelegtes Artilleriebombardement. Etwa 60 bis 70 Geschütze, die auf dem Monte Sciberras, dem Galgenplatz, auf dem Monte Salvatore und auf den Corradino-Höhen standen, eröffneten ein schweres Kreuzfeuer gegen St. Angelo, St. Michael und die Dörfer Birgu und Senglea. Das heftigste Feuer lag auf Fort St. Michael und auf Senglea, kurz bevor Mustapha sich anschickte, seine Schiffe im Großen Hafen zu Wasser zu lassen. Als er die Palisaden bemerkte, die entlang dem Strand von Senglea errichtet worden waren, gab er Befehl, sie vor dem Angriff einzureißen.

Eine Schar Türken, zu der man ausschließlich Schwimmer eingeteilt hatte, wurde zum Ufer unterhalb der Corradinos gebracht. Ihr Ziel war die Palisade. Mit Beilen und Streitäxten bewaffnet, schwammen sie die etwa 150 Meter über die Bucht und begannen, ehe noch die Besatzung von Senglea sich darüber im klaren war, was da vorging, die neue seeseitige Verteidigungsanlage zu zerstören. Als das Admiral de Monte, dem Kommandanten von Senglea, gemeldet wurde, rief er sofort Freiwillige auf, die den Feind zurückschlagen sollten. Zur damaligen Zeit konnten wenige Menschen, selbst unter den Seeleuten, schwimmen, aber die Malteser waren damals wie heute von klein auf mit dem Wasser vertraut. Sie stiegen die Wälle hinunter, liefen die kurze Strecke bis zu den kahlen Felsen am Ufer, warfen sich nackt ins Wasser und schwammen auf die Palisade zu.

Nun entwickelte sich unter der hellen Morgensonne, im ruhigen Wasser der französischen Bucht, eines der seltsamsten Gefechte der Belagerung. Die Malteser waren mit Messern und Kurzschwertern zwischen den Zähnen hinausgeschwommen. Die Türken trugen die Waffen, mit denen sie die Pfähle abgehauen hatten. Um das Verbindungskabel und die Holzplanken des Verteidigungswerkes herum, in tieferes Wasser tauchend oder auf der Palisade selbst stehend, gerieten türkische und maltesische Schwimmer ins Handgemenge miteinander. Die Malteser, geübtere Schwimmer und getrieben von dem Verlangen, den Aggressoren ihrer Insel an die Kehle zu kommen, waren ihren Gegnern mehr als gewachsen. Ein Türke wurde schon in den ersten Minuten getötet und mehrere andere verwundet. Das Wasser der Bucht war rot von ihrem Blut, als sich die Türken zurückzogen, und sofort machten sich die Sieger daran, den Schaden zu reparieren. Balbi überliefert uns die Namen von vier dieser tapferen Malteser: Pedro Bola, Martin, Juan del Pont und Francisco Saltavon. Sie hören sich nicht sehr maltesisch an, zweifellos hat sie Balbi in ähnlich klingende spanische Namen übertragen. Über den Kampf selbst sagt Balbi: »Sie griffen die Türken mit solchem Ungestüm an, daß, ich will nicht sagen Malteser, aber Männer jeder anderen Nation unmöglich hätten tapferer sein können.«

Am darauffolgenden Morgen befahl Mustapha, eine größere Anzahl von Soldaten in Booten hinüberzuschicken und sie Schiffstaue an den Pfählen und Masten befestigen zu lassen. Sobald das geschehen war, wurden die Tauenden zu den Ankerwinden am Ufer der Corradinos gerudert. Sklaventrupps legten sich darauf mit ihrem ganzen Gewicht in die Speichen der Ankerwinden. Während die Taue tropfnaß aus dem Wasser tauchten, begannen sie große Teile der Palisade aus dem Meeresgrund zu ziehen. Zum zweiten Mal eilten die Malteser von Senglea hinunter und schwammen herbei, um die Palisade zu verteidigen. Als sie sie erreicht hatten, zogen sie sich auf die Kette hinauf und kappten die Trossen der Türken. Der zweite Versuch, das Sperrwerk zu zerstören, war fehlgeschlagen wie der erste.

Mustapha Pascha beschloß, nicht länger zu warten. Einige Tage zuvor war Hassem, Draguts Schwiegersohn und Vizekönig von Algier, zu ihm gestoßen. Als Hassem zu dem eroberten St. Elmo hinübergefahren war, um es zu besichtigen, hatte er seinen Oberbefehlshaber durch die taktlose Bemerkung aufgebracht, er könne »gar nicht verstehen, wie das Fort so lange habe Widerstand leisten können«. Er ließ durchblicken, nach seiner Meinung hätte es den Angriffen an der notwendigen Durchschlagskraft und an der notwendigen Begeisterung gefehlt. Er erbot sich, die erste Attacke auf Senglea zu führen. Sein Leutnant, Candêlissa, sollte, so sagte er, den Angriff von See her leiten, während er seine Algerier von Land aus gegen St. Michael führen würde.

Mustapha ergriff gerne die Gelegenheit, diesem jungen Eisenfresser eine Lektion zu erteilen und ihm zu zeigen, wie grimmig die Ritter und ihre Soldaten sich verteidigten. Am 15. Juli kurz nach Morgengrauen gab er das Signal zum ersten größeren Angriff. Vom obersten Kamm der Corradino-Höhen herab beobachtete er, wie sich die Schiffe unter Candêlissa am Ufer der Marsa entlang vorschoben, während Hassem an der Spitze seiner Truppen gegen den landseitigen Wall und das Fort St. Michael anstürmte. Gerade eben war die Sonne aufgegangen, als der Angriff begann, und selbst die Verteidiger auf ihren bedrohten Wällen mußten zugeben, daß die vorrückenden Moslems einen prächtigen Anblick boten. Balbi, der seinen Posten auf der Bastion am Ende von Senglea hatte, beobachtete das ganze Landungsunternehmen – die von Süden her den Großen Hafen heraufkommenden Schiffe und unzählige mit Truppen beladene kleine Boote, die vom gegenüberliegenden Ufer abstießen. »... Es hätte wirklich einen sehr prächtigen Anblick geboten, wäre es nicht so gefährlich gewesen.«

An der Spitze der Landungsflotte fuhren drei Boote, auf denen sich Imams befanden. Sie waren in dunkle Gewänder gekleidet und verkündeten den Gläubigen, dies sei ein »Jehad«, ein Heiliger Krieg. Hinter ihnen kamen dann ganze Bootsladungen von Moslemführern, Türken und Algeriern, in kostbaren seidenen, mit Gold, Silber und Juwelen bestickten Gewändern. Auf dem Kopfe trugen sie kunstvolle, edelsteinbesetzte Turbane und »alexandrinische und Damaszener Krummsäbel in den Händen. Ihre in Fez gefertigten Flinten waren ebenso dekorativ wie todbringend.«

Als sich die erste Welle von Booten der Palisade näherte, verdoppelten die Ruderer ihre Anstrengungen. Sie stießen mit voller Geschwindigkeit in die Sperre aus Pfählen und Ketten. Aber die Handwerker hatten zu gute Arbeit geleistet. Tiefgehend unter der Last ihrer Soldaten, hingen die Boote bewegungslos in der Sperre. Jetzt hatten die Musketenschützen auf den Wällen von Senglea sie in Reichweite und eröffneten ein verheerendes Feuer. Candêlissa, der sich bei der Angriffsspitze befand, feuerte seine Soldaten an, ihm zu folgen, und warf sich ins Wasser. Bald schwammen und wateten die Angreifer ans Ufer und hielten sich dabei ihre Schilde über die Köpfe, um sich gegen die Kugeln und Brandwaffen zu schützen. Jetzt war die Zeit für zwei auf den Wällen postierte Mörser gekommen, die türkischen Truppen unter Feuer zu nehmen und ihren Angriff zum Stehen zu bringen. Aber sie traten nicht in Tätigkeit, wohl weil ihre Kanoniere tot oder verwundet waren. Die Türken überließen die Leichen ihrer Kameraden dem Spiel der Wellen im flachen Wasser, stürmten ans Ufer und schickten sich an, die Wälle zu erklimmen.

Im selben Augenblick, da die Landungsabteilungen den Strand unter den Wällen von Senglea betraten, griffen Hassem und seine Algerier die Wälle auf der Landseite an. Die Algerier waren entschlossen, Mustapha zu beweisen, daß die Männer der Berberküste kriegerischer und mutiger seien als die Türken, so setzten sie rücksichtslos ihr Leben ein. Ohne zu warten, bis sich Breschen in den Wällen zeigten, kamen sie unter lautem Geschrei in wildem Ansturm heran und versuchten, ihre Leitern an den starken Bastionen von Senglea anzulegen. Die Kanonen richteten in ihren Reihen ein unbeschreibliches Blutbad an. Wieder und wieder rissen sie große Lücken in die vorrückenden Truppen. »Aber immer noch stürmten sie so heftig und entschlossen vorwärts, daß man bald ihre Banner auf den Brustwehren flattern sah.« La Valette hatte den Chevalier de Robles, der die Entsatztruppe nach Birgu geführt hatte, zum Befehlshaber dieses Stützpunktes gemacht. De Robles selbst leitete das Feuer und richtete die größten Verheerungen in den Angriffsreihen der Algerier an. Jedoch gelang es einer Anzahl von ihnen trotzdem, die Brustwehr zu erreichen; dort hingen sie, Moslems und Christen ineinander verkrallt, wie schwärmende Bienen. Dann und wann ging ein krampfhafter Ruck durch eine dieser Gruppen, und sie fiel in den Wallgraben.

Mittlerweile sah es ganz so aus, als solle der Angriff von See her zum Erfolg führen. Ein in der Nähe der seeseitig vorspringenden Bastion Sengleas gelegenes Pulvermagazin ging durch einen Funken plötzlich in die Luft. Während die Verteidiger in dem Dröhnen, dem Rauch und der entstandenen Verwirrung in sichere Deckung taumelten, brach ein Teil des Walles heraus und rutschte ins Wasser hinunter. Diese Gelegenheit ließen sich Candêlissas Truppen nicht entgehen. Sie nahmen den rauchenden Abhang in einem Anlauf, und als sich der Staub verzogen hatte, erblickten die Christen mit Schrecken die türkischen Banner hoch über der Bresche. Zanoguerra, der Befehlshaber an dieser Stelle, führte sofort einen Gegenangriff. An seiner Seite kämpfte, das Kreuz in der einen, das Schwert in der anderen Faust, der furchtbare Fra Roberto. Er gehörte als Bruder dem Orden an und durfte daher eigentlich keine Waffen tragen. Sein Klerikergewand um die Hüfte geschürzt, stürmte er gegen den Feind und rief die Verteidiger auf, »wie Männer zu sterben und ihr Leben für den Glauben zu geben«.

Wo im Krieg einzelne noch eine solche Rolle spielten, wo *ein* Mann noch zum Sammelpunkt aller Kräfte werden konnte, da vermochte das Beispiel eines Kommandeurs wie Zanoguerra oder eines Klerikers wie Fra Roberto oft das Schlachtglück zu wenden. Zanoguerra, ein hochgewachsener Mann in glänzender Rüstung, wirkte wie die Spitze eines Speers. Die Angreifer begannen sich zurückzuziehen, und der Kampf bekam ein anderes Gesicht. Doch dann – und das war fast unvermeidlich die Kehrseite der Medaille – fiel Zanoguerra durch eine Musketenkugel. Sein Tod verursachte fast eine Panik. Die Türken ließen sofort ein Triumphgeschrei erschallen und setzten zum Gegenangriff an.

In diesem Augenblick, als der Ausgang des Treffens gänzlich ungewiß war, trug La Valettes Vorsorge ihre Früchte. Wohl wissend, daß Besatzung und Verteidigungsanlagen von Senglea nicht so stark waren wie die Birgus und St. Angelos, hatte er eine Schiffsbrücke zwischen den beiden Halbinseln bauen lassen, so daß Verstärkungen in Minutenschnelle von einer zur andern gelangen konnten. Als er bemerkte, daß der Feind seine Standarten auf der abliegenden Wallseite von Senglea aufgepflanzt hatte, schickte er augenblicklich eine starke Hilfstruppe zu der bedrohten Stellung. Die Soldaten von Senglea sahen ihre Kameraden im Laufschritt über die Schiffsbrücke eilen und faßten wieder neuen Mut. Mit Hilfe der Neuankömmlinge wurde die Lage bald gemeistert.

Gerade eben, als La Valette seine Verstärkungen ins bedrohte Senglea schickte, hielt Mustapha Pascha, der das Hin und Her der Schlacht von den Corradinos herab beobachtete, die Zeit zu seinem Meisterstreich für gekommen. Er hatte zehn große Schiffe mit 1000 Janitscharen an Bord zurückgehalten, um sie einzusetzen, wann und wo die Schlacht in eine Krise eintreten würde. Dies schien ihm ein solcher Augenblick zu sein. Er sah den Sieg schon zum Greifen nah und gab den Befehl. Ein Stabsoffizier signalisierte ihn zum Monte Sciberras hinüber. Die zehn

Schiffe hatten, die Janitscharen bereits an Bord, am Ufer gewartet; sie stießen im selben Augenblick, da sie das Signal erhielten, ab und nahmen direkten Kurs auf Senglea. Nach Mustaphas Plan sollten, während sämtliche Verteidiger am Südwall im Kampf standen, diese 1000 Mann unmittelbar hinter der Nordspitze Sengleas landen – etwas oberhalb der großen Kette, die die Einfahrt zur Bucht sperrte. Er sah, wie sie den Großen Hafen überquerten. Er sah, wie das Führerboot hinter der Landspitze von Senglea zu verschwinden begann, und lächelte im Vorgefühl des Kommenden.

Mustapha wußte nicht, daß noch ein anderer Beobachter die mit Janitscharen beladenen Boote im Auge behielt. Der Ritter de Guiral befehligte eine Batterie von fünf Geschützen, die sich fast in Höhe des Wasserspiegels unter St. Angelo befand. (Diese getarnte Batterie, welche der Aufmerksamkeit der türkischen Artilleristen und Pioniere entgangen war, sollte gegen Schiffe angesetzt werden, die versuchten, in die Bucht einzudringen.) Kaum vermochte de Guiral zu glauben, daß diese Türken tatsächlich versuchen wollten, direkt unter den Mündungen seiner Kanonen zu landen. Er gab Befehl zum Laden.

De Guirals Batterie befand sich nur 200 Meter von der Nordseite Sengleas entfernt. Langsam kamen die Boote näher, und der Ritter erkannte, daß es keinen Zweifel mehr geben konnte – sie versuchten eine Landung genau ihm gegenüber. Als die Boote alle in die Schußlinie seiner Kanonen beigedreht hatten und schön beisammen lagen, gab er den Feuerbefehl.

Kugeln und Schrapnells fegten über das Wasser. Ehe noch die Janitscharen Zeit gehabt hatten zu begreifen, daß sie unter Feuer lagen, waren sie bereits in Stücke gerissen. Auf so kurze Entfernung gab es für die überfüllten Boote kein Entkommen. Neun der zehn Boote traf bereits diese erste Salve. Die zweite besiegelte ihren Untergang. Unter dem Dröhnen und Donnern der Kanonen stiegen überall schäumende Fontänen aus dem Wasser. Die aufgepeitschten weißen Wellen zeigten an, wo Kettenkugeln und Schrapnells um die Boote herum ins Wasser prasselten. In Sekundenschnelle schlug Mustaphas Meisterplan, der den Wendepunkt des Tages bringen sollte, den Türken zum Unheil aus. Neun Schiffe waren gesunken und 800 Mann ins Wasser geschleudert. Gerade noch gelang es mit Mühe, die zehnte Schiffsladung Janitscharen über den Hafen hinweg zu den Hängen unter dem Sciberras zurückzubringen.

»An diesem Tage«, schreibt Balbi, »hat nach dem Urteil aller die Batterie des Kommandanten Guiral die Insel (Senglea) gerettet. Es kann kein Zweifel bestehen: wäre es diesen Booten gelungen, ihre Truppen an Land zu setzen, dann hätten wir uns nicht länger halten können.« Verwundete und sterbende Türken ertranken zu Hunderten in dem schmalen Wasserarm zwischen St. Angelo und der Vorbastion von Senglea. Auch von denen, die sich ans Ufer zu retten vermochten, blieb keiner am Leben. Im Gedanken an die Behandlung, die den Rittern und Soldaten von St. Elmo zuteil geworden war, machten die maltesischen Einwohner von Senglea keine Gefangenen. Daher stammt der Ausdruck (der in Malta bis zum heutigen Tag gebraucht wird) »Bezahlung für St. Elmo« für eine Tat, bei der es keine Gnade gibt.

Mustapha begriff das ganze Ausmaß der Katastrophe nicht sofort. Einige Zeit noch lief das Angriffsunternehmen weiter. Die Angreifer strömten in Booten von den Corradinos herüber und stolperten die Felsen zu den Wällen Sengleas hinauf. Hassems Algerier warfen sich weiter gegen St. Michael, und auf den Wällen kämpfte Mann gegen Mann.

»Als ein Türke das Blutbad sah, das der Ritter de Quinay unter seinen Kameraden anrichtete, stürzte er sich auf ihn – bereit zu sterben, wenn er ihn nur auch töten konnte – und schoß ihn aus kürzester Entfernung direkt durch den Kopf. Im selben Augenblick rannte ein anderer Ritter dem Türken sein Schwert durch den Leib und streckte ihn tot neben seinem Opfer hin... Unterdessen schleuderten die Malteser Einwohner, Frauen und Kinder, Steine und künstliches Feuer auf die Angreifer und schütteten große Kessel kochenden Wassers über sie.«

Der Ansturm ging noch über fünf Stunden lang weiter. Nicht einmal die sengende Mittagshitze hinderte die unaufhörlichen Angriffe zu Land und zur See gegen die böse zugerichteten Verteidigungsanlagen der Halbinsel. Erst als Hassem so schwere Verluste erlitten hatte, daß seine Leute kaum mehr zu einem Vorgehen zu bewegen waren, blies er den Angriff ab. Gegenüber 250 Toten der Christen hatten die Türken nahezu 3000 Mann verloren.

Viele hervorragende Männer fielen bei den Kämpfen dieses Tages, darunter Federigo de Toledo, der Sohn des Vizekönigs von Sizilien – der »vielversprechende junge Mann, der das Kleid des Ordens nahm« und den sein Vater als Pfand für sein Hilfsversprechen auf Malta gelassen hatte. Er hatte sich der besonderen Fürsorge des Großmeisters erfreut, sich aber während der

Hilfsaktion für Senglea, als die Verstärkungen über die Schiffsbrücke eilten, davongestohlen und sich ihnen angeschlossen. Ein Kanonenschuß streckte ihn auf den Wällen von Senglea nieder, ein Splitter von seinem Stahlküraß tötete noch einen Gefährten neben ihm. Während der gleichen Phase der Schlacht wurde Simon de Sousa, ein berühmter portugiesischer Ritter, »während er ohne Rücksicht auf seine eigene Sicherheit eilig an der Ausbesserung einer Bresche arbeitete, durch eine Kanonenkugel getötet, die ihm den Kopf abriß«.

Als die Algerier vor den Wällen von St. Michael in Unordnung zurückfielen, öffneten die Ritter das Tor. Die Besatzung stürzte in geschlossener Formation heraus und verfolgte den fliehenden Feind. Hassem bekam zu spüren, daß seine frühere Arroganz fehl am Platze gewesen war. Er hatte um einen bitteren Preis gelernt, was Mustapha bereits vor St. Elmo hatte erfahren müssen – daß es sich hier nicht um einen gewöhnlichen Gegner handelte. Hassem hatte in verantwortlicher Stellung an den großen Belagerungen der Moslems von Oran und Mers-el-Kebir teilgenommen, doch nie zuvor war ihm solch ein Widerstand der Belagerten begegnet oder solche Entschlossenheit, lieber zu sterben als nachzugeben. Sein Leutnant, Candêlissa, war knapp mit dem Leben davongekommen. Als der Rückzugsbefehl gegeben wurde, wateten Candêlissa und seine Leute stolpernd durchs flache Wasser, um die wartenden Boote zu erreichen. Übereinander lagen die Leichen im Wasser: Algerier, Türken, Franzosen, Italiener und Malteser. Als er zurückblickte, bemerkte er, daß einige seiner Leute, welche die Boote nicht mehr erreichen konnten, sich ergeben wollten.

»Keine Gnade!« riefen die Bewohner von Senglea, und »Denkt an St. Elmo!« Während Candêlissa und seine besiegten Truppen nach den Corradinos und der Marsa zurückgingen, begannen die Geschütze aufs neue mit dem Bombardement der blutgetränkten Wälle. Durch seinen Mißerfolg wütend gemacht, sorgte Mustapha dafür, daß den Verteidigern keine Zeit zur Ruhe blieb.

An diesem Abend machten sich maltesische Schwimmer eifrig im Wasser zu beiden Seiten der Halbinsel zu schaffen. Sie zogen die Leichen reich gekleideter Türken an Land und nahmen sich ihre Juwelen und Ringe, ihre verzierten Dolche und ihre Geldbörsen. »... und noch Tage danach trieben die Leichen der Getöteten im Wasser. Die hervorragenden maltesischen Schwimmer bemächtigten sich ihrer und hielten reiche Ernte.«

Im Juli stieg das Thermometer mittags auf über 35 Grad. Obwohl die Ritter, ihre Soldaten und die Malteser ebenso wie die Türken an die Sommersonne gewöhnt waren, fochten sie doch unter sehr verschiedenen Bedingungen. Die Christen waren in ihrer Bewegungsfreiheit auf kleine Festungen eingeengt, in denen mit jeder Scheibe Brot und jedem Krug Wasser sorgfältig hausgehalten werden mußte. Die Moslems dagegen konnten sich nachts in die Sicherheit ihrer Zelte zurückziehen, wo ausreichend Verpflegung und genug Wasser auf sie warteten.

Noch in einer anderen Hinsicht waren die Angreifer besser für die Sommerhitze ausgerüstet als die Ritter vom heiligen Johannes. Sie trugen weite Gewänder und waren wenig gepanzert. Ihre Bekleidung schlug ihnen zum Nachteil aus, wenn es um den Angriff auf einen Wall ging, dessen Verteidiger Brandwaffen einsetzten, aber unter gewöhnlichen Bedingungen gewährte sie ihren Trägern Kühlung und Schutz vor der Sonne. Auf der anderen Seite kann man sich schwer vorstellen, wie die Ritter das Gewicht und die Hitze unter ihren kunstvoll gearbeiteten Rüstungen ertrugen. In der Julisonne Maltas fühlt sich selbst der Sandstein heiß an.

»Es ist eines der Geheimnisse in der Geschichte der Rüstungen«, schrieb C. J. Ffoulkes, »wie es die Kreuzfahrer fertigbrachten, in dicken, gefütterten Gewändern, darüber außerordentlich schwere Kettenpanzer, unter der glühenden Sonne des Ostens zu kämpfen, denn diese Ausrüstung war so schwer anund auszuziehen, daß sie sicher oft bei Tag und Nacht getragen wurde ...« Zur Zeit der großen Belagerung von Malta waren die Ritter nicht mehr beladen mit den Kettenpanzern ihrer Vorgänger. Aber es ist immer noch kaum glaublich, daß sie lange Stunden des Kampfes im hochsommerlichen Malta aushalten konnten – das kaum weniger heiß war als Palästina und Syrien. Möglicherweise waren geschmiedete Panzer etwas kühler als die Kettenpanzer, aber es bleibt zu berücksichtigen, daß die Ritter darunter ein langes Wams aus Leder oder gestepptem Stoff trugen. Es sollte den Körper vor den Quetschungen schützen, die sonst jeder empfangene Schlag hervorgerufen hätte.

Die Insel Malta liegt südlicher als die tunesische und marokkanische Küste, südlicher als manche Städte, die für ihre große Hitze im Hochsommer bekannt sind. (Sowohl Algier wie auch Oran liegen nördlicher als Malta.) Im Juli – zu der Zeit, als der Hauptangriff gegen Senglea und Birgu begann – steigt die Mittagstemperatur gewöhnlich auf über 35 Grad; Hand in Hand geht damit oft eine Luftfeuchtigkeit bis zu 72 Prozent. (Bei dieser Hitze ist es fast unmöglich, Metall zu berühren.) Es gibt einigermaßen einen Eindruck von der Ausdauer und Widerstandskraft dieser Männer, daß sie – in der Rüstung – unter solchen Bedingungen eine sechsstündige Schlacht kämpfend durchzuhalten vermochten. Natürlich waren Hitzschläge nichts Unbekanntes. Ein Beispiel aus früherer Zeit bietet der Fall des Ritters Nicholas Upton, eines Engländers und Führers seiner »Zunge«. 1551, als Dragut wieder einmal die Insel angegriffen hatte, erlag Upton der Hitze und fiel unter einer Herzattacke tot vom Pferd. Er war, so berichtet uns der Chronist, »ein großer und sehr korpulenter Mann«.

Die Ritter des heiligen Johannes trugen während der Belagerung sehr verschiedene Arten von Rüstungen, denn um die Mitte des 16. Jahrhunderts hatte es das Waffenschmiedehandwerk zu großer Kunstfertigkeit gebracht. Ja, es hatte eigentlich schon seinen Gipfelpunkt überschritten und neigte in gewisser Weise zu übersteigerten Entwürfen parallel zur Barockkunst in Malerei und Architektur. Gegenüber früheren Arbeiten hatte es manche Verbesserungen gegeben. Ein neuer Helmtyp war in Mode gekommen, der geschlossene Helm, ein sehr guter Kopfschutz; er war mit einem beweglichen Visier ausgestattet, das je nach Wunsch des Trägers geschlossen oder geöffnet werden konnte. Manche Ritter und auch Soldaten trugen den offenen Helm, die »Salade«. Man hatte diesen fast ein Jahrhundert zuvor entwickelt, er war kühler und einem heißen Klima angemessener. Jedoch ließ die Salade das Gesicht ungeschützt und hatte dazu noch den anderen Nachteil, daß sie im Kampf Mann gegen Mann leicht vom Kopf gestoßen werden konnte. (Äußerlich war sie dem modernen amerikanischen Stahlhelm gar nicht so unähnlich.) Bei der ganz andersartigen venezianischen Salade handelte es sich um eine Weiterentwicklung des Helms, der einst von den Kriegern des klassischen Griechenlands getragen worden war. Er schützte die Nase und auch die Wangen.

Das Gewicht der Rüstung, das zunächst als ihre größte Unbequemlichkeit erscheinen könnte, war bei weitem nicht so schwer zu ertragen wie die Hitze. Eine gut passende und zusammengestellte Rüstung – und die Ritter vom heiligen Johannes gingen zu ihren Waffenschmieden wie ein wohlhabender Mann unserer Zeit zu seinem Schneider – war so konstruiert, daß ihr Gewicht sich gleichmäßig über den ganzen Körper verteilte. »Es hat sich gezeigt, daß dann, wenn alle Gelenke der beweglichen Teile, wie Ellbogen und Knie, dem Träger genau angemessen sind, das tatsächliche Metallgewicht als wenig unbequem empfunden wird, sondern so gut verteilt ist, daß eine vergleichsweise gewichtige Rüstung ohne große Beschwer getragen wird.« Der Ritter merkte kaum sehr viel von dem Gewicht, das er trug, es sei denn an der größeren Langsamkeit seiner Bewegungen. Aber trotzdem bleibt es bemerkenswert, daß er wohl bis zu 100 Pfund Rüstung getragen haben mag. (Eine Rüstung aus dem 16. Jahrhundert im Palast von La Valetta besitzt ein Gesamtgewicht von 110 Pfund; das Rückenteil wiegt 22 Pfund, der Helm allein 25 Pfund.) Eine besonders angefertigte, kugelsichere, verstärkte Brustplatte konnte bis zu 18 Pfund wiegen. Solche Brustplatten waren als Schutz gegen Musketenschüsse erprobt, boten aber trotzdem keine absolute Sicherheit gegen sie. Es wird berichtet, Zanoguerra habe eine solche Rüstung getragen, als er in der Schlacht um Senglea erschossen wurde.

Während die Ritter aus Gründen der Tradition und Konvention gepanzert in die Schlacht gingen, waren ihre Soldaten leichter gekleidet. Lederwämser oder Kettenhemden erachtete man als genügenden Schutz gegen Schwert oder Pikenstoß. Eine zu der Zeit verbreitete Art des Wamses war das sogenannte Brigantinenwams. (In der Rüstkammer von La Valetta befindet sich eines, von dem man annimmt, es habe Dragut gehört.) Diese Wämser bestanden aus kleinen Eisenplatten, die durch Messingnieten miteinander verbunden und auf Leinen oder Leder befestigt waren.

Ein leichter und eleganter Rüstungstyp, der von einigen Rittern während der Belagerung getragen wurde, hieß »Maximilian« nach dem deutschen Kaiser Maximilian. Diesem hatte sein Waffenschmied Seusenhofer die Rüstung angefertigt, nachdem der Kaiser gegen das Gewicht der damals modischen Rüstungen mit den Worten protestiert hatte: »Du sollst mich so panzern, wie ich es wünsche, denn ich muß kämpfen, nicht du ...« Der Maximilian-Panzer hatte sich während des 16. Jahrhunderts durchgesetzt, da ihm seine geriffelte Bauart eine größere Leichtigkeit verlieh, als sie der Plattenpanzer besaß. Die Riffelung gab der Rüstung eine ableitende Oberfläche, so daß jeder Schlag den eingegrabenen Rinnen entlang nach oben oder unten vom Träger wegglitt.

Was auch immer die Nachteile in einem heißen Klima sein mochten, die Rüstung gab einem Ritter im Kampf Mann gegen Mann eine bessere Überlebenschance als einem ungepanzerten Gegner. Die vergleichsweise geringen Verluste der Ritter während der großen Belagerung waren nicht ausschließlich der Tatsache zuzuschreiben, daß sie hinter Festungswällen kämpften. Den Waffenschmieden Deutschlands, Italiens, Spaniens und Englands ist es mit zu verdanken, daß sich die Ritter immer wieder an die Stellen der größten Gefahr zu begeben vermochten und doch Musketenschüsse, Schwerthiebe und Lanzenstöße überstehen konnten.

Die große Belagerung Maltas steht in einer der Übergangsperioden in der Kriegsgeschichte. Sie fand statt zu der Zeit, da der gemeine Soldat, mit Muskete oder Hakenbüchse bewaffnet, allmählich dem gepanzerten Adligen der Vergangenheit überlegen wurde. »Bei den Türken«, schreibt Jurien de la Gravière, »war zur Zeit der Belagerung von Rhodos die Hakenbüchse noch nicht eingeführt. Die Türken wurden – zu unserer Besorgnis – seit den Kriegen in Ungarn mit dieser Waffe vertraut ...« Die besten Hersteller von Feuerwaffen waren zur damaligen Zeit zweifellos die Deutschen, und aus ihren Erzeugnissen sowie aus Waffen, die sie erbeutet hatten, entwickelten die Türken ihre eigene Produktion von Handfeuerwaffen.

Während der Belagerung Maltas fiel es auf, daß die türkischen Musketiere weit bessere Ergebnisse erzielten als die der Christen. Die türkische Muskete, »sieben bis neun Handbreiten lang«, ließ sich zwar nicht so schnell laden wie die europäische, aber sie war ein Präzisionsinstrument. Auf ihr Konto ging eine große Zahl von Verlusten unter den Verteidigern.

Abgesehen von den Handfeuerwaffen waren die bei den Angriffen auf St. Elmo, Senglea und Birgu verwendeten Waffen praktisch die gleichen, wie sie sich schon jahrhundertelang im Gebrauch befanden. Immer noch gab es Schwert, Streitaxt, Pike, Hellebarde (eine Kombination von Lanze und Streitaxt) und Kriegskeule in beiden Heeren. Man kämpfte Mann gegen Mann, und die Kampfführung war daher um so furchtbarer. Außer bei einem Artilleriebombardement focht man auf kürzeste Distanz gegeneinander, mit Waffen, die seit Tausenden von Jahren nur wenig verfeinert worden waren. In Malta erreichte das Zeitalter der Religionskriege seinen Höhepunkt. Beide Seiten glaubten in dem strahlenden Himmel über sich das Paradies zu sehen, aber sie besaßen auch eine unmittelbare und sehr eingehende Vorstellung von der Hölle.

Nach dem ersten großen Ansturm auf Senglea verfuhr Mustapha mit größerer Vorsicht. Er entschied sich für dieselbe Taktik, die er vor St. Elmo angewandt hatte: die Wälle zu zerstören und die Kampfmoral der Verteidiger durch ein pausenloses Bombardement zu untergraben. Dann, sobald seine Pioniere die Verteidigungsanlagen für sturmreif hielten, wollte er das ganze Gewicht der Armee gegen beide Festungen zugleich werfen. Auf diese Weise vermochte er La Valette daran zu hindern, die eine oder andere je nach Bedarf mit frischen Truppen zu verstärken. Beide Besatzungen mußten so, allmählich von Übermüdung erschöpft, durch das Artilleriefeuer dezimiert werden und sich gezwungen sehen, alle Verteidigungsanlagen zur gleichen Zeit zu bemannen.

Gewiß, man hatte über einen Monat gebraucht, um St. Elmo zu erobern, und Senglea und Birgu – besonders letzteres – waren weit stärker. Aber Mustapha glaubte nun keinen Grund mehr zu der Befürchtung zu haben, größere Hilfsstreitkräfte könnten von Sizilien aus die Insel erreichen. Pialis Schiffe wachten nördlich von Gozo und waren bereit, den Durchbruch jeder größeren Hilfstruppe zu verhindern.

Eine andere Sache war es mit einzelnen Schiffen oder kleinen Geschwadern, und Mustapha steckte der Schreck darüber, wie leicht de Robles' 700 Mann nach Birgu gelangt waren, immer noch in den Gliedern. Er sorgte dafür, daß sich in Zukunft solche Abteilungen nicht mehr durch seine Linien schleichen und an der Kalkara-Bucht übersetzen konnten. Nur die eine kleine Landzunge dort war nicht vom türkischen Heer besetzt. Im Süden war Senglea durch das Massiv der Corradino-Höhen abgeschnitten, und der Sciberras wie die Einfahrt zum Großen Hafen befanden sich schon lange in türkischen Händen. Mustapha wies nun seine Pioniere an, Schanzen vom Monte Salvatore bis hinunter zur Kalkara-Bucht aufzuwerfen. Zugleich verstärkte er die Batterie auf dem Salvatore durch weitere sechzehn Geschütze, darunter zwei gewaltige »Basilisken«, die dreihundertpfündige Steinkugeln verschossen.

Mustapha hatte nicht vergessen, wie sehr die Eroberung von Rhodos durch Meutereien und Streitigkeiten innerhalb der Gar nison erleichtert worden war; er übersah daher auch die Bedeutung psychologischer Kriegführung nicht. Er nahm an, die Malteser empfänden wohl wenig Sympathie für die Ritter, die solches Verderben über ihre Insel gebracht hatten, und versuchte sie aufzuhetzen durch den Hinweis, wie schlecht sie doch unter ihren gegenwärtigen Herren behandelt würden. Die maltesische Sprache ähnelt dem Arabischen sehr, und die Vermutung lag nicht fern, die Malteser fühlten sich den Moslems verwandter als diesen europäischen Adligen, die sie nicht nur verachteten, sondern sie auch nicht würdigten, mit ihnen in ihrer Sprache zu sprechen. Den Maltesern wurden Freiheit und anständige Behandlung zugesichert, wenn sie den Kampf aufgäben.

Es trifft zu, daß es zwischen Maltesern und Arabern eine Verwandtschaft des Blutes und der Sprache gibt. Die Inseln hatten sich über 200 Jahre lang unter arabischer Herrschaft befunden (bis sie der Normannengraf Roger 1090 wieder zum europäischen Staatenverband brachte). Aber als Felsen, auf dem Mustaphas Hoffnungen zerschellten, erwies sich Maltas Ergebenheit gegenüber der Kirche. Wenn er ihnen nahelegte, zu desertieren oder die Waffen niederzulegen, erhielt er die Antwort, die Malteser wollten »lieber Sklaven des heiligen Johannes als Kumpane des Großtürken sein«.

Während der ganzen Belagerung von Senglea und Birgu wird von nur einem Mann berichtet, der bereit war, die vom Feinde angebotenen Bedingungen anzunehmen. Es handelte sich um einen einfachen italienischen Soldaten, der mit de Robles' Entsatztruppe zur Festungsbesatzung gestoßen war. Als Mustaphas Abgesandter damals zu La Valette gekommen war und die Nachricht von den angebotenen Bedingungen umlief, äußerte dieser Unglückselige allzu voreilig, er glaube, daß es keine Hoffnung mehr gebe und die Bedingungen angenommen werden sollten. Der Festungskommandant wußte, wie ansteckend Feigheit ist, ließ ihn hinaus auf die Wälle führen und aufhängen.

Piali erhielt nun den Befehl über die Operationen gegen Birgu. Mustapha leitete den Angriff auf Senglea und St. Michael. Candêlissa, der Leutnant des in Ungnade gefallenen Hassem, bekam das Kommando über die Flotte, die bei Tag und Nacht vor der Einfahrt zum Großen Hafen kreuzte. Neben anderen neuen Dispositionen befahl Mustapha auch, eine weitere große Batterie auf Bighi, der kurzen, breiten Halbinsel nördlich Birgu, in Stellung zu bringen. Von Norden und Süden sowie von Osten, von Land her, lagen die Festungen unter gewaltigem Feuer. »Ein Stein- und Metallsturm ging auf die Häuser nieder und legte sie, obwohl sie aus Stein gebaut waren, bald in Trümmer...« Der Abschnitt der Kastilier, die große landseitige Bastion am Ausgang von Birgu, hatte die Hauptlast des Bombardements zu tragen. Während der letzten Juniwoche ließen die türkischen Kanoniere keine Atempause eintreten. »Den ganzen Tag und sogar die ganze Nacht hindurch«, schreibt Balbi, »setzte der Feind ununterbrochen sein Feuer fort...«

Zum Schutz der Einwohner Birgus ließ La Valette hohe Deckungswälle aus festem Mauerwerk quer über die Straßen bauen. Vielleicht in dem Gedanken, die Türken würden ihre muslimischen Glaubensgenossen schonen, befahl er, diese Arbeit solle von Sklaven ausgeführt werden. Aber wenn der Großmeister bereit gewesen war, seine eigenen Mitbrüder in St. Elmo zu opfern, erwies sich der Türke als nicht weniger rücksichtslos. Sobald die Sklaventrupps darangingen, diese neuen Deckungswälle zu errichten, gerieten sie unter böses Feuer. Von den Peitschen der Aufseher an die Arbeit getrieben, fielen sie zu Hunderten. Selbst Angehörige der Besatzung bewegte ihre schlimme Lage. Balbi berichtet, über 500 seien bei dieser Arbeit getötet worden, und nennt sie »diese armen Kreaturen«. Einige von ihnen, die versuchten, gegen das von ihnen Verlangte zu meutern, wurden mit dem Tode bestraft. »Nur durch diese sehr strenge, ja wirklich grausame Behandlung«, schreibt W. H. Prescott, »konnten die unglückseligen Menschen dazu gebracht werden, ihre Arbeiten wiederaufzunehmen.« Jedem, der mangelnde Einsatzbereitschaft erkennen ließ, schnitt man die Ohren ab.

In der Voraussicht, daß Birgu auch von See her angegriffen werden könnte, verstärkte La Valette die Verteidigungsanlagen auf den Felsen am Dorfrand nach der Kalkara-Bucht zu. Wie bei Senglea war er entschlossen, auch hier dem Gegner das Vordringen bis zu den Wällen so schwer wie möglich zu machen. Mit Steinen beladene Barken wurden vor dem Ufer versenkt und durch schwere Ketten von den Ordensgaleeren miteinander verbunden.

Inzwischen war der erste Tag des August gekommen. Immer noch zeigte sich nichts von der größeren Entsatztruppe, die man den Verteidigern für einen nun über einen Monat zurückliegenden Zeitpunkt versprochen hatte. Es wurde offenbar, daß die Türken vor dem Eintreffen irgendwelcher Hilfe Zeit genug haben würden, den Angriff mit dem vollen Gewicht ihrer Armee zu führen. Schon jetzt ließ die Lage in Birgu und Senglea den Großmeister von Stunde zu Stunde einen breit angelegten Angriff erwarten.

Er kam am 2. August. Kurz vor Morgengrauen begann der Feind vorzurücken, und beim ersten Frühlicht setzte das vorbereitende Bombardement ein. Alle Batterien eröffneten zugleich das Feuer, und die hinter den Festungen liegenden Hügel und Anhöhen spuckten Flammen. »Der Lärm war so groß, daß die Einwohner von Syrakus und Catania – das eine 100, das andere 140 Kilometer von Malta entfernt – ihn vernehmen konnten wie entferntes Donnergrollen.« Allein vom Monte Salvatore aus eröffneten 38 Geschütze das Feuer, 26 von ihnen waren auf die Bastion Kastiliens gerichtet, acht gegen die Stellungen der Ritter aus der Auvergne und Deutschland und vier gegen St. Angelo. Letzteres wurde auch von den Batterien auf dem Galgenplatz, dem Monte Sciberras und im eroberten St. Elmo beschossen. Von den Corradino-Höhen aus begann eine ähnlich große Anzahl von Geschützen mit der Kanonade gegen Senglea und sein Fort, St. Michael. »Es schien, als seien die beiden Halbinseln wie zwei neue rauchende Vulkane der See entstiegen, die eine ein Vesuv, die andere ein Ätna.«

Es war bei weitem das bisher schwerste Bombardement der Belagerung, und es muß dem türkischen Oberbefehlshaber als ganz unmöglich erschienen sein, daß in diesen beiden zerbrökkelnden Forts auf den Landzungen ein Mensch leben oder gar kämpfen könne. Es herrschte strahlendes Wetter, der Himmel war wolkenlos, die ganze Insel flimmerte unter der Sonne. Von jeder Anhöhe und jedem Abhang herab stürmten die Türken wie ein Orkan gegen die Wälle der beiden Festungen. Aber auch nach sechsstündigem ununterbrochenem Ansturm hielten die Christen aus. Fünfmal wurden die Türken vor der Bastion von St. Michael zurückgetrieben. Mehr als einmal hatten sie sich bereits in einer Mauerbresche festgesetzt, nur um durch einen wilden Gegenangriff wieder hinuntergeschleudert zu werden. Widerstrebend befahl der Pascha seinen Truppen am frühen Nachmittag den Rückzug.

Stundenlang noch hing der Rauch in der trägen Sommerluft. Erst als gegen Sonnenuntergang eine schwache Meeresbrise aufkam, erblickte Mustapha die Wälle seines Gegners wieder. Immer noch wehte über den von Granaten zerrissenen Dörfern Senglea und Birgu das Banner des heiligen Johannes. Die Verluste unter den Angreifern waren schwer gewesen. Mustapha beschloß, seinen beiden Zielen ein weiteres fünftägiges ununterbrochenes Bombardement angedeihen zu lassen.

Während jener Tage war in den Festungen kein Platz für auch nur eine einzige untätige Hand. Männer, Frauen und Kinder arbeiteten Seite an Seite, machten die Breschen wieder dicht, bauten die Deckungsmauern in den Straßen wieder auf, richteten Brandwaffen her und reparierten die Schäden an Geschützen und Waffen. In dieser kurzen Pause zwischen zwei Angriffen gelang es La Valette, eine weitere Botschaft an den Vizekönig in Sizilien zu schicken. Es war den Maltesern, die als Kuriere eingesetzt wurden, zu verdanken, daß trotz der Einschließung der beiden Halbinseln noch Botschaften durchkamen. Die maltesischen Kuriere waren von klein auf mit jedem Winkel ihrer Insel vertraut, und so gelang es ihnen immer wieder, durch die feindlichen Linien nach Mdina zu gelangen. Von dort aus wurde die Meldung in den Norden der Insel und nach Gozo weitergegeben, wo sie Fischer aus kleinen Dörfern wie Marsalforn übernahmen. Sie fuhren bei Nacht in ihren kleinen offenen Booten ab und schlichen sich zunächst ostwärts, um Pialis Patrouillengeschwader zu vermeiden. Nach Tagesanbruch änderten sie dann den Kurs, und die Boote gelangten unter Segel und Ruder nach Kap Passaro an der Südspitze Siziliens. Seemännische Fähigkeiten und Mut dieser Männer waren hervorragend. Jeder von ihnen wußte, wenn ihn die Türken gefangennähmen, würde er unter die Folter oder, bestenfalls, sofort auf die Ruderbank der Galeerensklaven kommen. Aber nirgends wird uns aus der Belagerungszeit berichtet, auch nur eine Botschaft La Valettes habe ihr Ziel nicht erreicht.

Am 7. August, nach weiteren fünf Tagen intensiven Bombardements, wurden die Angriffe wieder aufgenommen. Als der Tag anbrach, mag selbst den tapfersten Verteidigern der Mut gesunken sein. Von welcher Bastion oder Schießscharte aus sie auch Ausschau hielten, sie konnten überall nur Feinde und die Standarten des Großtürken sehen. Sie waren umgeben von Geschützen und sahen sich aus jeder Himmelsrichtung unter Feuer genommen. Als der Kanonendonner abbrach, begann der Angriff gleichzeitig gegen Birgu und Senglea. Pialis Truppen strömten über den Graben vor den Wällen der Kastilier, den die Mauertrümmer zur Hälfte aufgefüllt hatten.

Sie brachen vor in die gähnende, durch das Nachgeben ganzer Teile des Hauptwalles entstandene Bresche. Siegesdurstig brandeten sie hinein in das, was unverteidigter offener Raum zu sein schien, und sahen sich alsbald einem weiteren, inneren Wall gegenüber. Dieser Wall war unter La Valettes Aufsicht gebaut worden und lief um die ganze dem Lande zugewandte Seite Birgus, so daß der Feind, selbst wenn der Hauptwall zerstört war, sich nun erst recht in einer Falle befand. Die Truppen, die durch die große Bresche hereingeströmt waren, gerieten jetzt in ein vernichtendes Feuer der Besatzung. In dem schmalen Gang zwischen den beiden Wällen gefangen und unfähig, sich wieder zurückzuziehen, weil die nachdrängenden Massen sie erbarmungslos nach vorne schoben, wurden sie zu Hunderten niedergemacht.

Die Verteidiger warteten, bis sie sahen, daß die Angreifer zu wanken begannen; dann gingen sie ihrerseits zur Attacke über. Die Schwerter in der Faust, sprangen sie von ihren Brustwehren und verwandelten die Unentschlossenheit der Türken in wilde Flucht. Die Feinde hatten beim ersten Vorgehen gegen die Bresche durch das Geschützfeuer schwere Verluste erlitten, und als sie sich erst zwischen den Wällen befanden, wüteten Musketen und Brandwaffen unter ihnen. Jetzt, da sie sich umwandten und über den vom Blut ihrer Kameraden schlüpfrigen Boden flohen, wurden sie vollends zusammenkartätscht.

Der Angriff auf Birgu, der zuerst Aussichten auf einen Sieg zu bieten schien, wurde schließlich zu einer Katastrophe. Mit Bitterkeit sah Piali zu, wie seine Truppen von den Wällen zurücktaumelten und rannten, um die Sicherheit der eigenen Linien zu erreichen. Die Ritter begingen nicht den Fehler, mit ihren Truppen die Fliehenden zu verfolgen. Sie zogen sich sofort zurück und machten sich mit der übrigen Besatzung daran, die Bresche wieder zu schließen.

Inzwischen hatten Mustaphas Truppen, die St. Michael in Senglea angriffen, einen Teil des Walles gestürmt und besaßen einen Brückenkopf in der Zitadelle. Allmählich begann sich ihr zahlenmäßiges Übergewicht bemerkbar zu machen. In diesem Augenblick schien sich Mustaphas Taktik, beide Forts zugleich angreifen zu lassen, als erfolgreich zu erweisen. Der Großmeister vermochte nur mit Bestürzung die flatternde Reihe türkischer Fahnen den Wällen von St. Michael entlang zu sehen. Er konnte auch nicht einen Mann seiner eigenen hartbedrängten Besatzung abziehen und ihnen zu Hilfe schicken.

Der türkische Oberbefehlshaber gehörte ebenfalls zu jenen unglaublichen alten Kriegern, wie es Dragut und La Valette

waren. Als er sah, daß der Augenblick für einen Entscheidungs-
schlag gekommen war, ging er vor an die Spitze seiner Leibgarde. Mit seinen siebzig Jahren »sah man ihn überall zugleich,
das Schwert in der Faust, seine Gefolgsleute mit Versprechen
von Belohnung und Beute anfeuernd ...« Unter den Augen des
Pascha kamen jetzt die Janitscharen zum letzten Sturm heran.

Die Besatzung von St. Michael wurde ständig zurückgedrängt. Die Soldaten blickten hoffnungslos über das Wasser,
um zu sehen, ob Hilfe unterwegs sei. Aber in diesem Augenblick waren die Männer in Birgu völlig damit beschäftigt, den
Feind von ihrem eigenen zertrümmerten Wall zurückzutreiben.
Es blieb ihnen keine Möglichkeit, ihren Brüdern auf der anderen Seite der Bucht auch nur einen Gedanken zu schenken.
Mustaphas Sieg schien unmittelbar bevorzustehen.

Plötzlich geschah das Unglaubliche. Hell über dem Lärm der
Schlacht vernahmen die Türken das Signal zum Rückzug. Ihre
Offiziere und Unteroffiziere gaben den Befehl weiter: »Zurück!
Zurück!« Es war ebenso schwer, die Janitscharen zurückzurufen wie ein Rudel Wolfshunde. Senglea befand sich zum Greifen
nahe vor ihnen. Nur sehr widerwillig und zögernd und nur auf
Befehl ihres neuen Aga gaben sie den eroberten Boden wieder
auf. Der Wall, auf dem nur wenige Minuten zuvor noch die
Moslembanner geweht hatten, war plötzlich verlassen. Zur Ver-
blüffung der Christen begann sich der Feind gerade in dem
Zeitpunkt zurückzuziehen, als sie geglaubt hatten, nicht mehr
länger Widerstand leisten zu können. La Valette, der im Begriff
gewesen war, eine Handvoll seiner eigenen Soldaten von Birgu
hinüberzuschicken, war ebenso erstaunt wie alle anderen. Was
konnte Mustapha veranlaßt haben, seine Truppen in einem solchen Augenblick zurückzurufen? Und warum strömten sie alle
davon, am Ende der französischen Bucht, an den Corradinos
vorbei, in Richtung auf die Marsa? Einen Moment lang müssen
der Großmeister und viele andere gedacht haben, das Unglaubliche sei geschehen – Don Garcia de Toledo sei es gelungen, mit
einer großen Hilfstruppe zu landen.

Das war in der Tat die Meldung, die Mustapha erhalten hatte.
Ein Reiter war mit verhängten Zügeln vom türkischen Lager in
der Marsa herübergesprengt und hatte berichtet, eine große
christliche Streitmacht sei über das Feldlager hergefallen und
lasse alles über die Klinge springen. Es gab aber, außerhalb der
belagerten Garnisonen, keine große christliche Streitmacht in
Malta. Mustapha mußte annehmen, daß ihn die Entsatztruppe

aus Sizilien im Rücken gepackt habe. Durch die Aussicht auf den Verlust seiner Basis und eine Unterbrechung seiner Verbindungslinien alarmiert, hatte er sofort Befehl zum Rückzug gegeben.

Als er die Marsa erreichte, erwartete ihn ein grausamer und blutiger Anblick. Tote und Sterbende lagen in Haufen zwischen niedergerissenen Zelten, blessierten Pferden und brennenden Vorräten. Das ausgedehnte Lager, voller türkischer Kranker und Verwundeter, war überfallen und praktisch vernichtet worden. Da alle anderen Truppen abwesend waren, vor Senglea und Birgu kämpften, hatte man keinen Widerstand leisten können. Dort lagen die Toten, dort das zerstörte Lager, aber von einer großen christlichen Streitmacht war absolut nichts zu sehen.

Als Mustapha die Wahrheit erfuhr, kannte seine Wut keine Grenzen. Er vergaß die Toten zu seinen Füßen und dachte nur noch an den Sieg, den man seinen Händen entrissen hatte.

Folgendes war geschehen. In der Morgenfrühe dieses Tages hatte der Ritter Mesquita, Kommandant von Mdina, das wütende Bombardement gehört und richtig vermutet, das könne nur einen weiteren großen Angriff gegen die beiden Festungen bedeuten. In der Annahme – die sich als richtig erwies –, daß das türkische Lager nur leicht bewacht sein würde, hatte er seine gesamte Kavalleriestreitmacht unter dem Befehl des Chevalier de Lugny auf die Marsa angesetzt. De Lugny hatte seine Truppen die felsige Anhöhe, auf der Mdina liegt, hinabgeführt, dabei stets den Rauch und die Wolken beobachtet, die über dem Großen Hafen hingen, und darauf vertraut, daß er an einem Tag wie diesem auf keine türkischen Patrouillen treffen würde. Er hatte einen Bogen geschlagen, bis er sich südlich der Marsa befand, und dann seine Kundschafter vorgeschickt. Sie hatten berichtet, das türkische Lager sei, abgesehen von einigen Posten, unbewacht. De Lugny brachte seine Kavallerie in Angriffsposition.

Sie kamen die Hänge über der Marsa herab wie Rachegeister. Im ersten Anlauf überwältigten sie die Posten. Dann war die Kavallerie zwischen den Zelten, in denen es nur Kranke und Verwundete gab und die wenigen Sklaven, die sie pflegten. Die Zeltleinen wurden gekappt und Seide und Leinwand in Brand gesetzt, Lebensmittel- und Materialvorräte vernichtet. Die grasenden Pferde tötete man, schnitt ihnen die Sehnen durch oder führte sie mit nach Mdina. Die Türken wurden, wehrlos wie sie waren, in ihrem zerstörten Lager umgebracht. Es war ein Massaker.

Während seine Truppen zurückströmten, um ihre Stellungen hinter den Festungen wieder einzunehmen, blieb Mustapha genügend Zeit, sein Lager zu überblicken und bei den Leichen der Gefallenen zu verweilen. Er raufte sich den Bart und schwur Rache: »Bei den Gebeinen meiner Väter – möge Allah ihre Gräber erleuchten! – schwöre ich: Wenn ich diese Zitadellen erobere, werde ich niemanden schonen. Alle werde ich über die Klinge springen lassen. Nur ihren Großmeister will ich lebend fangen. Nur ihn werde ich in Ketten abführen – auf daß er vor dem Sultan auf die Knie falle!«

Inmitten der Befestigungswerke von Fort St. Angelo konferierte der Großmeister mit Sir Oliver Starkey. Draußen ging die Kanonade pausenlos weiter. Feiner Sandsteinstaub rieselte von der Decke, wenn die Kanonen von St. Angelos Cavalier-Bastion zurückfeuerten. La Valette hatte eben die Antwort auf seine letzte Botschaft an Garcia de Toledo erhalten.

Sir Oliver befand sich in diesen schweren Tagen ständig an La Valettes Seite. Dem Großmeister war die Gemeinschaft mit diesem Letzten der englischen Provinz eine große Stärkung. Als sein lateinischer Sekretär war Starkey verantwortlich für die Formulierung der Botschaften und beriet ihn vor seinen Reden im Großen Rat. Im Augenblick überlegten er und der Großmeister, was man auf des Vizekönigs letztes Schreiben hin unternehmen sollte. Es war kurz und präzise. Noch vor Ende August, so versprach Don Garcia, werde er mit einem Heer von 16000 Mann Malta zu Hilfe kommen.

»Wir können uns auf des Vizekönigs Versprechungen nicht mehr verlassen«, sagte La Valette. »Wenn der Rat heute abend zusammentritt, muß ihm mitgeteilt werden, daß es keine Hoffnung auf eine Entsatztruppe mehr gibt. Nur wir selber können uns helfen.«

Seit dem letzten Doppelangriff auf Birgu und Senglea waren mehrere Tage verstrichen, und die Türken hatten zu Lande nichts mehr unternommen. Es war offenbar, daß sich Mustapha dafür entschieden hatte, die Verteidigungsanlagen zunächst noch mehr zu zermürben, ehe er weitere Massenangriffe versuchte. Seine Verluste waren furchtbar gewesen, über 10000 Mann waren seit der ersten Landung bereits gefallen oder verwundet worden, und er konnte nichts dafür vorweisen als das kleine, in Trümmern liegende Fort St. Elmo.

Innerhalb der Festungsmauern war die Lage nicht weniger verzweifelt. Das Hospital lag bis oben hin voller Verwundeter. Kaum gab es einen Mann, eine Frau oder ein Kind, die nicht eine Wunde oder sonst einen Schaden davongetragen hatten. Während das türkische Heer seine Kampfstärke und Kampfmoral in der relativen Sicherheit der Schanzen wiederherstellen konnte, gab es für die Verteidiger niemals eine Atempause. Hinter ihren wankenden Wällen und in den Ruinen ihrer Häuser arbeiteten sie Tag und Nacht, um die langsam zerfallenden Anlagen ihrer Festungswerke nach Möglichkeit instand zu halten. Nur ihr Mut und ihr Glaube hielten sie aufrecht.

In dieser Nacht trat der Sacro Consiglio zusammen. Die Versammelten wußten, daß ein Kurier mit einer Botschaft aus Sizilien eingetroffen war, und hofften auf gute Nachricht. Der Großmeister verlor keine Zeit und beschönigte in seiner Rede nichts.

»Ich will euch, meine Brüder, jetzt offen mitteilen«, sagte er, »daß wir auf nichts anderes hoffen können als auf die Hilfe des allmächtigen Gottes – die einzige wahre Hilfe. Er, der uns bis jetzt bewahrt hat, wird uns nicht verlassen noch in die Hand der Feinde unseres heiligen Glaubens geben.«

Die Priore und Konventkomture, die Großkreuzritter und die Vorsteher der Ordensprovinzen neigten die Häupter. Sie wußten nun, daß Don Garcia sie im Stich gelassen hatte.

»Meine Brüder«, fuhr La Valette fort, »wir alle sind Diener unseres Herrn, und ich weiß wohl, daß ihr, wenn ich und alle, die den Befehl führen, fallen sollten, weiter für die Freiheit, für die Ehre unseres Ordens und für unsere heilige Kirche kämpfen werdet. Wir sind Soldaten, und wir werden kämpfend sterben. Und wenn, durch ein böses Geschick, der Feind über uns Herr werden sollte...« Er hielt inne. »Wir können keine bessere Behandlung erwarten, als sie unseren Brüdern in St. Elmo zuteil wurde.«

Seine letzten Worte enthielten den Kern dessen, was er zu sagen hatte: »Laßt keinen eurer Männer auf den Gedanken kommen, wir hätten irgendeine Aussicht auf ehrenvolle Behandlung oder darauf, mit dem Leben davonzukommen. Wenn wir geschlagen werden, wird man uns alle töten. Es ist besser, in der Schlacht zu sterben als auf schreckliche und schändliche Weise von der Hand der Sieger.«

Als die Mitglieder des Rates auseinandergegangen waren, trug der Großmeister Sorge dafür, daß seine Rede allen Soldaten der beiden Garnisonen bekanntgegeben wurde. »Und von diesem Augenblick an«, schreibt Balbi (der die Worte des Großmeisters hörte, da er unter den Verteidigern von St. Michael stand), »wurde von Entsatztruppen nicht mehr gesprochen. Von da an war jeder Mann entschlossen, lieber zu sterben, als lebend in die Hände der Türken zu fallen. Wir wollten unser Leben so teuer wie möglich verkaufen.«

La Valette machte nun von einer Waffe Gebrauch, die nach seiner Überzeugung nicht nur die Moral der Ordensritter, sondern auch die der Malteser stärken würde. Papst Pius IV., Giovanni Angelo Medici, hatte kürzlich eine Bulle erlassen, die allen, die im Krieg gegen die Moslems fielen, einen vollkommenen Ablaß gewährte. Diese große Belagerung war eben eine solche Gelegenheit, da jeder Mann und jede Frau damit rechnen mußte, für den Glauben ihr Leben zu verlieren. Sie besaßen daher Anrecht auf eine volle Vergebung aller ihrer Sünden. Als dies bekanntgegeben wurde, »wußte jeder Mann und jede Frau, welche das Alter der Unterscheidung erreicht hatten, sofort die Bedeutung des Gesagten richtig einzuschätzen. Mit größter Ergebenheit, in der festen Hoffnung und im festen Glauben, daß sie in die Herrlichkeit aufgenommen würden, beschlossen sie, für die gute Sache zu sterben.«

Als der Großmeister so ausdrücklich bekanntgab, er habe keine Hoffnung auf eine Entsatzarmee aus Sizilien, kann er nicht gewußt haben, wie sehr diese Feststellung zutraf. Er muß immer noch geglaubt haben, seine Abgesandten in Messina und die anderen Ritter in Europa, aber auch Don Garcias politischer Instinkt würden nicht zulassen, daß Malta fiele. Tatsache jedoch ist, daß im Verlaufe der Besprechungen, die zu jener Zeit am Hof des Vizekönigs stattfanden, im Ernst vorgeschlagen wurde, Malta seinem Schicksal zu überlassen. »Die Ritter waren keine Untergebenen Philipps II. Während des Kampfes um Rhodos hatte ihnen kein europäischer Monarch Hilfe geleistet, warum sollte es der spanische König jetzt tun?«

Um diesen Argumenten zu begegnen, erinnerte die für den Orden eintretende Partei Don Garcia alsbald daran, daß Malta ein spanisches Geschenk an die Ritter gewesen war und daß diese nie versäumt hätten, ihre Lehenspflichten zu erfüllen. »Außerdem mußte schon der gesunde Menschenverstand fragen: Was geschähe mit Sizilien, wenn Malta fiele? Wie lang konnte der Vizekönig seine Küsten verteidigen, wenn die gesamte türkische Flotte in den unschätzbar wertvollen Häfen zu beiden Seiten des zerstörten St. Elmo erst eine Basis besäß? Wenn die Fahne des Großtürken erst einmal über Malta wehte, würde es nicht mehr lange dauern, bis seine Schiffe Sizilien und Süditalien blockierten. ›War es je vorgekommen‹, fragten sie die Zauderer, ›daß der Sultan sich mit dem Umfang seines Territoriums zufriedengegeben hatte?‹ Er bedrohte sie von Norden her, wo sich Belgrad und Budapest in seiner Hand befanden.

Auch hatte er ein Defensivbündnis mit den Feinden der Spanier, den Franzosen, geschlossen. Wenn er Malta besetzte, konnte man dann auch nur einen Augenblick erwarten, dieser ›unfruchtbare Felsen‹ werde die Grenze seiner territorialen Forderungen sein? Malta war doch nur ein Sprungbrett.«

Glücklicherweise erwies sich am Ende die Logik dieses Argumentes als stärker. Die zögernde Politik Don Garcias, der natürlich darauf achten mußte, daß er nicht seine Flotte und sein Heer bei der Verteidigung eines Gebietes verlor, das genaugenommen nicht seinem Herrn gehörte, neigte sich schließlich der Auffassung zu, es müsse schnell etwas getan werden. Der Vizekönig hatte die Angelegenheit immer wieder aufgeschoben in der Hoffnung, es werde sich schon irgendwie von selbst eine Lösung finden. Er hatte eine kleine Verstärkungstruppe geschickt, die durchgekommen war – trotz seiner ausdrücklichen Befehle, nicht zu landen, wenn St. Elmo gefallen sei. Er hatte eine weitere kleine Streitmacht auf zwei Galeeren gesandt, der es nicht gelungen war, an Land zu gehen. Jetzt mußte er, wenn die Insel und damit das ihm anvertraute Sizilien gerettet werden sollten, alle Kräfte anspannen und noch innerhalb dieses Monats Hilfe schicken. Doch stand man bereits in der zweiten Augustwoche, und eine dilatorische Politik kann nicht von heute auf morgen auf Gegenkurs gebracht werden. Soweit hatte La Valette nicht ganz unrecht gehabt mit seiner Annahme, der Orden könne einzig und allein durch eigene Anstrengung gerettet werden.

In diesen dunklen Tagen zahlten sich die Vorsorge und Vorausplanung des Großmeisters, seines Sekretärs und des Großen Rates aus. Die Anlage von Material-, Wasser- und Lebensmittelvorräten, deren Umfang man, lange bevor ein Türke den Fuß auf Malta setzte, bestimmt hatte, erwies sich als ausgezeichnet durchdacht. Zu keinem Zeitpunkt drohte – obwohl Nahrungsmittel knapp waren – eine wirkliche Hungersnot, dieser entscheidende Faktor bei vielen Belagerungen. Zu keinem Zeitpunkt schwächte die Verteidiger einer Insel, auf der es bekanntermaßen wenig Wasser gab, der schlimmste aller Feinde, der Durst. Brandwaffen, Brandgranaten, Feuerreifen und Geschützmunition – alles war in ausreichender Menge vorhanden. Auch den nebensächlichen Vorkehrungen hatte man viel Sorgfalt zugewandt. Mit Seewasser gefüllte Fässer standen entlang den ganzen Wällen, so daß vom Griechischen Feuer versengte Männer sofort hineintauchen konnten. Krüge voll verdünnten

Weins und Körbe mit Brot wurden an den Hauptpunkten der Verteidigungsanlagen stets bereitgehalten, so daß die Soldaten Speise und Trank erhalten konnten, ohne ihre Posten zu verlassen.

Um diesen ständigen Nachschub an Verpflegung, aber auch an Waffen und Munition aufrechtzuerhalten, arbeiteten die Frauen und Kinder von Birgu Tag und Nacht. Wenn sie auch keine Waffen zu tragen vermochten, konnten sie doch als Nachschubtruppe dienen. Bei den schweren Angriffen, wenn die Soldaten die Geschütze bedienten, unterstützten die Einwohner Maltas sie auf den Wällen – schleuderten Felsblöcke auf die Angreifer und leerten Kessel kochenden Wassers über die heraufkletternden Türken. Wenn die Verteidigung der beiden Festungen ein Wunder an Mut darstellte, so offenbarte sie sie nicht minder La Valettes sorgfältige Vorbereitungen. »Hätte man alle diese klugen Vorsichtsmaßregeln nicht getroffen«, schrieb Balbi, »so wäre einer so schwachen Besatzung wie der unseren keine Chance geblieben, einem derart wütenden und hartnäckigen Angriff einer so großen Armee Widerstand zu leisten.«

Der Großmeister schickte unverzüglich an Don Garcia de Toledo eine Antwort zurück. »Die Befestigungen der Insel«, schrieb er, »befinden sich im Zustand völliger Zerstörung. Ich habe während vieler Angriffe die Blüte und Elite meiner Ritter verloren. Von den Übriggebliebenen sind die meisten verwundet oder befinden sich krank im Hospital. Sendet mir wenigstens die beiden Ordensgaleeren, die sich nun in Messina befinden, zusammen mit allen den anderen Rittern aus entfernter gelegenen Nationen, welche inzwischen eingetroffen sind, um uns zu helfen. Es wäre nicht gerecht, einen Teil des Ordens zu schonen, wenn die ganze Gemeinschaft fast unweigerlich untergehen wird.«

Er dachte dabei vielleicht an jene Mitglieder der deutschen »Zunge«, die anfänglich nicht in so großer Zahl hatten zum Verteidigungskampf kommen können, weil ihre Güter weiter von Malta entfernt lagen. Tatsächlich stellten die Franzosen, die Italiener und die Spanier – in dieser Reihenfolge – den größeren Teil der bei der Belagerung kämpfenden Ritter.

Mustaphas nächster Schlag sollte auf die von Spaniern gehaltene kastilische Bastion fallen.

Zum ersten Mal seit Beginn der Belagerung trieben die Türken Minenstollen unter die Verteidigungsanlagen vor. Bei St. Elmo hatten sie das nicht tun können wegen des harten Felsens, auf den das Fort gebaut war. Jetzt hatten sie herausgefunden, daß es gerade eben möglich war, auf der Landseite des Wallgrabens von Birgu einen Minengang in den Boden zu treiben. Geübte Sappeurtrupps arbeiteten geschäftig Tag und Nacht, und die Verteidiger von Birgu vermochten – wenn sie niederknieten und die Ohren auf die Erde legten – das unheilverkündende Hämmern der Arbeiter am Kopf des Stollens zu vernehmen, die in ihrer Richtung vorstießen. Durch solche Technik mehr als durch das Artilleriefeuer hatten die Türken Rhodos genommen. Jetzt versuchten sie ihren Erfolg zu wiederholen.

In der brennenden Sommerhitze und in dem staubtrockenen Sandstein, der während des August vor Hitze zu glühen scheint, werkten die Arbeitstrupps, die Oberkörper nackt, mit Picke und Schaufel; sie gruben ihren Stollen unter dem Wallgraben hindurch und planten, die Sprengladungen gerade unter der kastilischen Bastion anzubringen. Die Aufgabe war unvorstellbar schwierig, und selbst die besonders ausgebildeten ägyptischen Ingenieure sahen sich vor nahezu unlösbaren Problemen. Auf Malta ist der Erdboden höchstens zwei Meter tief. Darunter liegt Sand- und Kalkstein, Materialien, die im Steinbruch leicht abzubauen sind. Aber in kurzer Zeit einen Tunnel hindurchzuführen, ist schwer.

Während die Sappeure unter der Erde arbeiteten, feuerten die Batterien auf dem Monte Salvatore und auf der gegenüberliegenden Seite der Kalkara-Bucht weiter pausenlos auf die bedrohte Stellung. Selbst wenn die Posten sich bei Nacht auf den Boden legten und versuchten, die Geräusche der Minenarbeiter abzuhören, waren ihnen die Ohren taub vom ewigen Rumpeln und Dröhnen massiver Stein- und Eisenkugeln, die auf ihre nachgebenden Wälle einhämmerten.

Mustapha plante, die Mine unter der kastilischen Bastion im gleichen Augenblick explodieren zu lassen, da er einen Generalangriff auf Senglea ansetzte. Bevor er seine Mine zündete, wollte er die Bastion der Kastilier nicht mehr angreifen, in der

Hoffnung, die Besatzung würde nur Senglea für gefährdet halten. Wenn seine Kriegslist Erfolg hatte, würde ein Teil der Besatzung Birgus über die Schiffsbrücke gehen, um den Kameraden im bedrohten Senglea Verstärkung zu bringen. Im Augenblick, da die Mine hochging, wollte er die kastilische Bastion stürmen und die unvorbereitete Besatzung überwältigen. Während Mustapha auf die Vollendung der Minenarbeiten wartete, ließ er eine große Belagerungsmaschine bauen – eine Art Turm, der eine schwere Zugbrücke trug. Vorrichtungen dieser Art befanden sich bei Belagerungen allgemein in Gebrauch, sie erlaubten den Angreifern, unmittelbar unter die Wälle vorzudringen, dann den Turm zu besteigen, die Zugbrücke herunterzulassen und über die Wälle auszuschwärmen. Mustapha wollte diese Maschine sofort nach der Explosion der Mine gegen die kastilische Bastion ansetzen. Während seine Männer durch die erwartete Bresche im Wall strömten, sollte der Turm in einem anderen Abschnitt dessen, was von der Brustwehr noch übrig war, seine Ladung von Sturmtruppen absetzen.

Während dieser Belagerungsperiode berichtet Balbis Tagebuch mit grimmiger Monotonie: »... und während des ganzen Tages und der ganzen Nacht feuerten die Geschütze des Feindes pausenlos.« Eben diese ungeheure Wucht der türkischen Feuerkraft macht die Belagerung Maltas vor allen anderen denkwürdig. Als sie Rhodos belagerten, hatten die Türken eine sogar noch größere Armee, fast 100000 Mann, gegen die Ritter aufgestellt. Aber wie der Ritter Anne de Montmorency in einer Unterhaltung mit Karl X. und Katharina von Medici später bemerkte, »... ihre Artillerie war weit stärker auf Malta als auf Rhodos, wo sie mehr ihre Minentechnik als ihr Geschützfeuer einsetzten. In Malta wurden vom Feind über 70000 Kanonenschüsse während der Belagerung abgegeben.«

Bei dieser Gelegenheit fragte Katharina von Medici: »War es wirklich die größte Belagerung? Größer selbst als die von Rhodos?«

Die Antwort gab der Kommandant de la Roche von der französischen Provinz: »Ja, Madame, größer sogar als die von Rhodos. Es war die größte Belagerung der Geschichte.«

Am 18. August war alles bereit für Mustaphas nächste koordinierte Attacke, seine Pioniere berichteten ihm, der Kopf des Minenstollens befinde sich jetzt unter der kastilischen Bastion und die Kraft der Explosion würde wohl ausreichen, die Wälle zusammenstürzen zu lassen. Piali erhielt wie zuvor den Befehl über den Angriff auf die kastilische Bastion, während Mustapha den Angriff auf Senglea leitete. Im Verlauf dieses Tages brachte ein übergelaufener türkischer Sklave die Nachricht nach Birgu, Mustapha habe geschworen, alle, mit der einzigen Ausnahme des Großmeisters, über die Klinge springen zu lassen. Bei der nächtlichen Versammlung des Rates berichtete einer der Kommandanten, was er gehört hatte. La Valette blickte in die Runde der Ratsmitglieder und sagte dann: »Daran werde ich ihn bestimmt hindern. Und selbst wenn diese Belagerung wider Erwarten mit einem Sieg für den Feind enden sollte, erkläre ich vor euch allen, daß nach meiner festen Absicht niemand in Konstantinopel je den Großmeister unseres heiligen Ordens in Ketten zu Gesicht bekommen soll. Wenn aber tatsächlich das Allerschlimmste geschehen und alles verloren sein sollte, dann werde ich das Gewand eines gemeinen Soldaten anziehen und mich mit dem Schwert in der Hand mitten unter die Feinde stürzen – und dort mit meinen Kindern und Brüdern fallen.«

Am Morgen des 18. zeigte ein äußerst heftiges Bombardement gegen Senglea den Verteidigern an, daß ein Angriff unmittelbar bevorstehe. Er ließ nicht lange auf sich warten. Im selben Augenblick, da das Rumpeln der Geschütze erstarb, sah man die Iayalaren und Janitscharen durch das Niemandsland im Süden vorwärtsfluten. Der Angriff entwickelte sich in der gleichen Weise wie bei früheren Gelegenheiten, zunächst mit einem Massenansturm auf die Bastion von St. Michael. Unterdessen hielt Piali seine Truppen vor Birgu dem Schlachtplan entsprechend zurück. Mustapha wartete gespannt, ob man den Großmeister so weit bringen könne, daß er einen Teil der Besatzung über die Brücke dem hart bedrängten Senglea zu Hilfe schicken würde.

La Valette erwartete offenbar eine Kriegslist und ließ sich nicht hinters Licht führen. Schließlich, nachdem es ihm nicht gelungen war, die Christen abzulenken, wie er gehofft hatte, gab Mustapha seinen Pionieren Befehl, die Mine unter der kastilischen Bastion hochgehen zu lassen.

Obwohl La Valette gewußt hatte, daß die Türken Minenstollen unter seine Wälle vortrieben, hatte er deren genaue Position nicht feststellen können. Als der Schlag fiel, kam er also nicht unerwartet, war jedoch trotzdem von verheerender Wirkung. Mit einem ungeheuren rollenden Knall explodierte die Mine, und zugleich stürzte ein großer Abschnitt des Hauptwalles ein.

Noch quoll die Staubwolke in den Wallgraben hinaus, als Pialis Truppen in dichten Haufen vorwärtsfluteten.

Einen Augenblick lang entstand eine Panik unter den Verteidigern. Verwundete taumelten aus der Bresche zurück, und in dem großen Durcheinander schien es, als solle die Stellung unweigerlich verlorengehen. Kaum hatte sich der Qualm verzogen, als auch schon die erste Welle der Türken über den Wallgraben hinüber war und einen Brückenkopf gebildet hatte. Ihre Banner flatterten auf dem zerrissenen und wankenden Wall. Ihre Angriffsspitze begann in das Dorf selbst vorzudringen. Die Glocke der Konventskirche wurde geläutet – das zuvor vereinbarte Signal, daß der Feind sich innerhalb der Befestigungsanlagen befand. Ein Kaplan des Ordens, Bruder Guillaume, erblickte die wehenden türkischen Standarten über der Bastion Kastiliens und eilte zum Großmeister.

»Alles ist verloren«, rief er, »wir müssen uns nach St. Angelo zurückziehen.« Es war ein Augenblick, in dem ein einziges Aufflackern von Unentschlossenheit den Untergang bedeuten konnte. La Valette, der sich in seinem Gefechtsstand auf der kleinen Piazza von Birgu befand, zögerte nicht. »... Dieser furchtlose alte Mann bedeckte seinen Kopf mit einer leichten Sturmhaube, nahm sich nicht einmal die Zeit, den Küraß anzulegen, und eilte kühn ins Gefecht gegen die Ungläubigen.« Er nahm einem nahebei stehenden Soldaten die Pike ab, rief seinem Stab zu, ihm zu folgen, und führte ihn auf die Bastion Kastiliens.

Als die Malteser den Großmeister an der Spitze einer kleinen Schar von Rittern an den Ort der Gefahr eilen sahen, schlossen sie sich ihm an, um ihm Hilfe zu leisten. Die Schwankenden und Entmutigten vergaßen, als sie hörten, daß der Großmeister selbst den Gegenangriff führte, den Augenblick der Furcht. »Von den Rittern begleitet, die unverzüglich einen Ring um ihn bildeten, führte der Großmeister einen so ungestümen Angriff, daß sich das Schlachtenglück wendete.« Den aufgepflügten und noch rauchenden Hang hinauf, wo die Mine eine Bresche in den Wall gesprengt hatte, riß La Valette seine Schar von Rittern und Dorfbewohnern mit sich. Eine Granate explodierte neben ihm und verwundete ihn am Bein durch Splitter. Der Ruf klang auf: »Der Großmeister! Der Großmeister in Gefahr!« Von allen Seiten stürzten Ritter und Soldaten zum Kampf herbei. Die türkische Angriffsspitze taumelte zurück und begann zu weichen.

»Ziehen Sie sich zurück, Sire! Ziehen Sie sich an einen sicheren Platz zurück«, drängte ein Stabsoffizier La Valettes. »Der Feind befindet sich im Rückzug.«

Es stimmte, daß der erste Schwung des türkischen Ansturms sich erschöpft hatte. Jedoch war die Stellung noch bei weitem nicht außer Gefahr. Eine Abteilung türkischer Soldaten hielt immer noch die Bresche besetzt. Ihre Fahnen flatterten immer noch über der Bastion. La Valette wußte, daß es seine Gegenwart war, die der Besatzung neuen Mut verliehen hatte. Jetzt war nicht die Zeit für den Großmeister, sich zurückzuziehen. Er humpelte vorwärts, den Hang hinauf.

»Ich werde mich nicht zurückziehen«, sagte er zu dem Ritter an seiner Seite, »solange diese Banner noch im Winde wehen.«

Ritter, Soldaten und Malteser aus Birgu stürmten nun vorwärts und begannen den Feind in den Wallgraben hinunterzuwerfen. Innerhalb weniger Minuten war der Wall gesäubert und der Feind in die Flucht geschlagen. Auf weitere dringende Aufforderungen aus seinem Stab, er solle sich jetzt zurückbegeben, erwiderte der Großmeister nur: »Ich bin einundsiebzig. Und wie könnte ein Mann meines Alters ruhmvoller sterben als inmitten seiner Freunde und Brüder, im Dienste Gottes?« Erst nachdem er sich davon überzeugt hatte, daß die ganze Bastion zurückerobert und die Verteidigungsanlagen wieder bemannt waren, zog sich La Valette zurück, um sich die Beinwunde verbinden zu lassen.

An der Westküste Gozos gibt es eine kleine Bucht, als Cala Dueira bekannt, deren Einfahrt durch ein seltsam geformtes und fast unzugängliches Inselchen, Fungus Rock, nahezu verschlossen wird. Auf ihm wächst eine »merkwürdig und abstoßend aussehende schwarze Pflanze«, eine Pilzart, die dem Felsen seinen Namen gegeben hat. Den Maltesern ist die Pflanze seit Jahrhunderten als ein höchst wirksames Heilmittel für Wunden und Blutungen bekannt; sie wirkt adstringierend und blutstillend. Ohne Zweifel wurde La Valettes Wunde damit behandelt. Sobald man sein Bein verbunden hatte, bestand er darauf, zur kastilischen Bastion zurückzukehren. Auf dem Wege dorthin brachten die Ritter die im Gefecht eroberten türkischen Fahnen vor ihn. Er befahl, sie mit den anderen Trophäen zusammen in der Konventskirche aufzuhängen, dann ging er weiter zur Bastion zurück.

Der Großmeister wußte: nachdem der Gegner mit so großem Erfolg eine Bresche in die Wallmauer gelegt hatte, würde er fast mit Gewißheit wieder angreifen – vielleicht noch in der Nacht.

Er sollte mit seiner Vermutung recht behalten. Mustapha und Piali, die ihre Angriffe auf die beiden Festungen am Nachmittag abgeblasen hatten, nahmen die Offensive bald nach Sonnenuntergang wieder auf.

Es war Nacht, aber nicht dunkel. Von der Einfahrt des Großen Hafens her, wo die Schiffe unter Candêlissa begonnen hatten, sich der Bighi-Bucht zu nähern, kam der flackernde Schein des Geschützfeuers. Von allen Hügelkämmen und Höhen um Senglea und Birgu her drang das Rumpeln der Artillerie wie ein Gewitter. Bald entzündete der Gegner Fackeln, und unter den Mauern wurde es taghell. Griechisches Feuer fiel von den Wällen der Kastilier und St. Michaels. Brandhandgranaten barsten unter Rauch- und Flammenentwicklung inmitten der Angreifer wie der Verteidiger. Die Gestalt des Großmeisters, die sich als Silhouette in der Bresche abzeichnete, wirkte für seine Männer als Sammelpunkt – wie ein sturmgepeitschter Felsen. Aber als der Morgen graute und die Türken sich zurückzogen, befanden sich die beiden Festungen immer noch in der Hand der Ordensritter.

Die Lage war kritisch. Die Verteidiger hatten während der Nacht und am vorhergehenden Tag schwere Verluste erlitten. Es gab keine Verstärkungen mehr, auf die man zählen konnte. Zum ersten Mal wurde selbst die Munition knapp, und man mußte aus den unterirdischen Pulvermühlen von St. Angelo eilig Nachschub bringen. Alle Betten in dem großen Hospital waren belegt, und »man sah in jenen Tagen keinen als verwundet an, solange er noch zu gehen vermochte«. Die Besatzung konnte keine Ruhe erwarten. Nachdem die Türken während der vergangenen 24 Stunden dem Erfolg so nahe gewesen waren, würden sie den Verteidigern keine Zeit lassen, ihre Kräfte zu erneuern. Mustapha wollte seine Truppenstärke voll ausnutzen.

Jener Tag, der 19. August, war bis dahin der schlimmste der Belagerung. Selbst La Valette dachte zuweilen, das Ende sei nahe. Unter den beim Kampf um die kastilische Bastion Getöteten befand sich auch sein Neffe, Henri de la Valette. Zusammen mit einem Gefährten, dem Ritter Polastron, hatte der junge La Valette den Versuch gemacht, den großen Belagerungsturm, den die Türken in Stellung gebracht hatten, zu zerstören. Beide, er und Polastron, wurden von der türkischen Besatzung des Turms niedergehauen. Ein wütendes Gefecht entwickelte sich darauf um ihre Leichen, bei dem es den Türken darum ging, die wertvollen Rüstungen der beiden Ritter zu erbeuten, während die christlichen Soldaten ebenso entschlossen waren, ihre toten Führer hinter die Wälle zurückzubringen.

Die Nachteile der Rüstung traten bei dieser Episode ganz klar in Erscheinung. Balbi bemerkt von dem jungen La Valette: »Weil er eine reich verzierte und vergoldete Rüstung trug, eröffneten alle Türken das Feuer auf ihn.« Nachdem man seine Leiche endlich hinter die Wälle zurückgetragen hatte, wurde sie vor La Valette gebracht. Lange sah der Großmeister seinem toten Neffen in das Gesicht. Einige der Ritter, die in der Nähe standen, bezeigten ihm ihr Beileid über den Verlust. Ruhig tadelte er sie.

»Alle Ritter sind mir gleich teuer. Ich betrachte sie alle als meine Kinder. Der Tod Polastrons bewegt mich ebenso wie der meines Neffen. Diese beiden jungen Männer sind uns anderen nur um wenige Tage vorangegangen. Denn wenn der Entsatz von Sizilien nicht kommt und wir Malta nicht retten können, müssen wir allesamt sterben. Bis zum letzten Mann müssen wir uns unter diesen Trümmern begraben lassen.«

Es war das erste und einzige Mal im Verlauf der Belagerung, daß der Großmeister Hoffnungslosigkeit in seinen Worten durchklingen ließ.

Birgu befand sich jetzt in fast ebenso schlechter Lage wie Senglea. So stark Birgu und St. Angelo auch waren, sie hatten doch
fast zwei Monate lang unter ständigem Artilleriefeuer gelegen.
Seit dem 23. Juni, dem Tag des Falles von St. Elmo, war die
ganze Feuerkraft der türkischen Batterien zu einem großen Teil
gegen sie gerichtet gewesen. Fast alle Häuser innerhalb der
Wälle lagen in Trümmern, und die Wälle selbst brachen zusammen. Mustaphas Mine unter der kastilischen Bastion hatte eine
Bresche geschlagen, die auch mit dem größten Arbeitsaufwand
kaum mehr auszubessern war. »Die Bresche, ja das gesamte
Fort schien in Flammen zu stehen. Der Lärm des Kampfes, das
Klirren der Waffen, die Rufe der Soldaten, das Stöhnen verwundeter Männer und Frauen ergaben eine ebenso schreckliche wie
bewegende Szene.«

Nach dem verzweifelten Ausfall des jungen La Valette gegen
den türkischen Belagerungsturm nahm der Großmeister die
Aufgabe, ihn zu zerstören, selbst in die Hand. Der Turm, gegen
Brandwaffen durch große, ständig durchnäßt gehaltene Lederdecken geschützt, befand sich nun so nahe an der Mauer, daß
Janitscharen-Scharfschützen begannen, von seiner oberen Plattform aus die Verteidiger in Birgu selbst abzuschießen. La Valette befahl einer Gruppe maltesischer Handwerker, ein Loch
durch die Basis des Walles genau an der Stelle, wo der Turm
stand, zu brechen. Ein großes Geschütz wurde aufgefahren, so
daß es im selben Augenblick, da die Handwerker den Wall von
innen her durchbrachen, das Feuer auf die Belagerungsmaschine
eröffnen konnte. Unterdessen ließ sich der Großmeister demonstrativ am Gefahrenpunkt, der zerstörten kastilischen Bastion, sehen. »Er war auf seine eigene Sicherheit noch weniger
bedacht als auf die anderer...« Im richtigen Augenblick, als
alles bereit war, befahl er den Handwerkern, die letzten Steine
des Ganges herauszustoßen.

Die Türken hoch oben auf ihrem ragenden Turm konzentrierten sich ganz auf den Teil Birgus, den sie zu übersehen
vermochten, und hatten nicht beobachten können, was am Wall
unmittelbar unter ihnen vorging. Plötzlich rumpelte es, eine
Staubwolke stieg auf, und ein enges Loch tat sich zu ihren

Füßen auf. Die dunkle Mündung einer Kanone schob sich heraus. In Sekundenschnelle, ehe noch die Sklaven und Arbeitstrupps darangehen konnten, den Turm in Sicherheit zu schieben, eröffnete die Kanone das Feuer. La Valette hatte den Rat eines maltesischen Zimmermanns beherzigt, der darauf hingewiesen hatte, der Turm habe im unteren Teil seine schwache Stelle. Im Hinblick darauf hatte er befohlen, mit der Kanone Kettenkugeln zu verschießen. Diese bestanden aus zwei großen Kanonenkugeln oder -halbkugeln, die durch eine Kette verbunden waren. Sofort nach Verlassen des Kanonenlaufes wirbelte die Kettenkugel parabolisch im Kreis und wirkte wie eine gigantische Sense. Die Ritter und ihre Kanoniere waren in ihrer Anwendung geübt. Kettenkugeln waren eine Standardwaffe bei See-Unternehmen, bei denen sie dazu dienten, Mast und Takelage des Gegners zu kappen.

Nur wenige Minuten nachdem der Gang in der Mauer geöffnet worden war, hatte die Kanone ihr Werk getan. Der Turm begann zu wanken und sich zu neigen. Mit jedem Schuß wurden ihm weitere Hauptstützen abgesägt. Auf diese kurze Entfernung zerschnitt, zerschlug und zerhämmerte die wirbelnde Kette das hölzerne Gebilde. Türken, die man vorschickte, um den Turm an einen sicheren Platz zurückzuziehen, wurden von den Musketieren auf den Wällen niedergeschossen. Die Janitscharen im oberen Stockwerk des Turmes begannen zu fliehen und sprangen herunter, als das ganze große Gebilde in sich zusammensackte und -knickte. Endlich fiel es mit Donnerkrachen in Trümmer, schleuderte Menschen, Waffen, Munition, Krüge mit Wasser und Brandgranaten herunter, riß die Besatzung zu Dutzenden mit sich. Die Verteidiger brachen in Jubelrufe aus. Die Kanone wurde in die Festung zurückgezogen. Sofort begann die Malteser Arbeitsgruppe den Wall wieder zuzumauern.

Während dieses Unternehmen vor Birgu stattfand, hatte Mustapha wiederum Senglea angegriffen. Er setzte große Hoffnungen auf eine »teuflische Vorrichtung«, mittels derer er eine Bresche in die Bastion von St. Michael schlagen wollte. »Diese Vorrichtung war von einem seiner Ingenieure erfunden worden. Sie besaß die Form eines großen, von eisernen Reifen zusammengehaltenen Fasses, gefüllt mit Pulver, eisernen Ketten, Nägeln und Kartätschen aller Art. Eine langsam brennende Zündschnur lief durch die ganze Länge der Bombe ...« Unter dem Schutz eines heftigen Frontalangriffs gelang es einer Abteilung von Türken, das Faß auf die zerschossenen Wälle zu ziehen und mitten unter die Scharen von Rittern und Soldaten auf der anderen Seite des Walles fallen zu lassen. Dann zogen sie sich auf ein verabredetes Zeichen alle zurück und warteten auf die Explosion. Sie sammelten sich vor dem Wallgraben, um sofort, nachdem die Explosion eine Bresche in den Wall gerissen hatte, anzugreifen.

Die Sache nahm jedoch eine Wendung, wie man sie mit dem Wort »in die eigene Grube fallen« zu beschreiben pflegt. Die Zündschnur an der türkischen Bombe brannte zu langsam, und die Ritter und Soldaten, zwischen die das gefährliche Faß gefallen war, begannen es sofort wieder den Abhang hinaufzurollen. Während die Zündschnur sprühte und flammte, wurde das lange faßähnliche Ding zurück auf die Mauerkrone gebracht. Einen Augenblick darauf schleuderten es die Verteidiger in den Wallgraben. Es prallte auf, rollte, prallte nochmals auf – und ging dann hoch. Es explodierte genau vor den Türken, die auf das Zeichen zum Angriff warteten. Die große Sprengkraft des Pulvers, ganz abgesehen von den Schrapnellkugeln, trug Verheerung in ihre Reihen. Ohne auf einen Befehl zu warten, nur von dem augenblicklichen Impuls getrieben, die Gelegenheit zu nutzen, fluteten die Verteidiger den Hang ihres zerstörten Walls hinunter und fielen über den Feind her. Die Türken wichen zurück und rannten davon.

Der Tag, der so schlimm für die Verteidiger begonnen hatte, endete fast mit einem Sieg. Der gigantische Turm, dessen Überreste den Boden vor der kastilischen Bastion bedeckten, wurde in Brand gesteckt. Der Mißerfolg mit dieser Kriegsmaschine und mit Mustaphas »teuflischer Vorrichtung« verursachte große Mutlosigkeit unter den türkischen Truppen. Ihre Offiziere berichteten Mustapha, daß es von Tag zu Tag schwerer werde, sie zum Angriff vorwärtszubringen. Immer mehr griffen zudem Krankheiten um sich. Neben Ruhr und Malaria konnte auch jede andere Seuche auf der Insel ausbrechen. Hunderte von stinkenden und verwesenden Leichen lagen in einer Tageshitze zwischen 30 und 40 Grad unter der grellen Sonne von den Corradinos bis zur Kalkara-Bucht.

Selbst Munition und Verpflegung begannen knapp zu werden. Nach Tripolis gesandte Schiffe kamen nur verspätet oder gar nicht zurück. Ohne daß es Mustapha wußte, waren christliche Galeeren und Korsaren aus Sizilien südlich Malta aufgetaucht, um seine Nachschublinie zu unterbrechen. Hier wie in so vielen anderen Fällen lag die Schuld bei der türkischen Flotte und ihrem Admiral, die den Fortgang der Belagerung hemmten.

Man befand sich nun in der dritten Augustwoche, und immer noch war Malta nicht genommen. Nur noch wenige Wochen, dann würden Mustapha und Piali an die Wetterlage im Mittelmeer denken müssen. Sie standen fast 1500 Kilometer über See von Konstantinopel entfernt. Im Herbst hatte man mit dem Schirokko zu rechnen, und dieser Südwind würde wahrscheinlich die Verbindung mit Afrika noch schwieriger machen. Wenn Malta nicht vor Mitte September fiel, würde sich die Armee entweder zurückziehen oder auf der Insel überwintern müssen. Als Mustapha erkannte, daß er möglicherweise Birgu und Senglea innerhalb der nächsten drei Wochen werde nehmen können, neigte er dazu, in Malta zu bleiben. Wie schwierig auch sein eigenes Nachschubproblem sein mochte, er wußte doch auch, daß die Lager und Lebensmittelvorräte in den beiden belagerten Festungen nicht unbegrenzt vorhalten konnten. Vorausgesetzt, daß sie keine Entsatzarmee erreichte, mußten die Festungen fast sicher vor dem Frühjahr noch in seine Hände fallen.

Wiederum war es Admiral Piali, der dieses Projekt blockierte. Die Flotte und ihre Sicherheit, so argumentierte er, seien wichtiger als alles andere. Er habe nicht die Absicht, seine Schiffe während eines maltesischen Winters aufs Spiel zu setzen. Marsamuscetto mochte als Sommer-Ankerplatz ausreichend gewesen sein, während der Wintermonate würde es jedoch für die Schiffe des Sultans nicht genügen. Außerdem gab es dort keine Gelegenheit, Reparatur- oder Überholungsarbeiten auszuführen. Beim ersten Anzeichen des Winters würden er und seine Flotte in See stechen. Wenn Mustapha Pascha seine Armee in Malta überwintern lassen wollte, so war das seine Sache, und er mußte es verantworten.

Die Feindschaft zwischen den beiden Befehlshabern, die so lange geschwelt hatte, flammte jetzt hell auf. Nur Dragut hatte, solange er noch am Leben war, dank seines hohen Ansehens die Kluft zwischen dem Oberbefehlshaber des Heeres und dem Admiral überbrücken können. Die Teilung des Oberbefehls, Sultan Solimans eigene Idee, offenbarte nun ihre innere Schwäche.

Aber wenn die türkischen Befehlshaber und ihre Truppen entmutigt waren, schien es den beiden Besatzungen, »als ginge die Welt unter«. Ihre Wälle und Befestigungen befanden sich in einem ähnlichen Zustand wie die St. Elmos in seinen letzten Stunden. Leichen lagen unbestattet in den Straßen herum, denn zwischen den dicht aufeinanderfolgenden Angriffen blieb nicht genügend Zeit, um auch nur einen Mann für Beerdigungen abzustellen. Frauen und Kinder lagen tot neben Rittern, Soldaten und Seeleuten. Nicht einmal für die Pflege der Verwundeten im Hospital konnte man genug Hilfskräfte erübrigen. Die maltesischen Frauen erwiesen sich jetzt als eine Hauptstütze der Verteidigung. Sie übernahmen nicht nur die Aufgabe, die Kranken zu pflegen und für die Besatzung zu kochen, sondern trugen auch Munition herbei und arbeiteten mit an der Reparatur der Befestigungsanlagen. Wenn die türkischen Angriffe kamen, besetzten sie mit den Soldaten zusammen die Wälle. Jahrhunderte harten Lebens auf einer unfruchtbaren Insel, unablässig von den Raubzügen der Berberkorsaren bedroht, hatten eine starke und ausdauernde Rasse hervorgebracht.

300 Kilometer weiter nördlich, in Messina, kamen die Vorbereitungen für den Entsatz jetzt richtig in Gang. Schließlich hatte Don Garcia de Toledo doch beschlossen, sich durch den unbezähmbaren Heroismus Maltas nicht beschämen zu lassen, und er unternahm jetzt jede Anstrengung, um das letzte Versprechen, das er La Valette gegeben hatte, zu erfüllen. »Noch bevor der August zu Ende geht, werde ich mit etwa zwei Dutzend Galeeren und möglichst an die 14000 Mann in See stechen und der Insel zu Hilfe kommen.«

Jeden Tag trafen Ordensritter von ihren Gütern im nördlichen Europa ein. Die Partei, welche für eine Politik der Nicht-Intervention gegenüber Malta eintrat, war lange schon in Verruf gekommen. Jeder Bericht, der Messina erreichte, zeigte ganz klar, daß La Valette – trotz des Beispiels seines berühmten Vorgängers Villiers de l'Isle Adam – keinerlei Absichten hatte, mit den Türken zu verhandeln. Selbst diejenigen, die mit dem Orden wenig anfangen konnten, Menschen, die ihn vielleicht ob seines herablassenden Benehmens und seiner streng aristokratischen Mitgliederauswahl ablehnten, sahen sich wider Willen zur Bewunderung gezwungen.

Es waren gerade eben drei Monate vergangen, seit die Elite der türkischen Armee und die gesamte Flotte des Sultans gegen die Insel in See gegangen war. Weniger als 9000 Mann, von 900 Johanniterrittern befehligt, hatten den ganzen langen Sommer hindurch standgehalten.

Der heldenhafte Verteidigungskampf hatte überall in Europa

Bewunderung hervorgerufen. Sogar die große protestantische Königin Elizabeth I. von England, deren Land lediglich durch Sir Oliver Starkey und die zwei Gentlemen-Abenteurer »Mr. John Evan Smith und Mr. Edward Stanley« vertreten war, zeigte sich durch diese Belagerung bewegt, die an die großen Tage mittelalterlichen Rittertums erinnerte. Königin Elizabeth war eine zu kluge Herrscherin, um nicht zu wissen, was nach einer eventuellen Eroberung der Insel geschehen könnte. »... Wenn die Türken«, schrieb sie, »über die Insel Malta den Sieg davontragen sollten, bleibt ungewiß, welch weitere Gefahren sich daraus für die übrige Christenheit ergeben werden.«

Am 23. August trat der Große Rat zusammen. Wie ein Mann stellten die Großkreuzritter La Valette vor, die Zeit sei gekommen, Birgu aufzugeben. »Birgu«, sagten sie, »ist von allen Seiten unterminiert. Seine Verteidigungsanlagen liegen in Trümmern. Der Feind beherrscht den Wallgraben auf der Landseite. Die durch die große Mine geschlagene Bresche kann nicht wieder geschlossen werden.« Die türkischen Sappeure hatten sich mit ihrem ersten Erfolg nicht zufriedengegeben. Einer der Ritter stellte es so dar: »Im Umkreis der zertrümmerten Wälle ist der gesamte Boden so durchlöchert von den Minen des Gegners und unseren Gegenminen, daß man wie auf der Kruste eines Vulkans geht.«

»Gebt Birgu auf!« drängten sie. »St. Angelo ist die stärkste von allen Verteidigungsanlagen. Dort können wir standhalten. Wir können es dort besser tun, als wenn wir auf den ganzen Umkreis des bisherigen Festungsbereichs verteilt sind.«

Keine einzige Stimme erhob sich gegen diesen Plan, sich nach St. Angelo zurückzuziehen – außer der des Großmeisters. Nachdem er die Meinungen aller seiner hohen Offiziere angehört hatte, stand La Valette auf.

»Ich achte euren Rat, meine Brüder – aber ich werde ihn nicht annehmen. Und dies sind meine Gründe: Wenn wir Birgu aufgeben, verlieren wir auch Senglea, denn dies kann auf sich gestellt nicht standhalten. Die Festung St. Angelo ist zu klein, um sowohl die ganze Bevölkerung als auch uns selbst und unsere Leute aufzunehmen. Und ich habe nicht die Absicht, die treuen Malteser, ihre Frauen und Kinder dem Feind zu überlassen. Und selbst wenn wir alle Leute in seinen Mauern unterbrächten, die Wasserversorgung St. Angelos wird nicht ausreichen. Sind die Türken erst einmal Herren von Senglea und haben sie die Ruinen von Birgu besetzt, dann ist es nur eine Frage der Zeit, wann selbst die starken Wälle von St. Angelo unter ihrem konzentrierten Feuer fallen werden. Im Augenblick sind sie gezwungen, ihre Energien und ihre Feuerkraft zu zersplittern. Das wird nicht mehr so sein, wenn wir und alle unsere Leute in St. Angelo eingeschlossen sind. Nein, meine Brüder, hier und nur hier ist der Ort, an dem wir stehen und kämpfen müssen.

Hier müssen wir alle miteinander untergehen oder es schließlich mit Gottes Hilfe doch fertigbringen, den Feind zu vertreiben.«

Die Großkreuzritter nahmen seine Entscheidung an. Um aber keinen Zweifel darüber aufkommen zu lassen, daß ein Rückzug nach St. Angelo niemals in Frage kommen werde, verbrannte La Valette jetzt die Schiffe hinter sich. Er rief fast die ganze Besatzung St. Angelos zusammen, außer einer geringen Anzahl von Bedienungsmannschaften für die Geschütze, und brachte sie nach Birgu. Dann befahl er, die Zugbrücke, die St. Angelo mit Birgu verband, zu sprengen. St. Angelo war nun auf sich selbst gestellt und ebenso Birgu. Das Verhalten des Großmeisters beeindruckte die Verteidiger mehr, als es alle Worte hätten tun können. »Im selben Augenblick, da es bekannt wurde, war jedem Mann klar, daß er an dem Posten, den er jetzt besetzt hielt, ausharren und sterben müsse.«

Es besteht kein Zweifel daran, daß La Valettes Handlungsweise klug war. Hätte er dem Drängen seines Rates nachgegeben und sich nach St. Angelo zurückgezogen, der Fall der Insel wäre nur eine Angelegenheit von Wochen gewesen. Nachdem sie den Monte Sciberras und St. Elmo in Händen hatten und wenn sie dann auch Senglea und Birgu besetzt hielten, würde sich das ganze Gewicht des türkischen Feuers gegen das eine Fort richten. Nichts hätte ihm widerstehen können. Pialis Flotte wäre in der Lage gewesen, das Bombardement von See her aufzunehmen, während die Besatzung auf der Landseite vollauf beschäftigt war. Die Ansicht des Großmeisters, Malta könne nur gehalten werden, wenn man Mustaphas Armee weiter auf die beiden festen Punkte verteilt halten könne, erwies sich in der Praxis als ebenso richtig wie in der Theorie. Von gestaffelter Verteidigung verstand man in der Militärtheorie jener Zeit noch nicht viel. La Valettes Genie in dem harten Geschäft des Krieges erwies sich in seiner Fähigkeit, die Lage richtig einzuschätzen und dann ohne Zögern entsprechend zu handeln.

Am 20. August, nur drei Tage vor dieser überaus wichtigen Ratssitzung, war ein vom türkischen Oberbefehlshaber geführter Massenangriff vor den zertrümmerten Wällen von St. Michael elend fehlgeschlagen. 8000 Soldaten, alle mit einer neuen Art von leichter Sturmhaube versehen, mit der sie Kopf und Schultern gegen das Griechische Feuer und die Brandwaffen der Verteidiger schützten, waren an dem Angriff beteiligt. An der Spitze der vorrückenden Janitscharen hatte ein berühmter alter

Soldat gestanden, der Sandschak Cheder, der geschworen hatte, entweder St. Michael zu nehmen oder bei dem Versuch zu sterben. Cheder trug selbst seine persönliche Standarte voran, dann folgte eine Leibgarde, die sich verpflichtet hatte, an der Seite ihres Herrn zu siegen oder zu sterben. Da er an der Pracht seiner Kleider, seinem juwelenbestickten Turban, seinem emaillierten und mit Edelsteinen besetzten Krummsäbel leicht zu erkennen war, wurde der Sandschak sofort zum Ziel für die christlichen Musketiere. Dem Ritter Pessoa, einem der Pagen La Valettes, wird der Ruhm zugeschrieben, diesen alten Veteranen getötet zu haben. Ein heftiger Kampf spielte sich um die Leiche des Sandschaks ab. Während dieses Kampfes löschte der spanische Hauptmann Juan de la Cerda für immer den Makel der Feigheit aus, der seit seinem Bericht über die Lage in St. Elmo auf ihm gelegen hatte. Er führte einen wütenden Gegenangriff gegen die Janitscharen des Sandschaks, wurde dabei niedergehauen und seine Leiche unter einer Woge von Feinden begraben. ». . . Er hatte bei mancherlei Gefechten kühn den Tod gesucht und starb an diesem denkwürdigen Tage schließlich tapfer in der Bresche.«

Ebenfalls an diesem 20. August hatten die Türken eine weitere Belagerungsmaschine gegen die schwer angeschlagene Bastion der Kastilier in Stellung gebracht. Die Basis des neuen Turms war diesmal mit Erde und Steinen verstärkt worden, so daß La Valettes frühere Kriegslist mit der Kanone hier keinen Erfolg versprach. Bald nach Tagesanbruch begannen die Janitscharen-Scharfschützen auf dem Turm jeden, den sie auf der anderen Wallseite zu Gesicht bekamen, abzuschießen. Innerhalb weniger Stunden wurde die Situation für die Verteidiger sehr kritisch. La Valette sah ein, daß ein weiterer Frontalangriff auf die Kastilierbastion fast mit Gewißheit Erfolg haben würde, wenn der Turm dort blieb und die Besatzung, unfähig zu jeder Bewegung, an den Boden nagelte.

Wie beim letzten Mal befahl er den maltesischen Handwerkern, ganz unten am Wall einen Durchgang zu schaffen, und zwar an einer Stelle, wo sie von den Scharfschützen nicht gesehen werden konnten. Dann schickte er im bestimmten Augenblick einen Stoßtrupp in den Tunnel. Kaum war der letzte Steinblock gefallen, da führten auch schon zwei Ritter – Kommandant Claramont von der »Zunge« Aragoniens und ein Kastilier, Guevarez de Pereira – ihre Männer hinaus. Sie stürmten geradewegs auf den Turm zu. Die Türken hatten niemals damit gerechnet, daß die Verteidiger sich aus dem Schutz ihrer Wälle herauswagen würden, und waren nur auf Geschützfeuer vorbereitet; so wurden sie völlig überrascht. Claramont und Pereira kletterten an der Spitze ihrer Soldaten den Turm hinauf, wobei ihnen die steinbeschwerte Basis den Zugang leichtmachte. Innerhalb weniger Minuten waren sie die Leitern hinauf auf die Plattform gestürmt und hatten die Janitscharen getötet.

Die Belagerungsmaschine, die Birgu fast schon den Todesstoß zu versetzen schien, wurde nun einem anderen Zweck dienstbar gemacht. Eine ausgesuchte Schar von Kanonieren mit zwei Geschützen wurde auf dem Turm installiert, geschützt durch eine Abteilung Ritter und Soldaten. Damit hatte man den türkischen Turm in eine Hilfsbastion der kastilischen verwandelt, und die neue beherrschende Stellung gab den Verteidigern vermehrte Feuerkraft gegen feindliche Angriffe. Es ist bezeichnend für den sinkenden Kampfgeist der türkischen Truppen, daß eine kleine Handvoll von Männern diesen Turm nehmen und halten konnte. Sie zählten ja immer noch Tausende, die Verteidiger aber nur Hunderte, von denen zudem nahezu alle verwundet oder erschöpft waren. Jedoch die unbesiegbare Kampfmoral der Christen, angefeuert durch das herrliche Beispiel des Großmeisters, verlieh diesen ihre Überlegenheit.

An diesem selben Tage, dem 20. August, hatte ein Spion im türkischen Heer einen Pfeil in die Festung geschossen, auf dem nur ein Wort stand: »Donnerstag«. La Valette ließ den Verteidigern sofort sagen, solange ein Mann noch stehen könne, habe er auf seinem Posten zu bleiben. Als der Angriff am Donnerstag, dem 23. August, dann gekommen war, hatten sich »selbst die Schwerverwundeten aus dem Hospital auf die Wälle geschleppt«. Es gab keine Reserven mehr, die man hätte herbeirufen können.

Auf der Sitzung des Großen Rates in jener Nacht des 23. August, als der Vorschlag gemacht wurde, Birgu zu räumen, bekräftigte La Valette durch seinen unbeugsamen Widerstand gegen jeden Rückzug nur die Politik, die er schon seit dem Anfang der Belagerung verfolgt hatte. Seine unbeugsame Entschlossenheit und seine glühende Überzeugung von der Gerechtigkeit seiner Sache erwiesen sich als die moralische Kraft, die Malta rettete. Als man anregte, vor der Sprengung der Brücke zwischen St. Angelo und Birgu wenigstens die Reliquien und Archive des Ordens in der Festung in Sicherheit zu bringen, wehrte er unwillig ab. Er wußte, wenn die Malteser und Soldaten sehen würden, daß man die heilige Ordensreliquie – die Hand Johannes' des Täufers in ihrem juwelenbesetzten Reliquiar – aus der Konventskirche wegbrachte, würden sie sich verloren geben. Und was die Archive ihres stolzen Ordens anging – für was sollte man noch Archive brauchen, wenn Malta den Türken in die Hände fiel? Die heilige Hand, die Archive, das silberne Prozessionskreuz, all dies würde am gewohnten Platz bleiben bis zum Ende – und so auch die Verteidiger.

Mustapha Pascha erhielt jetzt alarmierende Nachrichten. Ein großes Proviantschiff, das man täglich aus Nordafrika erwartet hatte, war verlorengegangen. Es war von Djerba aus in See gestochen und auf der Fahrt über die 270 Kilometer breite Meerenge nach Malta von einer sizilischen Galeere angegriffen und gekapert worden. Mustaphas Generalquartiermeister meldete ihm, es sei nur noch Mehl für weitere 25 Tage vorhanden. Das bedeutete: selbst wenn Flotte und Armee sofort abrückten, würden ihnen die Nahrungsmittel knapp werden, bevor sie noch Konstantinopel erreichten. In Malta selbst gab es weder Weizen noch anderes Getreide. Die Ernte hatte man, obwohl sie zu einem großen Teil noch grün war, eingebracht, bevor die Türken die Insel erreichten, und den Viehbestand im selben Augenblick, da die feindliche Flotte in Sicht kam, fast vollständig nach Mdina und Birgu gebracht. Mustapha und Piali ließen sofort weitere Schiffe nach Afrika schicken, um dort Nachschub zu holen.

Schwerer als die Lebensmittelknappheit wog die Tatsache, daß das Pulver für die Kanonen zu Ende ging. Obwohl man ungeheure Mengen an Munition nach Malta transportiert hatte, sahen sich die Türken jetzt zum ersten Mal gezwungen, ihr Artilleriefeuer einzuschränken. Die Pulvermühlen und Arsenale Konstantinopels hatten für eine Belagerung, die nach allen Erwartungen nur wenige Wochen dauern sollte, mehr als genug geliefert. Jetzt ging bereits der vierte Monat ins Land, und die Insel war immer noch nicht erobert. Mustapha hatte Pulver und Munition nicht weniger verschwenderisch verbraucht als Menschen. Und weder er noch Piali durften daran denken, die Munitionsvorräte der Flotte zu erschöpfen, da sie jederzeit zu einer Seeschlacht vor Malta gezwungen werden konnte.

Die andere unvermeidliche Folge einer so langen Belagerung bestand darin, daß viele der Geschütze unbrauchbar wurden. Die Verteidiger bemerkten mit aufflackernder Hoffnung, daß das türkische Feuer jeden Tag etwas schwächer wurde. Sie bemerkten, wie Sklaventrupps nach Sonnenuntergang begannen, jene Geschütze aus den Batterien des Belagerungsringes um die beiden Halbinseln abzuziehen. Diese Arbeit, schreibt Balbi, vollbrachten die Türken schweigend, »etwas ganz Ungewohntes nach den Rufen und Jubelschreien, mit denen sie sie einst in Stellung gezogen hatten«.

Sultan Soliman war nicht der Mann, einen Mißerfolg leicht hinzunehmen. Seine Untergebenen kannten die Grausamkeit, mit der er selbst Mitglieder seiner eigenen Familie behandeln konnte, und fürchteten ihn sogar noch mehr als den Feind. »... Mustapha setzte der lang anhaltende Widerstand der Belagerten nicht wenig zu. Er dachte mit Furcht an die Folgen eines Fehlschlags bei einem Unternehmen, für das sein Herr und Meister so umfangreiche Vorbereitungen getroffen hatte, mit so fester Hoffnung auf Erfolg.« Er nahm sich erneut vor, was immer geschehen mochte, unbedingt jede Kriegslist und jedes Mittel bis zum Ende gegen den Feind anzuwenden.

Die türkischen Sappeure wurden gezwungen, ihre Bemühungen zu verdoppeln. Tag und Nacht trieben sie ihre Minenstollen unter die zerfallenden Wälle und die Ruinen der kastilischen Bastion. Die Verteidiger gruben Gegenminen. Maltesische Mineure und Steinmetzen, die ihre unterirdischen Gänge gegen den Feind vortrieben, lauschten in der Hitze und Dunkelheit des Sandsteins auf das Klopfen der türkischen Arbeitstrupps. Als es auf Ende August zuging, verstrich kaum ein Tag, an dem nicht eine Mine oder Gegenmine mit donnerndem Krachen hochging. Manchmal wurden beide, Belagerer und Belagerte, in denselben rauchenden Ruinen begraben. Manchmal brachen die Mineure aus Birgu durch in die feindlichen Minengänge, und noch ehe sich die beiden Parteien zurückziehen konnten, um ihre Sprengladungen zu entzünden, gerieten Christen und Moslems mit Picke, Schaufel und Dolch aneinander.

Mustapha, der immer noch an ein Überwintern auf der Insel dachte, entschloß sich, einen Angriff auf Mdina zu machen. Wenn er seine Truppen in Malta Winterquartier beziehen lassen wollte, mußte es wesentlich für ihn sein, die alte Hauptstadt zu besitzen. Wenn er sie nur schnell nehmen konnte, würde er ihre Geschütze, ihr Pulver und ihre Munition gegen die Ritter in ihren Stützpunkten einsetzen können. Und falls es zum Schlimmsten kam und er gezwungen wurde, sich von Malta zurückzuziehen, würde es doch zu seinen Gunsten sprechen, wenn er wenigstens die Hauptstadt der Insel gestürmt und erobert hätte.

Mdina, als Città Notabile bekannt, war seit den Zeiten der Römer Maltas Hauptstadt gewesen. Obwohl der Orden des heiligen Johannes sich in Birgu niedergelassen hatte, war Mdina immer noch die einzige Stadt von einiger Größe auf der Insel. Jedoch waren ihre Wälle, obschon die Ritter sie während der vergangenen 35 Jahre verstärkt hatten, nicht besonders widerstandsfähig. Wenn Mustapha Mdina zu Anfang belagert hätte, wie es seine Absicht gewesen war, hätte er fast mit Sicherheit Erfolg gehabt. Aber das gleiche nach drei Monaten blutigen Kampfes um den Großen Hafen zu versuchen und einen Teil seiner Truppen von Birgu und Senglea abzuziehen, war ein schwerer Fehler. Die entmutigten Moslems sahen in der Aktion nicht mehr als einen letzten Anlauf, dem Sultan ein Siegespfand zu gewinnen.

Es waren die Araber, die während ihrer zweihundertjährigen Besetzung Maltas die meisten der Verteidigungsanlagen Mdinas gebaut und den Wallgraben angelegt hatten, der die Stadt im Süden schützte. Nur von dieser Seite aus konnten die Türken ihr Unternehmen ansetzen, denn an allen anderen Abschnitten gingen die Wälle unmittelbar in steile Abhänge über. Don Mesquita, Kommandant von Mdina, erfuhr schnell von Mustaphas Absichten. Im selben Augenblick, als ein Teil der Armee und eine Anzahl von Belagerungskanonen das türkische Hauptlager verließen und sich auf der heißen, staubigen Straße nach Norden in Bewegung setzten, traf auch er bereits seine Vorbereitungen.

Nur eine sehr kleine Besatzung stand dem Kommandanten zur Verfügung. Er hatte den größten Teil seiner besten Truppen zu Beginn der Belagerung hinunter nach Birgu geschickt. Zugleich war die Stadt mit maltesischen Bauern und deren Familien überfüllt, die dort während der langdauernden Kämpfe des Sommers Schutz gesucht hatten. Mesquita sah in Mustaphas Angriffsentschluß nur einen Ausdruck seiner Verzweiflung, er wußte um die wachsende Demoralisierung des türkischen Heeres und schloß daher, ein kühnes Auftreten möge vielleicht schon genügen, um die Angreifer zu entmutigen. Er hieß also viele der Bauern und sogar deren Frauen Soldatenkleidung anziehen und zusammen mit den wirklichen Garnisonstruppen auf den Wällen patrouillieren. Alle verfügbaren Kanonen wurden schußbereit gemacht und auf die Seite der Festung hinübergebracht, von der die Türken mit Sicherheit kommen würden.

Als sich die ersten der Angreifer die langen Hänge zu der alten Stadt hinaufmühten, sahen sie, daß man sie falsch informiert hatte. Dies war keine wehrlose Stadt mit einer schwachen

Besatzung. Die Wälle wimmelten von Männern, und lange ehe ihre ersten Soldaten sich in Schußweite befanden, begannen die Kanonen zu donnern – als ob die Verteidiger zeigen wollten, daß sie große Pulvervorräte besaßen und es sich leisten konnten, verschwenderisch damit umzugehen. Die Türken machten verwirrt halt. Die Nachricht ging nach hinten: »Es ist ein zweites St. Elmo! Auch dies eine uneinnehmbare Stellung wie die unten am Hafen!«

Auch den Offizieren, die bereits Schwierigkeiten gehabt hatten, ihre Leute so weit zu bringen, daß sie diesen neuen Angriff begannen, war unbehaglich zumute. Es fiel ihnen ein, daß sie es hier mit einer Garnison frischer Truppen zu tun hatten, ungleich denen, gegen die sie während der vergangenen drei Monate gekämpft hatten. Man schickte Spähtrupps vor, einige, um die Zugänge zur Stadt zu erkunden, andere, um sie zu umgehen und über den Zustand der Wälle auf den Steilseiten zu berichten. Alle miteinander kamen mit der gleichen Meldung zurück. Jeder Abschnitt der Umwallung war stark besetzt.

Sogar auf den Nordwällen, wo man auf keinen Fall angreifen konnte, standen die Soldaten dicht an dicht. Solch verschwenderischer Aufwand an Truppenstärke nahm den Türken den Mut. An Mustapha ging die Meldung zurück, Mdina zeige sich so stark und gut verteidigt wie Birgu am ersten Belagerungstag.

Der Vormarsch stockte. Hohnvoll donnerten die Geschütze von den Brustwehren, und einige Kanonenkugeln kollerten die ausgedörrten Hänge hinunter auf die vordersten Reihen zu. Knatterndes Musketenfeuer der Männer auf den Mauern schallte herüber – ohne Wirkung, aber es brachte niederdrückende Kunde von frischen und ausgeruhten Männern, deren Moral hoch und deren Pulvervorräte unbegrenzt waren. Mustapha hörte sich die Berichte seiner Offiziere an und kam, um sich von der Verteidigungsstärke der Stadt mit eigenen Augen zu überzeugen. Von der Kriegslist des Kommandanten ebenfalls getäuscht, erblickte er eine offensichtlich frische und sehr starke Besatzung. Er ließ den Angriff abblasen. Es blieb ihm nun nichts anderes übrig, als seine Attacken auf die beiden zerfallenden Bastionen der Ritter wiederaufzunehmen und zu hoffen, daß sie auf die eine oder andere Weise in seine Hände fallen würden, bevor Piali darauf bestand, seine Flotte zurückzuziehen.

Das tägliche Nachlassen des türkischen Feuers und die Nachricht, ein Teil des Heeres sei zur Belagerung Mdinas abgezogen worden, hob den Mut der Verteidiger in einem Augenblick, da sich alle bereits mit dem Tode abgefunden hatten. Jetzt unterhielt man sich unter den Rittern wie unter den Soldaten sogar darüber, ob es nicht möglich sei, die Türken aus eigener Kraft zu schlagen. Es schien, als ob sie allein und ohne Hilfe die Eindringlinge hinauswerfen könnten – und welche Tat konnte ruhmreicher sein als diese? Wenn sie es fertigbrachten, die Türken ohne jeden Beistand von seiten dieses Faulpelzes oder Feiglings Don Garcia zu vertreiben, konnten sie ganz Europa erklären: »Wir haben es allein vollbracht!« Die weitere Nachricht, das ganze Heer sei wieder zurückgekehrt in die Belagerungsstellungen, erstickte ihr neugewonnenes Zutrauen nicht. Gerade die Tatsache, daß Mustapha den Plan, Mdina anzugreifen, aufgegeben hatte, schien eine weitere Bestätigung für seine zunehmende Schwäche. Wenn er es nicht wagte, Mdina anzugreifen, die schwächste aller Befestigungsanlagen auf der Insel, was konnte er sich dann gegen Birgu und Senglea erhoffen, welche, obwohl sie sich in verzweifelter Lage befanden, bereits über zwei Monate lang aushielten?

In Mdina selbst hatte Don Mesquita, der portugiesische Kommandant, allen Grund, sich zu beglückwünschen. Er besaß nur eine Handvoll ausgebildeter Soldaten in der Stadt, sehr wenig Pulver und noch weniger Munition für seine alten Kanonen. Daß Mustapha sich zurückgezogen hatte, schien ein Wunder, und man hielt sofort einen Dankgottesdienst in der alten Kathedrale. Hier, wo jedes Jahr am 4. November eine Messe für die Seelenruhe des Normannengrafen Roger gelesen wurde (der vor fast fünfhundert Jahren Malta von den Arabern befreit hatte), gedachten sie nun eines weiteren Sieges über die Ungläubigen. Die Kathedrale war das Herz des Glaubens auf der Insel und der Überlieferung nach an der Stelle des Hauses erbaut worden, in dem Publius, »der erste Mann der Insel«, dem schiffbrüchigen St. Paulus Obdach geboten hatte. Vielen der Andächtigen muß der Gedanke gekommen sein, der Rückzug der Türken von ihren Wällen habe wiederum erwiesen, daß der Apostel noch über ihnen wache. Es schien ein gutes Omen dafür, daß nicht nur die Stadt, sondern die ganze Insel von den Moslems befreit werden würde.

Während der letzten Augusttage hatte der Großmeister keine Verbindung mit dem Vizekönig in Messina herstellen können. Er wußte daher nicht, daß die immer wieder aufgeschobene Abfahrt der Entsatzarmee unmittelbar bevorstand. Auf seiner mit Trümmern bedeckten, durch Feuer versengten Halbinsel von der Außenwelt abgeschnitten, hatte sich La Valette damit abgefunden, auf keine Hilfe von seiten Don Garcias oder der übrigen Ordensmitglieder Europas zu bauen. Er wußte nicht, daß es gerade diese Spätankömmlinge waren, die durch ihr Erscheinen den trägen Gouverneur schließlich in Bewegung brachten und seine Ratgeber so beschämten, daß sie sofortige Maßnahmen ergriffen. Über 200 Ritter, Kommandeure und Großkreuzritter des Ordens warteten jetzt mit ihren Truppen in Messina. Sie brannten darauf, neben ihren Brüdern im Kampf gegen die Ungläubigen zu stehen, waren voller Verachtung für das ewige Zögern des Vizekönigs, so daß der kleine Hof in Messina den Tag nur zu sehr herbeisehnte, an dem er die Ritter loswürde. Don Garcia bekam täglich den Stachel ihrer Mißbilligung zu spüren. Als er sich bei einem der Ritter, Louis de Lastic, Großprior der Auvergne, darüber beklagte, weil dieser ihn nicht mit dem ihm zukommenden Ehrentitel »Exzellenz« anredete, erwiderte der Großprior: »Sire, vorausgesetzt, daß wir rechtzeitig nach Malta kommen, um den Orden zu retten, werde ich Euch alle Titel geben, die Ihr wollt – ›Exzellenz‹, ›Ew. Hoheit‹ oder sogar ›Ew. Majestät‹, wenn Ihr das wünscht.«

Am 22. August, als die Verteidiger Birgus und Sengleas am Ende ihrer Kräfte angelangt waren (einen Tag danach rieten die Großkreuzritter La Valette zum Rückzug nach St. Angelo), inspizierte Don Garcia die Entsatztruppe. 8000 waren auf den Abhängen über dem Hafen von Syrakus angetreten. In der Nähe des Theaters, in dem Äschylos einst der Aufführung seiner Stücke zugesehen hatte, gegenüber dem großen, vom Land umschlossenen Hafen, in dem vor 1900 Jahren das Unheil die athenische Flotte ereilt hatte, fand unter der »Löwensonne« des sommerlichen Siziliens die Heerschau der Truppen statt, die für eine andere Belagerung bestimmt waren. Der Wind trug von Süden her über 110 Kilometer hinweg das ferne Grollen der Kanonen an ihre Ohren.

Das Entsatzheer setzte sich aus Berufssoldaten und Abenteurern ganz Europas zusammen. Das spanische Kontingent bildete den größten Teil, aber auch viele Italiener, Deutsche, Franzosen und Angehörige anderer europäischer Nationen gehörten dazu. Marschall des Heeres war ein Italiener, Ascanio de la Corna, Vincenti Vitelli kommandierte eine Truppe von Abenteurern aus Italien und anderen Nationen, und ein Spanier, Alvarez de Sandé, befehligte das Regiment Neapel, das aus spanischen Garnisonstruppen bestand. Der Vizekönig selbst führte den Oberbefehl.

Immer noch war Don Garcia de Toledo nicht glücklich über die Situation. Wie er dem Großprior der Auvergne erklärt hatte (als er sich wegen seines Zögerns mit der Hilfeleistung für Malta rechtfertigte), genügte es nicht, einen Entsatz nur zu versuchen. Alles hing davon ab, daß der Versuch auch gelang. 8000 Soldaten waren wenig genug angesichts der gewaltigen Armee, die Mustapha Pascha aus Konstantinopel herübergebracht hatte. Der Vizekönig war sich nicht völlig darüber klar, welch hohe Verluste Krankheiten wie auch die Verteidiger Maltas den 40000 Mann des Sultans abgefordert hatten.

Während die Entsatztruppe in Syrakus auf das Eintreffen der Transportschiffe wartete, ging die Belagerung der Insel erbarmungslos weiter. Mustapha und Piali waren entschlossen, den Widerstand vor dem Herbst zu brechen, und fuhren fort, auf die Bastionen der Kastilier und St. Michaels einzuhämmern. Jedoch hatte die Wucht ihrer Angriffe schon abgenommen, und selbst die Janitscharenattacken kamen nicht mehr so schwungvoll. Der lange Widerstand der Festungen, dazu die Verluste und die Lebensmittel- und Wasserknappheit hatten den Angriffen das Feuer genommen. Tag um Tag, so verzweifelt ihre Lage sich auch noch darstellte, zog neue Hoffnung in die Herzen der Verteidiger ein.

Während der ganzen Belagerung ging der Großmeister täglich in die dem heiligen Laurentius geweihte Konventskirche, um zu beten. Jedesmal, wenn so etwas wie ein Sieg errungen oder eine drohende Gefahr abgewendet war, sah er darauf, daß Dankgottesdienste gehalten wurden. Mit seinen religiösen wie mit seinen Pflichten als Soldat nahm es La Valette peinlich genau. Wie viele Male hatte er nicht schon gesagt: »Niemand kann sein Leben ruhmvoller beschließen als in der Verteidigung des Glaubens.« Alt, wie er war, erschöpft durch drei Monate unablässiger Anspannung und hoher Verantwortung, das persönliche Eingreifen in die Kämpfe nicht zu vergessen, schien La Valette in diesen letzten Augusttagen trotzdem zu leuchten wie eine Flamme. Sein weißer Bart war gepudert mit Sandsteinstaub, seine einst glänzende Rüstung blind und zerbeult; nie verließ er seinen Gefechtsstand auf dem Marktplatz von Birgu – es sei denn, um sich in die Verteidigungsfront auf den Wällen einzureihen.

100 Kilometer westlich Maltas ragt das kleine kahle Eiland

Linosa aus dem Mittelmeer. Dorthin hatte La Valette schon vor mehreren Wochen ein Boot mit Informationen für den sizilischen Vizekönig geschickt. Linosa, die Malta zwischen Sizilien und Nordafrika nächstgelegene Insel, war bereits vorsorglich zum Treffpunkt bestimmt worden oder als Verbindungsstation für den Fall, daß es unmöglich würde, auf direktem Weg zwischen Malta und Sizilien durchzukommen.

Ohne daß La Valette etwas davon ahnte, ließ Don Garcia am 25. August die Anker lichten und Kurs auf Linosa nehmen. Eine letzte Musterung seiner Truppen erfaßte nahezu 10000 Mann. Sie waren eingeschifft auf 28 Segelschiffen und Galeeren. Bald würde, so schien es, die Entsatztruppe die Insel erreichen.

Für eine Woche trat eine beruhigende Pause in den Kämpfen ein. Das Feuer auf Birgu und Senglea ging zwar ununterbrochen weiter, aber die türkischen Streitkräfte trugen keine weiteren Angriffe gegen die wankenden Bastionen der Kastilier und St. Michaels vor. Dann, am 1. September, begannen Mustapha und Piali einen neuen Massenansturm.

Durch das Verstreichen des Jahres und ihre Vorrats- und Munitionsknappheit zur Verzweiflung gebracht, waren sie allem Anschein nach entschlossen, mit diesem letzten Wurf alle ihre Verluste wiedergutzumachen. Doch die Soldaten, die jetzt über das vom Artilleriefeuer umgepflügte Ödland unter den Wällen vorwärtsbrandeten, waren nicht mehr dieselben, die auf Malta gelandet waren, »um ihre Seelen zu retten«. Nicht nur der ausdauernde Widerstand der Besatzungen und die blutigen Verluste hatten ihre Kampfmoral untergraben. Krankheit hatte sie geschwächt und ihre Zahl weit stärker verringert als die Kanonen, Musketen und Schwerter der Ritter.

In diesem heißen Sommer stank die ganze Insel rund um den Großen Hafen wie ein Leichenhaus. Die Türken besiegelten mit ihrer völligen Unkenntnis der elementarsten Prinzipien der Hygiene ihr eigenes Verderben. Ruhr, Typhus und Malaria wüteten schon seit Juni in ihren Reihen und griffen während der darauffolgenden Wochen immer weiter um sich. Den Grund dafür, daß die Verteidiger in ihren zerstörten Festungen nicht soviel unter Krankheiten zu leiden hatten, kann man wahrscheinlich in ihrer Haupt-Berufung als »Hospitaliter« sehen. So einfach ihre Behandlungsmethoden auch waren und trotz ihres in vieler Hinsicht mangelnden Wissens, beherrschten sie doch wenigstens die Grundregeln der Hygiene. In ihrem Hospital, in dem man unter normalen Umständen Reichen und Armen, Rittern und einfachen Leuten das Essen auf silbernen Tellern reichte – um »das Ansehen des Hospitals und die Sauberkeit der Kranken« zu fördern –, bemühte man sich selbst während der Belagerung um eine geordnete Pflege der Patienten. Dieser Tatsache verdankte es die Besatzung ohne Zweifel, daß sie unter den Seuchen, die bei ihren Gegnern Verheerungen anrichteten, vergleichsweise wenig zu leiden hatte.

Der Angriff des 1. September, der den ganzen Tag über angehalten hatte, schlug ebenso fehl wie alle vorhergegangenen. Mit jedem Tag seit Mustaphas Mißerfolg vor Mdina war der Kampfgeist der Angreifer mehr geschwunden und im gleichen Maße der der Verteidiger gewachsen. Türken, Janitscharen, Iayalaren, Algerier und Dragut-Korsaren, alle verzagten nun. »Es ist nicht Allahs Wille«, sagten sie, »daß wir die Herren Maltas werden.« Hätten sie gewußt, was der Entsatzarmee auf dem Weg zur Insel zugestoßen war, vielleicht hätten sie dann Mut gefaßt und von neuem die Initiative ergriffen.

Don Garcias Flotte war, auf Westkurs mit dem Ziel Linosa, mitten in einen schweren Sturm geraten. Der Meeresarm und die engen Gewässer zwischen Malta und Sizilien sind bekanntermaßen tückisch. Wenn ein heftiger Nordwest, hinter sich als Anlauf das ganze Mittelmeer, über diese Untiefen bläst, bildet sich innerhalb weniger Stunden eine gefährliche Brandung. Don Garcias Flotte hatte das Pech, am Wendepunkt des Jahres, da eben der Sommer dem Herbst wich, in genau einen solchen für den Kanal von Malta typischen Sturm zu laufen. Über die ganze See zwischen Terrible Bank, Linosa und den Ägatischen Inseln vor der Westküste Siziliens verstreut, sahen sich die Schiffe gezwungen, eilig Schutz zu suchen. Die Galeeren schlingerten und stampften, als sie mit voller Kraft in den Windschatten unter Land liefen. Ruder brachen, Segel und Takelage wurden weggerissen, und Teile der Ausrüstung gingen verloren.

Als sich das Gros der Flotte vor der Insel Favignana gegenüber Marsala an der Westküste Siziliens wieder sammelte, befanden sich die Schiffe in solchem Zustand, daß ein sofortiges erneutes Auslaufen nach Linosa nicht in Frage kam. Nicht allein hatten viele von ihnen schwere Schäden erlitten, die seekranken Soldaten waren auch nicht in der Lage, auf Malta zu landen und den Kampf gegen den Feind aufzunehmen. Erst am 4. September war die Flotte wieder so weit, daß sie in See gehen konnte. Diesmal erreichte sie Linosa ohne Zwischenfall, und Don Garcia de Toledo fand La Valettes letzte Botschaft vor. Der Großmeister teilte darin mit, daß sich der gesamte Südteil der Insel in der Hand der Türken befinde und die beiden Häfen Marsasirocco und Marsamuscetto von ihrer Flotte besetzt seien. Er wies den Vizekönig darauf hin, daß die Buchten von Mgarr und Mellieha im Norden der Insel sich für ihn am besten zur Landung eigneten. Beide Buchten besaßen einen Sandstrand, an dem seine Truppen an Land gehen konnten, und beide boten einen verhältnismäßig gut geschützten Ankerplatz.

Die Flotte ging von Linosa in zwei Geschwadern nach Malta in See, die Vorausflottille stand unter dem Befehl des Spaniers Don Cardona, der Vizekönig befehligte das Gros. Als sie sich Malta näherten, setzte wiederum schlechtes Wetter ein. Die Hauptflotte verlor über Nacht Don Cardona aus der Sicht, geriet nach Norden und warf Anker vor dem Fischerdorf Pozzalo an der Südspitze Siziliens. Die Vorausflottille war mittlerweile durch das sich zusammenziehende Wettertief weiter vorwärtsgeprescht und kam bis auf Sichtweite an Gozo heran. In diesem Augenblick hätten Pialis Schiffe nach allen Regeln der Kriegskunst über sie herfallen und sie vernichten müssen. Und es bleibt eines der Geheimnisse dieser Belagerung, daß man offenbar keinen Versuch machte, diese vorderste Spitze der christlichen Flotte anzugreifen. Man kann nur annehmen, daß Pialis Schiffskommandanten das Wetter unsympathisch fanden, daß sie allesamt ihre Patrouillenfahrten vor Gozo einstellten und es sich in Marsamuscetto gemütlich machten.

Don Garcias Rückkehr nach Sizilien und sein offenbares Zögern, nach Malta zu segeln, bevor Nachricht von den anderen Schiffen einlief, ließen unter den Rittern neue Zweifel an seinen Absichten aufkommen. Erst als ihre Aufforderungen zum Handeln immer beleidigendere Formen annahmen, gab er der Flotte Anweisung, die Anker zu lichten und erneut Kurs auf Malta zu nehmen. Selbst noch in diesem allerletzten Augenblick scheint sein charakterbedingtes Zaudern sichtbar zu werden. Der Abbé Vertot wiederholt in seiner Ordensgeschichte die Anklagen gegen Don Garcia, wie sie zur Zeit der Belagerung umliefen: »Aber die Handlungsweise des Vizekönigs erweckte wiederum Zweifel, ob er sich seinen (La Valettes) Rat (daß Mgarr und Mellieha sich zur Landung eigneten) zunutze machen wolle; anstatt in die Meerenge zwischen Gozo und Malta einzulaufen, fuhr er an Maltas Westküste entlang und ließ sich von türkischen Fregatten, die von Marsasirocco ausfuhren, beobachten. Es schien so, als liege ihm weniger an einem Landungsversuch als daran, ein neues Hindernis zu entdecken, das ihn veranlassen könnte, zu wenden und wieder in die Häfen Siziliens zurückzukehren.«

Erst am Abend des 6. September glitt Don Garcias wiederversammelte Flotte durch den Kanal von Gozo und fuhr vor der Küste zur Mellieha-Bucht im Nordosten der Insel. Am Morgen des 7. September begann das langerwartete und immer wieder verzögerte Entsatzunternehmen mit der Landung der Truppen. Die Soldaten wateten durch das seichte Wasser, Waffen und Munition über die Köpfe haltend, während mit spanischen Truppen besetzte Boote auf den Strand am Ende der Bucht aufliefen.

Mustapha Pascha und La Valette erfuhren die Nachricht fast im gleichen Zeitpunkt. Beim ersteren erregte sie Bestürzung, dem anderen schenkte sie die Gewißheit, daß sich seine lange Prüfung ihrem Ende näherte. Jedoch hatte La Valette zweifellos damit gerechnet, daß das Entsatzheer nach so langer Wartezeit um einiges stärker sein würde, als es tatsächlich war. Die Berichte schwankten in ihren Angaben über die genaue Zahl der Soldaten zwischen 8000 (der niedrigsten Schätzung) und 12000. Auf jeden Fall wäre die Entsatztruppe kaum groß genug gewesen, um ihre Aufgabe erfüllen zu können, wenn die Moral der Türken hoch genug gewesen wäre. Sobald La Valette über die Truppenstärke informiert war, setzte er ein schlaues Täuschungsmanöver ins Werk. Er gab Befehl, einem der muslimischen Galeerensklaven, die in den Gängen unter Fort St. Angelo gefangengehalten wurden, die Freiheit zu versprechen. Es handle sich, so wurde dem Mann gesagt, um einen Gnadenakt des Großmeisters. Man sagte dem Sklaven auch, 16000 christliche Soldaten unter dem Vizekönig von Sizilien landeten im Norden der Insel, und der türkische Oberbefehlshaber brauche nicht daran zu denken, er könne die Belagerung weiterhin fortsetzen. Ob der Sklave diese Geschichte glaubte oder nicht (oder ob man ihm vielleicht die Illusion ließ, er entkomme, ohne daß es die Besatzung merke): tatsächlich gelangte er sicher ins türkische Lager. Er wurde von einigen Offizieren verhört und dann zu Mustapha gebracht, vor dem er seine Nachricht wiederholte – die Ritter triumphierten, sie hielten die Belagerung für so gut wie beendet, und in der Mellieha-Bucht landeten gerade 16000 Mann. Über diese Nachricht bestürzt, entmutigt durch den ganzen Verlauf der Belagerung und in Erwägung der Tatsache, daß seine Truppen nicht mehr weit von Meuterei entfernt waren, befahl Mustapha, die Insel sofort zu räumen.

Das Versagen des türkischen Oberkammandos, besonders des Flottenstabs, während des Feldzugs ist schwer zu begreifen. Piali verfügte über die weitaus mächtigste Flotte im Mittelmeer, der Vizekönig dagegen hatte für seine Invasionsstreitmacht nicht mehr als 28 Galeeren aufbieten können. (Don Garcia mußte tatsächlich mit gutem Grund befürchten, er werde nicht nur seine Schiffe, sondern auch alle seine Leute verlieren.) Doch der türkische Admiral, dem dreimal soviel Kriegsschiffe zu Gebote standen, hat nie versucht, sich dem Landungsunternehmen entgegenzustellen. Nach allen taktischen Grundsätzen hätte Piali die Entsatztruppe auf See abfangen und die Christen auf den Meeresgrund schicken müssen – um so mehr, wenn man daran denkt, wie unentschlossen sich diese der Insel genähert hatten. Aber Piali und die Seeoffiziere seines Stabes nahmen an, die Flotte der Christen würde versuchen, entweder nach Marsasirocco oder nach Marsamuscetto einzudringen. Dementsprechend legten sie ihre Schiffe in diesen beiden Häfen vor Anker und sperrten die Eingänge mit Ketten und Pfählen. Es scheint ihrer Aufmerksamkeit entgangen zu sein, daß Mgarr oder Mellieha für Landungstruppen durchaus geeignete Buchten waren – vorausgesetzt nur, daß die Invasionsflotte nicht zu lange an diesen ziemlich ungeschützten Ankerplätzen verweilte. Es war Pialis Zaghaftigkeit, neben seiner offenbaren Unkenntnis der geographischen und klimatischen Bedingungen im Gebiet um Malta, welche von allem Anfang an den türkischen Feldzug schwer behindert hatte. Don Garcia hatte nicht die Absicht, in Mellieha zu warten. Sobald seine Truppen an Land gegangen waren, wollte er mit der Flotte nach Messina zurückkehren, wo eine weitere Verstärkung von 4000 Mann auf Abruf bereitstand.

Ehe Don Garcias Galeeren wieder nach Sizilien in See gingen, machten sie einen kurzen Umweg nach Süden und fuhren dicht vor der Mündung des Großen Hafens vorbei. Sie sahen die türkische Flagge über dem zerstörten Fort St. Elmo wehen und hörten den Donner der Geschütze, die immer noch von den Corradino-Höhen und den Hängen hinter Birgu herabfeuerten. Als eine Geste gegenüber den Türken und als Zeichen für die Verteidiger, daß die Hilfe in Reichweite sei, befahl Don Garcia, die Schiffe sollten für St. Angelo und die Flagge des Ordens Salut schießen. »Und als unsere Armada sich in einer Position befand, in der wir sie deutlich sehen konnten, feuerte jede Galeere drei Salven ab ...«

Die Freude der Besatzung kannte keine Grenzen. Dies waren die ersten christlichen Schiffe, die sie seit dem Beginn der Belagerung zu Gesicht bekamen. Ihre Anwesenheit vor dem Großen Hafen besagte genug. Selbst diejenigen, welche die Nachricht über das Entsatzheer zweifelnd aufgenommen hatten, faßten jetzt neue Zuversicht. Allein die Tatsache, daß diese Galeeren so dicht vor der Einfahrt des Großen Hafens auftauchen konnten, bewies, daß die türkische Flotte jeden Kampfgeist verloren hatte.

La Valette lag viel daran, so bald als möglich die Offensive zu ergreifen, und er erwartete ungeduldig, daß wenigstens ein Teil der Entsatzarmee versuchen würde, während der Nacht Verbindung mit Birgu aufzunehmen. Nichts geschah. Er hörte das Knarren von Rädern und das Ächzen der Zuggeschirre, was ihm anzeigte, daß die Türken ungehindert ihre Kanonen aus den Artilleriestellungen hinter Birgu abzogen. Der Großmeister hatte gehofft, sie erbeuten zu können und dadurch einige seiner eigenen Verluste während der Belagerung wieder auszugleichen.

Mustaphas Armee stand jetzt im Begriff, sich einzuschiffen. Das Lager auf der Marsa war abgebrochen. Die Schiffe, die in Marsasirocco gelegen hatten, setzten sich mit Nordkurs in Bewegung, um sich dann mit dem Gros der Flotte Pialis zu vereinigen, wenn dieses von Marsamuscetto auslief. Geschütze, die man in St. Elmo und auf den Höhen des Sciberras in Stellung gebracht hatte, wurden abgebaut und hinunter zu den Schiffen gebracht. Die Truppen begannen sich von den Corradinos und aus ihren Stellungen hinter den beiden Halbinseln zurückzuziehen. Die ausgedehnten Verschanzungen lagen verlassen da. Nur die Belagerungstürme und einige Kanonen, die zu schwer waren, als daß man sie schnell hätte entfernen können, ließ man stehen. Die zerschmetterten sternförmigen Wälle St. Elmos, dessen Einnahme den einzigen türkischen Erfolg des Feldzugs darstellte, wurden dem Schweigen und der Erinnerung überlassen. Die ganze Nacht über zeigten die Lichter und Signalzeichen an der Marsa und auf der schmalen Landzunge zwischen dieser und Marsamuscetto den Rückzugsweg der Truppen des Sultans an.

Das Entsatzheer war mittlerweile geradewegs landeinwärts marschiert und hatte Verbindung mit der Besatzung von Mdina aufgenommen. Unter dem Befehl Ascanio de la Cornas hatten die Truppen auf der Hochfläche im Ostteil der Insel Stellung bezogen, wo eine steil abfallende Höhe vom Dorf Naxxar gekrönt wird. La Corna wußte noch nicht, daß sich der Feind bereits auf dem Rückzug befand, und hatte beschlossen, lieber diesen beherrschenden Punkt zu besetzen, als sich in der Niederung in eine Schlacht verwickeln zu lassen. Sobald der Tag anbrach, würde er die Absichten des Feindes erkennen können. Bis dahin, so beschloß er vorsichtig, wollte er den Eifer seiner Leute noch zügeln. Sein Stabschef, Alvarez de Sandé, war stürmischer und drängte darauf, seine Leute sofort zu einem Nachtangriff auf die Türken führen zu dürfen. La Cornas Besonnenheit setzte sich durch, und das Entsatzheer wartete ab, was der Morgen bringen würde.

Sobald das erste Tageslicht über die Insel ging, blickten die Verteidiger von Birgu und Senglea über die versengten und von Geschoßtrichtern übersäten Hänge, die vor ihnen lagen. Sie waren vom Feind geräumt. Keine Halbmondflagge wehte über den langhingezogenen Gräben und Unterständen. Keine dichtgedrängten Janitscharenmassen verharrten auf den Hügeln, bereit, sich im Angriff auf sie zu stürzen. La Valette befahl, die Tore zu öffnen.

Zum ersten Mal seit Monaten strömten Ritter und Soldaten, Männer, Frauen und Kinder der Bevölkerung des kleinen Dorfes unbelästigt hinaus. Durch Wunden und Entbehrungen geschwächt, vom Griechischen Feuer versengt und taub von Minenexplosionen und Geschützfeuer, eilten sie hinaus in das öde

Niemandsland, als habe sie ein langer Winter auf Frühlingswiesen entlassen. Sie stöberten in den türkischen Stellungen herum, hoben hier eine Arkebuse auf, dort eine Sturmhaube, hier ein Brigantinenwams und dort einen Damaszener Dolch. In den zerstörten Batteriestellungen fanden sie mehrere Geschütze. Bei den unbestatteten Toten fanden sie Juwelen und Geldbörsen, reich geschmückte Waffen, emaillierte Spangen und Broschen.

Eine Abteilung Ritter und Soldaten ritt sofort die Marsa ab und die Hänge des Monte Sciberras hinauf. Von diesem ausgedörrten Hügel herab, der Tausende das Leben gekostet hatte, blickten sie in den Hafen Marsamuscetto hinunter. Die ersten türkischen Schiffe befanden sich bereits in Bewegung und fuhren unter Ruder durch die enge Einfahrt an den Ruinen von St. Elmo vorbei. Die Ritter spornten ihre Pferde vorwärts zur Spitze der Halbinsel. Sie ritten ein durch die Breschen in den Wällen, dort, wo der alte de Guaras und der mutige Miranda so tapfer ihr Leben gegeben hatten. Über den zerhämmerten Wällen, wo Sonne und Seewind die Luft lange schon vom Tod gereinigt hatten, hißten sie das weiße Kreuz des heiligen Johannes. Die Flagge knatterte in der Brise, während die ersten türkischen Schiffe den Hafen zu verlassen begannen. Melder wurden nach Birgu zurückgeschickt; sie sollten darum bitten, man möge so schnell wie möglich leichte Geschütze nach St. Elmo bringen.

An diesem Tage, dem 8. September, fast vier Monate nachdem man die türkische Flotte zum ersten Mal vor Malta gesichtet hatte, begann sich die große Invasionsarmee zurückzuziehen. Als die ersten Geschütze vom Sciberras und von St. Elmo aus das Feuer auf sie zu eröffnen anfingen, verdoppelten die Türken ihre Anstrengungen, in Fahrt zu kommen. Die Schiffe, in dem langen, heißen Sommer mit Algen und Wasserpflanzen bewachsen, von Sonne und Salzwasser gebeizt und mit Verwundeten beladen, unterschieden sich sehr von denen, die in den ersten Maitagen so stolz über das Ionische Meer herangerauscht waren.

Der 8. September war nicht nur der Tag, an dem die Belagerung aufgehoben wurde, es war auch der Festtag der Geburt Mariens. La Valette erinnerte alsbald seine Gefolgsleute und die Einwohner der Insel daran, daß sie ihre Befreiung Gott und nicht den Menschen verdankten. Die Glocken der Konventskirche St. Laurentius klangen hinaus über die zerstörten Häuser Birgus. »Ich glaube, niemals klang Musik menschlichen Ohren so schön. Drei Monate war es her, seit wir zum letzten Mal eine Glocke gehört hatten, die uns nicht gegen den Feind zu den Waffen rief. Sie läutete an diesem Morgen zur selben Stunde zur Messe, in der wir schon gewohnt waren, den Ruf zu den Waffen zu erwarten. Um so festlicher statteten wir dann also Gott dem Herrn und seiner gebenedeiten Mutter unseren Dank ab für die Gnaden, die sie auf uns hatten niederströmen lassen.«

Durch die engen Straßen, die immer noch von den als Schutz gegen das feindliche Geschützfeuer errichteten Steinbarrikaden versperrt waren, an den zerstörten Häusern und zerschossenen Mauern ihrer »Auberges« vorbei zogen die Malteser und die Ritter mit ihren Soldaten, um dem Gott des Sieges ein »Te Deum« zu singen. Auf der Halbinsel rauchte, knisterte und barst es noch unter dem wilden Hauch des Krieges. Dann und wann glitt ein Stück des zerschossenen Walles mit einem langen Seufzer des Sich-Loslösens hinunter. Auf den Straßen verstreut lagen zersprungene Kanonenkugeln, große Metall- und riesige, von den »Basilisken« stammende Marmorstücke. Im kühlen Dunkel der Konventskirche erblickten sie das glänzende Silberreliquiar, das die Hand des heiligen Johannes des Täufers enthielt. Selbst jene Großkreuzritter, die einen Augenblick lang bezweifelt hatten, daß La Valettes Entschluß, in Birgu zu bleiben, weise sei, erkannten nun, wie recht der Großmeister gehabt hatte. Jede Stellung war bis zum Ende gehalten worden. Die Toten von St. Elmo, von Birgu und Senglea waren nicht umsonst gefallen.

In eben diesem Augenblick, da die Überlebenden der Belagerung für ihren Sieg Gott Dank sagten, erkannte Mustapha Pascha, wie sehr er, was die Stärke des Entsatzheeres anging, in die Irre geführt worden war. Von Spahis, welche die Stellung des Gegners erkundet hatten, und von Schiffskommandanten, die seine Ankunft beobachtet hatten, erfuhr er, daß nur 28 Schiffe zur Inselgruppe gekommen und daß die gegen ihn an Land gesetzten Truppen 8000 Mann, vielleicht sogar weniger stark waren. In Furcht vor dem Zorn des Sultans und entrüstet über die Art, in der er, wie er einsah, von der Flotte und ihrem Admiral im Stich gelassen worden war, befahl er, die Evakuierung augenblicklich einzustellen.

Piali, stets sehr darauf bedacht, mit seiner kostbaren Flotte über das Ionische und Ägäische Meer zu gelangen, bevor die Winterstürme kamen, widersprach ihm. Die Feindschaft zwischen den Befehlshabern, schon lange keine verborgene mehr, loderte aufs neue hell auf. Mustapha wies alsbald darauf hin, daß der Sultan Fehlschläge nicht liebe. Während der ganzen Belagerung habe die Armee alles in ihrer Macht Stehende getan, um einen Erfolg zu erreichen, aber konnte man von der Flotte dasselbe sagen? Er verlangte, die bereits verladenen Truppen sollten wieder an Land gesetzt werden, und Piali solle seine Flotte zehn Kilometer der Küste entlang zur St.-Pauls-Bucht führen. Der Oberbefehlshaber wollte dem Feind eine Schlacht liefern.

Die Wachen, die La Valette auf dem Monte Sciberras und in St. Elmo postiert hatte, meldeten dem Großmeister eilig, die türkische Armee gehe wieder an Land. Die Schiffe verließen zwar allesamt den Hafen und fuhren in nördlicher Richtung der Küste entlang, aber die Truppen formierten sich unten am Strand neu. Ein Kurier wurde sofort zu Ascanio de la Corna gesandt, um ihm zu melden, Mustapha Pascha habe offenbar seinen Plan geändert und schicke sich an zu kämpfen. Zugleich wurden andere Reiter ausgesandt, die der türkischen Flotte an der Küste entlang folgen sollten.

La Valette wußte sehr wohl, daß eine Niederlage ihn in diesem Augenblick immer noch die Insel kosten konnte. Mustaphas Streitkräfte waren stärker als die La Cornas, und ein türkischer Sieg mochte wohl auch ihrer Moral wieder Auftrieb geben. Geschah das, dann blieb stets die Möglichkeit, daß sich Mustapha entschloß, auf der Insel zu überwintern und die Forts durch Aushungerung zu bezwingen. La Valette wußte auch, wenn das Entsatzunternehmen mit einem Mißerfolg endete, war weitere Hilfe aus Sizilien nicht mehr zu erwarten.

Ascanio de la Corna sammelte sofort, nachdem er die Warnung des Großmeisters erhalten hatte, seine Truppen auf der Hochfläche von Naxxar. Von dort aus vermochte er die türkische Armee zu sehen, die vom Ende des Hafenbeckens, von Marsamuscetto aus landeinwärts strömte und in seiner Richtung vorrückte. Mustapha hatte etwa 9000 Mann an Land gesetzt. Nach der Seeseite zu erblickte La Corna die Flotte, die langsam der Küstenlinie folgte. Kuriere kamen aus dem Norden der Insel zurück und berichteten, die ersten Schiffe begännen in der St.-Pauls-Bucht vor Anker zu gehen. Wie es schien, hoffte Mustapha nach Norden zu marschieren, das Entsatzheer zu vernichten und dann, mit diesem Sieg auf seinem Konto, Pialis Flotte wieder zu erreichen. La Corna beschloß, in seiner günstigen Stellung abzuwarten. Er wollte sich nicht zu einem Gefecht in die Ebene hinunterlocken lassen. Aber er hatte nicht mit dem Temperament der neu eingetroffenen Ritter und seiner eigenen Truppen gerechnet.

Die stürmischen Ritter, die man so lange in Sizilien zurückgehalten hatte, waren nicht in der Stimmung, sich zur Vorsicht mahnen zu lassen.

»Hier ist der Feind!« riefen sie. »Und dort hinten liegen die rauchenden Ruinen, in denen unsere Brüder starben!«

Ohne auf einen Befehl zu warten, eilten sie den Hügel hinunter. Die Soldaten, von de Sandé angeführt, folgten ihnen sofort. Ascanio de la Corna sah ein, daß es besser war, sich den Kampfgeist seiner Männer und ihr stürmisches Vorwärtsdrängen zunutze zu machen, besser als ein Versuch, sie zum Halten zu bringen, und so befahl er eine Generalattacke. Die Garnison von Mdina und die maltesische Miliz, die auf einem westlicher gelegenen Hügel gewartet hatte, schlossen sich dem Angriff sofort an. Während das Gros der Entsatzarmee hinunterstürzte, um den Feind von vorn anzugehen, schwenkten die Truppen aus Mdina über die Ebene hinweg ein, um ihn in der Flanke zu packen.

Mustapha Paschas Entschluß, seine Truppen wieder an Land zu setzen, nachdem er sie einmal eingeschifft hatte, erwies sich als ein schwerer Fehler. Die Soldaten waren durch monatelange erfolglose Kämpfe auf der Insel und durch ihre schweren Verluste demoralisiert und nicht in der inneren Verfassung, einer frischen und starken Entsatztruppe entgegentreten zu können. Nachdem sie einmal an Bord gegangen und der Meinung gewesen waren, den todbringenden Boden Maltas endgültig hinter sich gelassen zu haben, gehorchten sie diesem neuen Befehl nur mit allergrößtem Widerstreben. Beim Anblick der frischen Truppen, die da vom Naxxar-Hügel herabfluteten, wichen viele und rannten davon. Andere blieben unentschlossen stehen. Die Ritter und ihre spanischen Truppen fielen über die in Unordnung geratene Vorhut her.

Nicht allen Männern Mustaphas fehlte es an Mut. Eine Gruppe, der es gelungen war, einen kleinen Turm, der den höchsten Punkt des Hügels krönte, zu nehmen, eröffnete ein heftiges Feuer auf die Christen. Im Umkreis dieses Turmes entwickelte sich jetzt das Hauptgefecht. Die Türken waren entschlossen, ihn zu halten und damit ihrem Heer einen sicheren Durchzug zu ermöglichen, und die Christen waren ebenso entschlossen, ihn zu nehmen und den Gegner in der Flanke zu

packen. Schließlich gelang es einer Abteilung spanischer Infanteristen, den Hügel gegen heftiges Feuer zu stürmen und den
Turm in einem Anlauf zu nehmen. »... Und an diesem Tage
wurde kein Pardon gegeben, und ihre Schwerter waren rot vom
Blut des Feindes.«

Von dem Turm heruntergeworfen und nicht mehr in der
Lage, die Flanke ihres Heeres zu schützen, befanden sich die
Türken nun in vollem Rückzug. Sie fluteten durch das Tal zwischen den Hügeln von Mdina und Naxxar und flohen zum
Strand. Die weite fruchtbare Ebene, die sich nach Nordosten
bis zur St.-Pauls-Bucht hinzieht, bot einen Anblick von Verwirrung und Panik. Staubwolken bezeichneten den Weg der
Kavallerie und der berittenen Spahis. Der ausgedörrte Boden,
der während des langen, heißen Sommers nicht bearbeitet und
nicht bewässert worden war, zitterte und bebte, als die Tausende von Männern sich mühten und kämpften, um die Sicherheit verheißende See zu erreichen.

Mustapha Pascha zeigte sich auch jetzt, wie er es während der
ganzen Belagerung getan hatte, als ein Mann von hervorragen-
der Tapferkeit. Mochte er als Kommandeur auch Fehler began-
gen haben, niemand konnte je seinen Mut in Zweifel ziehen.
Während des ganzen Tages befand er sich ununterbrochen im
dichtesten Kampfgetümmel. Schon als sich die Schlacht zu entwickeln begann, war er stets bei der Vorhut der Armee gewesen. Jetzt aber, da das Unternehmen, als Angriff begonnen, zum
Rückzug geworden war, begab er sich zur Nachhut. Zweimal
wurde das Pferd unter ihm getötet. Bei einer Gelegenheit schien
er fast schon verloren. Nur ein gut angesetzter Angriff der bis
zum letzten treuen Janitscharen bewahrte ihren Oberbefehlshaber davor, gefangengenommen oder getötet zu werden.

Als sich die Spitze seiner Armee der St.-Pauls-Bucht näherte,
bezogen Mustapha und seine Nachhut Stellung in dem flachen
Land nach Süden, in der Nähe der kleinen Bucht von Salina.
Mustapha bemerkte, daß die Verfolgung ungeordneter wurde,
da die maltesische Miliz und die spanischen Infanteristen hinter
den berittenen Johannitern weit zurückgefallen waren. Schnell
stellte er eine Abteilung Hakenbüchsenschützen der Janitscharen bereit. Auf ein Zeichen hin wandten sie sich um und eröffneten das Feuer gegen die aufgerissenen Linien des gegen sie
anrennenden Feindes. Einen Augenblick lang schwankte und
stockte der Angriff der Christen. Alvarez de Sandé, der den
Angriff führte, wurde zu Boden geschleudert, als man ihm das

Pferd unter dem Leibe wegschoß. Einer Anzahl anderer Ritter ging es ebenso. Mehrere von ihnen wurden verwundet. Vier starben nach Balbi durch Herzschlag, »infolge der ungeheuren Hitze unter ihren Rüstungen«. Mustaphas Initiative hatte die gewünschte Wirkung. Sie hielt die Spitze der Ritter gerade in dem Augenblick auf, als seine eigenen Leute in die Boote zu gehen begannen, die am Strand der St.-Pauls-Bucht auf sie gewartet hatten.

Hassem, der Vizekönig von Algier, der den Befehl erhalten hatte, die letzten Phasen der Einschiffung zu decken, postierte Trupps von Hakenbüchsenschützen den kleinen Erhebungen und Hügelkämmen entlang, welche die Bucht beherrschten. Als die Ritter und Soldaten sich neu formierten und angriffen, schlug ihnen ein wahrer Kugelhagel entgegen. Wiederum stockte ihr Angriff, und die türkische Armee erhielt ein paar weitere Minuten Gnadenfrist.

Die Bucht, an der Einfahrt nicht breiter als eineinhalb Kilometer, bot einen außerordentlichen Anblick. Sie lag gedrängt voller Schiffe, und ihr seichtes blaues Wasser war kreuz und quer überzogen mit den Kielwasserstreifen von Ruderbooten, die das besiegte Heer vom Strand wegbrachten. Draußen hinter der schmalen Sandsteininsel Selmunett – wo nach der Legende der heilige Paulus Schiffbruch erlitt – kreuzten die Galeeren besorgt hin und her. Ihre Besatzungen mußten dabei stets nach Norden Ausschau halten, für den Fall, daß eine christliche Flotte aus Sizilien plötzlich über sie herfiele. Andere Schiffe und Frachter füllten die Bucht von Mellieha eineinhalb Kilometer weiter nördlich. Es schien immer noch unglaubhaft, daß sich eine so große Flotte und eine so starke Armee auf dem Rückweg befinden sollten. Wie immer bei einer solchen Evakuierung beschuldigten die Seeleute die Soldaten, die Soldaten die Seeleute.

Inzwischen hatte das Gros der Christen Mustaphas Nachhut erreicht. Hassems Musketiere vermochten dem Druck ihres Angriffs nicht mehr zu widerstehen. Rücksichtslos wurden sie in das Meer hinuntergetrieben, auf allen Sandsteinhängen und Dünen rund um die Bucht spielten sich blutige Kämpfe Mann gegen Mann ab. Die blaßblaue See, an manchen Stellen nur wenige Fuß tief, bot ein Bild furchtbarer Verwirrung – umgestürzte Boote, vom Wasser hin und her bewegte Leichen und Männer, die mit Streitaxt, Schwert und Krummsäbel aufeinander einhieben. Von den Christen am Strand und von den türkischen Musketieren in den Booten kam ständiges knatterndes

Gewehrfeuer. Hunderte von Männern fanden in diesem letzten Gefecht noch den Tod.

Am Abend des 8. September war die Belagerung vorüber. Die Flotte Sultan Solimans lief aus den Buchten von Mellieha und St. Paul aus, und die letzten Lastschiffe und Transporter aus Marsasirocco schlossen sich ihr an. Ein sanfter Nordwest wehte, als die Flotte vor dem Wind Kurs nahm auf Griechenland, auf den Peloponnes, die Ägäis und Konstantinopel. Hinter sich ließ sie eine verwüstete Insel und ihre Toten, welche die Hänge hinter Birgu und Senglea bedeckten. Am Schauplatz ihres letzten Gefechts, der kleinen, vom Land umschlossenen St.-Pauls-Bucht, war die Luft von Leichen verpestet, »noch zwei oder drei Tage danach war das Wasser der ›cala‹ so voll Toter des Feindes – mehr als 3000 waren es –, daß wegen des Gestanks sich niemand dem Ort nähern konnte«.

Als Mustapha, immer noch gedeckt durch das Feuer von Hassems tapferen Hakenbüchsenschützen, mit den letzten seiner Leute an Bord ging, blickte er auf die Insel zurück. Er sah den kahlen Hügelkamm des Wardia hinter der St.-Pauls-Bucht und, weiter entfernt, den silbrigen Glanz an den Hängen von Naxxar, dann Mdina auf seiner unbesiegten Höhe ... Nicht mehr sehen konnte er die jetzt hinter den anderen Hügeln und Höhenzügen verborgenen drohenden Bastionen von Senglea und Birgu – und nicht die zerstörten Wälle von St. Elmo.

Am Beginn seines Tagebuchs hatte Balbi geschrieben: »In diesem Jahr, 1565, unter der guten Regierung des tapferen und frommen Großmeisters Jean de la Valette, hat es Gott nach seinem Wohlgefallen zugelassen, daß der Orden mit großer Macht vom Sultan Soliman angegriffen wurde, der sich herausgefordert fühlte durch den großen Schaden, den ihm die Ritter dieses Ordens und ihre Galeeren zu Lande und zur See zufügten.« Jetzt, vier Monate später, waren Flotte und Heer des bis dahin fast als unbesiegbar geltenden Sultans geschlagen. Malta und der Orden des heiligen Johannes von Jerusalem hatten die große Krise überstanden. Aber der Sieg hatte sie viel gekostet.

»Dann kamen sie herüber nach Birgu, um den Großmeister – diesen so berühmten und tapferen Mann – in Person zu sehen, auch die großen Verheerungen und Zerstörungen an unseren Brustwehren.« La Valette wurde noch bei seinen Lebzeiten zur Legende. Er war die lebendige Verkörperung der ritterlichen Tugenden.

Den Soldaten der Entsatztruppe bot sich, als sie den Boden Birgus betraten, ein furchtbarer Anblick. Sie, die im letzten Gefecht einen leichten Sieg errungen hatten, konnten erst jetzt ermessen, um welchen Preis die Insel gerettet worden war. Immer noch rauchten und zerfielen Birgu und Senglea weiter unter den Folgen der dreimonatigen Belagerung. Nicht ein Haus gab es, das unbeschädigt geblieben war, und die Breschen in den Wällen waren an manchen Stellen so groß, daß man fast nicht begreifen konnte, warum es den Soldaten des »Großtürken« nicht gelungen war, einzudringen und die Besatzungen zu überwältigen. Fast jeder Mann, jede Frau und jedes Kind trugen die Zeichen der furchtbaren Leiden während der Belagerung. Die Verstümmelten und Verwundeten schleppten sich in den Festungstrümmern umher wie Gestalten aus dem Totenreich, als wollten sie diese gesunden, lebenskräftigen Soldaten, die ihnen zu Hilfe gekommen waren, verhöhnen.

Überall wurden diesen Stellen gezeigt, wo die Türken angegriffen hatten und Männer, deren Namen sie kannten, gefallen waren. »Und hier fiel Juan de la Cerda ...«, »und hier brach eine Schar maltesischer Schwimmer auf ...«, »und dort wurde der Neffe des Großmeisters vor dem großen Turm erschlagen ...« Der Erdboden vor Birgu bebte immer noch, und Erdspalten öffneten sich plötzlich, wenn die alten Minenstollen einbrachen. Die Neuankömmlinge sahen den Mauereinbruch der großen Bresche, wo an jenem schicksalhaften Morgen die Bastion Kastiliens in die Luft gegangen war, und, wie Vertot uns berichtet, »ihre Herzen füllten sich mit unaussprechlichem Schmerz«.

Das kleine Reich der Ritter des Ordens vom heiligen Johannes lag in Trümmern vor ihnen. Mit Bitterkeit mögen die Malteser bedauert haben, wie sehr sie bereit gewesen waren, ihr Leben für diesen fremden Orden christlichen Rittertums hinzugeben. Mit Bitterkeit mag der Bauer seine verwüsteten und öden Felder betrachtet und gedacht haben, daß selbst die Überfälle von Korsaren wie Dragut niemals solche Verheerungen angerichtet hatten. Aber das Bewußtsein, an einem Heiligen Krieg teilgenommen und durch ihre Mühen mitgeholfen zu haben, Europa zu retten, stärkte sie. Während sie ihre Toten begruben, erinnerten sie sich daran, daß sie, die Übriggebliebenen, noch weiterhin die gewöhnlichen Schulden der Lebenden zu tragen hatten, während die anderen fleckenlos ins Paradies eingegangen waren.

Die Entsatztruppe brachte alle Vorräte, die sie entbehren konnte, in die beiden verstümmelten Zitadellen. Sie brachten Leinwand und Verbandsmaterial zur Verwendung im Hospital an Land. Ihre Seeleute rollten Fässer mit Wein von den Schiffen, als Stärkung für die Besatzungen. Selbst in diesem Augenblick, da Ascanio de la Cornas Männer sich zu ihrem Erfolg über Mustapha gratulieren konnten, vermochten sie zu sehen, daß der Sieg schon vor ihrer Ankunft fast gewonnen war. Die ungeheure Anzahl türkischer Toter – die man jetzt in aller Eile in Massengräbern beisetzte –, die zerstörten Geschütze und die verstreuten Überreste des Lagers auf der Marsa erzählten ihre eigene Geschichte. Das war keine kurz vor dem Sieg stehende Armee, die da aus Malta geflohen war.

Es mag während dieser ersten Tage nach der Belagerung gewesen sein, daß ein Soldat, zur Nacht am Lagerfeuer sitzend, die Worte eines Liedes geformt hat, das später im Mittelmeer allbekannt werden sollte:

»Von draußen rief man ihr zu; von den Wällen kam die Antwort.
›Goldenes, silbernes Malta, Malta aus edlem Metall,
Malta, wir werden dich nicht erobern, selbst wenn du nur eine Melone wärest,
selbst wenn dich nur die Schale einer Zwiebel schützte.‹
›Ich bin es, welche die Galeeren des Groß-Türken dahinraffte,
all die Tapferen aus Konstantinopel und Galatien.‹«

Alles war nun vorüber. Die Fahnen flatterten über den unbezwungenen Halbinseln und über den Ruinen St. Elmos, des Forts, das untergegangen war, um sie zu retten. Jetzt war es für den Großmeister, seinen Sekretär und den Großen Rat Zeit für eine Bestandsaufnahme dessen, was ihnen begegnet war. Sie statteten Gott ihren Dank ab für den Sieg, aber sie wußten, welch einen bitteren Preis sie dafür hatten zahlen müssen. Fast 250 Ritter des Ordens hatten ihr Leben verloren, und die Übriggebliebenen waren fast alle schwerverwundet oder für ihr ganzes Leben verstümmelt. Von den spanischen und anderen fremden Soldaten sowie den Malteser Einwohnern waren 7000 bei der Verteidigung der Insel gefallen. Von einer Besatzung von ursprünglich fast 9000 Mann blieben dem Großmeister nur etwa 600, die noch fähig waren, eine Waffe zu führen. Mustapha hatte recht gehabt mit seiner Annahme, in einigen weiteren Wochen müsse die Insel unweigerlich in seine Hände fallen.

»Die Waffen Solimans I.«, schreibt W. H. Prescott, »erlitten während seiner langen und ruhmreichen Regierung keinen zweiten so demütigenden Rückschlag wie den Mißerfolg bei der Belagerung Maltas. Von den Kosten des Flottenunternehmens gar nicht zu reden, war der Verlust an Menschenleben ungeheuer ...« Balbi nimmt an, die Türken hätten im Verlauf der Belagerung 30 000 Mann verloren. Vertot, der Zugang zu allen Berichten hatte, stimmt dieser Angabe bei. Boisgelin ist mit 25 000 vorsichtiger. Von Hammer rechnet in seiner Geschichte des türkischen Reiches, daß die türkische Streitmacht (ohne die Seeleute, Galeerensklaven und Hilfstruppen) ursprünglich 31 000 Mann stark war – von denen höchstens 10 000 nach Konstantinopel zurückkehrten.

Man muß dabei stets berücksichtigen, daß diese Zahlen alle auf türkischen oder christlichen Berichten beruhen und daß keine Angaben über die Verluste der Algerier, Ägypter oder der Berberkorsaren Draguts existieren. Wenn man die niedrigste Angabe von 20 000 türkischen Gefallenen zugrunde legt, so wäre es immer noch wahrscheinlich, daß sich die Gesamtverluste des Unternehmens auf etwa 30 000 beliefen. Und dabei blieben die infolge der Angriffe sizilianischer Galeeren zwischen der Insel und der nordafrikanischen Küste verlorenen Schiffe und Männer außer Betracht.

Dies war der letzte große Versuch des türkischen Reiches, in das westliche Mittelmeer einzubrechen. Während der folgenden Jahrhunderte wurden zwar noch gelegentlich Versuche gemacht, über den Sperriegel von Malta hinaus vorzudringen, aber nur in sehr zaghafter Weise. Die Niederlage ihrer Armee und die sich während der großen Belagerung erweisende Unzulänglichkeit ihrer Flotte gebot zum ersten Mal der Expansion der türkischen Macht nach Westen Einhalt. Ihr maritimer Stolz erhielt einen letzten verheerenden Schlag in der Seeschlacht von Lepanto im Jahre 1571, als die Flotte der christlichen Liga, durch Maltesergaleeren verstärkt, den größten Teil der türkischen Flotte zerstörte.

Die Nachricht, daß Malta befreit und der Sultan geschlagen sei, durcheilte zu Schiff, mit berittenen Kurieren und mit Signalfeuern ganz Europa. In Palermo, Rom, Paris und selbst London läuteten die Glocken der Kirchen und Kathedralen. Wenn der Papst, als Protektor des Ordens, Festlichkeiten und Feiern in Rom anordnete, so war das nur natürlich; bezeichnenderweise wurde jedoch der Sieg auch im protestantischen England nicht übergangen. Matthew Parker, Erzbischof von Canterbury, ordnete (zweifellos, nachdem er sich mit Königin Elizabeth beraten hatte) an, sechs Wochen lang nach dem Ereignis solle dreimal wöchentlich ein Dankgebet gesprochen werden. Malta, »diese unbekannte Insel«, Malta, »dieser Felsen aus weichem Sandstein«, wurde bekannt als die »Insel der Helden« und das »Bollwerk des Glaubens«.

Das reiche und fruchtbare Rhodos, auf das Villiers de l'Isle Adam und selbst La Valette – davon träumten sie – hatten zurückkehren wollen, trat nun in den Schatten. Es gab keine Diskussion mehr darüber, ob die Basis und das Hauptquartier des Ordens an irgendeinen anderen Ort im Mittelmeer verlegt werden solle. Der Angriff des Sultans war in einer nicht vorausgesehenen Weise erfolgreich gewesen. Er hatte allen europäischen und Mittelmeermächten ganz klar gezeigt, wie wichtig Maltas strategische Lage an der Handelsroute dieses Meeres war. Nie mehr würde Malta von den Herrschern Europas als unbedeutend angesehen werden.

Don Garcia de Toledo erfuhr, »als er von der Bastion der Syrakusaner Burg aus die türkische Flotte mit Kurs auf die offene See vorbeiziehen sah, auch ohne Kurier von dem glücklichen Erfolg der Entsatztruppe und von der Aufhebung der Belagerung«. Wenige Tage danach, am 14. September, fuhr er wiederum über See nach Süden, um weitere 4000 Mann auf die Insel zu bringen für den unwahrscheinlichen Fall, daß die Türken zurückkehren würden. Er traf mit dem Großmeister zusammen, der in seiner gewohnten Höflichkeit den langen Aufschub des Hilfsunternehmens nicht erwähnte, durch den der Orden und die Insel den größten Teil ihrer Männer verloren hatten. La Valette lud ihn zum Essen in den Ruinen von Birgu.

Er hatte recht wenig Lebensmittel und Wein für seine hohen Gäste, so lieferten Don Garcia und andere Offiziere der Flotte Vorräte für diese Gelegenheit, während »auch der Gouverneur von Gozo viele frische Nahrungsmittel sandte«.

Der Vizekönig erzählte La Valette, wie er auf seinem Weg von Sizilien nach Malta das Schwanzende der türkischen Flotte passiert hatte, die nur einen Kurs kannte: ostwärts nach Konstantinopel. Angesichts der zahlenmäßigen Schwäche seiner eigenen Flotte hatte er von einem Angriff abgesehen. Der Großmeister mag ironisch gelächelt haben, aber er sagte nichts dazu. Später nahm er den Vizekönig mit auf eine Besichtigung der Insel und ihrer Verteidigungsanlagen. Zusammen inspizierten sie auch die türkischen Belagerungsgräben und gingen über den südlichen, dem Wasser zugekehrten Wall von Senglea. Sie ritten hinüber zu den sonnenheißen Abhängen des Sciberras und hinunter zu dem einsamen Fort an seinem Ende. Der Vizekönig erfuhr von La Valette aus erster Hand, wie sein Sohn gestorben war. Das war nicht der Augenblick, in dem ihm der Großmeister wegen seines Zauderns während des ganzen langen Sommers hätte Vorwürfe machen oder ihn zur Rede stellen können.

Wenige Tage später kehrte Don Garcia nach Sizilien zurück. Wenn La Valette seine zerstörten Verteidigungsanlagen betrachtete, seine verödete und ausgebrannte Insel, seine zusammengeschmolzenen Streitkräfte und die traurige Lage der Inselbevölkerung, dann vermochte er nur an die ungeheure Aufgabe zu denken, die vor ihm lag. Während er Gott für die Befreiung dankte, traf er in Gedanken bereits Vorbereitungen für die Zukunft. Er träumte von einer unbezwingbaren Befestigungslinie und von einer Stadt, welche für die Ewigkeit gebaut schien.

Tod durch das Beil oder die »seidene Schnur« waren nicht un-
gewöhnliche Strafen für die, welche den Sultan enttäuschten.
Mustapha Pascha und Piali mögen wohl um ihr Leben gezittert
haben, als sie geschlagen nach Konstantinopel zurückkehrten.
Sie waren so vorsichtig, den Sultan auf den unheilvollen Ausgang der Expedition vorzubereiten, indem sie eine schnelle Galeere mit ihren Meldungen vorausschickten. Soliman, dessen
Temperament während seiner letzten Jahre immer heftiger geworden war – vielleicht infolge der akuten Gicht, unter der er
litt –, warf, als er die Nachricht erfuhr, die Meldungen auf den
Boden und stampfte darauf herum.

»Es kann nur einen Kaiser auf Erden und nur einen Gott im
Himmel geben!« hatte Ibrahim, der Großwesir, gesagt, als er
Soliman zu dem Unternehmen gegen Malta drängte. Jetzt je-
doch mußte der Sultan anerkennen, daß der Orden des heiligen
Johannes unter seinem Großmeister La Valette ihm Trotz gebo-
ten und die Gefahr überstanden hatte.

»Es gibt unter meinen Offizieren nicht einen, dem ich vertrauen kann!« rief er. »Im nächsten Jahr werde ich, Sultan Soliman, selbst die Expedition gegen diese verfluchte Insel führen.
Ich werde keinen einzigen Bewohner schonen!«

Während die Flotte Kap Matapan umrundete und sich durch
die Ägäis langsam vorwärtsschob, konnte der Zorn des Sultans
abklingen. Als seine erste Aufregung vorüber war, sandte er
Mustapha und Piali eine Botschaft, in der er ihnen befahl, die
Flotte nach Einbruch der Dunkelheit in den Hafen einlaufen zu
lassen. Er wollte nicht, daß seine Untertanen die Katastrophe
sähen, die über das Heer hereingebrochen war. Den beiden
Befehlshabern aber vergab er den Mißerfolg.

»Ich sehe, daß mein Schwert nur in meiner eigenen Hand
unbesiegbar ist!«

Trotz seiner Worte war es Sultan Soliman nicht mehr bestimmt, einen Feldzug gegen die Insel der Ritter zu führen. Im
folgenden Jahr entschied er, die Zeit sei noch nicht reif für einen
neuen Angriff auf Malta, und wandte seine Aufmerksamkeit
dem Krieg in Ungarn zu. Am 5. September 1566 starb Sultan
Soliman im Alter von zweiundsiebzig Jahren, während er die

Belagerung von Szigetwar leitete. Im Verlaufe einer langen und glänzenden Regierungszeit, vielleicht der ruhmreichsten Periode in der Geschichte des Islam, hatte er lediglich zwei Rückschläge erlitten, welche diesen Namen verdienten. Der eine war seine Niederlage vor den Mauern Wiens im Jahre 1529 und der zweite – und bei weitem empfindlichste – der auf Malta.

Der einzige an der großen Belagerung beteiligte muslimische Führer, der sich später im Kampf auszeichnete, war El Louck Aly, der Gouverneur von Alexandria, der auch an der Seeschlacht von Lepanto im Oktober 1571 teilnahm. Als die Christen unter Don Juan d'Austria die türkische Flotte angriffen, errang einzig El Louck Alys Geschwader einen Erfolg. El Louck Aly manövrierte Andrea Doria völlig aus und stieß in den rechten Flügel der Christen hinein. Als das Zentrum der Türken unter seinem Oberbefehlshaber Aly Pascha zusammenbrach und die türkische Flotte vernichtet wurde, gelang es einzig El Louck Aly, mit dem größten Teil seines Geschwaders zu entkommen. Ein weiterer Belagerungsteilnehmer, der Lepanto – diese letzte große Seeschlacht, in welcher die Rudergaleere dominierte – noch als Mitkämpfer erlebte, war der Chevalier Romegas. Romegas war vielleicht der beste Seemann, den der Orden vom heiligen Johannes je hervorbrachte, und sein Name verdient, neben dem seines gefürchteten Gegners, des Piraten Dragut, in der Geschichtsschreibung genannt zu werden.

Der edle Grieche Lascaris, dessen Übergang zur Sache der Ritter diesen so gute Dienste leistete – besonders bei dem ersten großen Angriff auf Senglea –, überlebte die Belagerung ebenfalls. Er kehrte zum Glauben seiner Väter zurück, und seine Tapferkeit hatte den Großmeister so beeindruckt, daß La Valette ihm für den Rest seines Lebens eine Pension verschaffte. Von den Malteser Helden der Belagerung gibt es keinen Bericht, nur Legenden. Wie die der gewöhnlichen Soldaten der Zeit, so erachtete man auch ihre Namen als nicht wichtig genug zur Aufnahme in Dokumente oder Chroniken. Nur wenige von ihnen, wie Luqa Briffa und Toni Bajada, haben in Malteser Sagen die Zeiten überdauert. Nach letzterem wurde eine Straße in dem Fischerdorf benannt, das jetzt am Ort der letzten türkischen Niederlage, der St.-Pauls-Bucht, steht.

Don Garcia de Toledos Spur verliert sich bald nach Aufhebung der Belagerung im Dunkel. Nach dem Zeugnis einer Quelle beklagte sich La Valette bei Philipp II. von Spanien über das Verhalten seines Vizekönigs. Ganz gewiß hatte der Großmeister gute Gründe, sich über eine Politik zu beklagen, die ihn nahezu vier Monate lang ohne Hilfe und Beistand gelassen hatte (abgesehen von der »kleinen Entsatztruppe«). Das galt noch besonders, nachdem ihm zweimal von Don Garcia fest zugesagt worden war, er werde der Insel zu Hilfe kommen – das erste Mal für einen Zeitpunkt noch vor Ende Juni, das zweite Mal vor Ende August. Historiker des Ordens waren rasch bei der Hand damit, Don Garcia zum Schurken des Stücks zu machen; sie versuchten, irgendeinen verborgenen Plan hinter seinem Verhalten zu entdecken. Doch erscheint die Annahme weit wahrscheinlicher, daß der Vizekönig von Sizilien zuerst und vor allem für sein eigenes Herrschaftsgebiet Sorge trug und daß er einfach nicht genügend Soldaten und Transportschiffe aufbieten konnte, um seine ersten, optimistischen Zusagen einzuhalten. Wo auch immer die Schuld gelegen haben mag, er scheint sich das Mißfallen seines Herrn zugezogen zu haben. Kurze Zeit später wurde er von seinem sizilianischen Gouverneursposten abgelöst und zog sich nach Neapel zurück, »wo er den Rest seiner Tage ohne irgendwelches öffentliche Amt verbrachte und unbeachtet starb«.

Francisco Balbi di Correggio, dessen Tagebuchbericht von der großen Belagerung bei weitem das zuverlässigste Dokument darüber ist, das wir besitzen, lebt noch weitere vierundzwanzig Jahre. Er war sechzig Jahre alt, als er in dem spanischen Korps, das Senglea verteidigte, seine Hakenbüchse bediente. Sir Harry Luke berichtet von einem Eintrag in der Chronik der italienischen Stadt Correggio zum 12. Dezember 1589:

»Man nimmt an, daß an diesem Tag Francisco Balbi di Correggio fern von seinem Heimatland starb, ein wandernder Poet, der in italienischer und spanischer Sprache schrieb und von den Menschen wie vom Schicksal verfolgt war. Der berühmte Tiraboschi und der Historiker Colleoni wissen Gutes von ihm mitzuteilen.« Die erste Ausgabe seines Berichts von der Belagerung wurde 1567 in Alcala de Henares, eine zweite 1568 in Barcelona veröffentlicht.

Alle Fürsten Europas überhäuften den Großmeister La Valette mit Ehren. Philipp II. sandte ihm ein juwelenbesetztes Schwert und einen Dolch, deren Griffe aus Gold, emailliert und mit Perlen und fein geschliffenen Diamanten besetzt waren. »Plus quam valor valet Valette« lautete der eingravierte Sinnspruch. Der Abgesandte des Königs, der ihm diese Ehrengabe überbrachte, ließ eine Lobrede vom Stapel, die selbst den Sultan

Soliman hätte erröten lassen. Die Verteidigung der Insel, die maltesischen Küsten, Gestalt und Gesichtszüge des Großmeisters, alles wurde in Versen und im Stil eines Historienstücks gefeiert. Die Ereignisse und Details der Belagerung wurden auf vielen zeitgenössischen Gemälden, Landkarten und Flugblättern wiedergegeben. Das früheste der letzteren, das sich jetzt in der Royal Malta Library befindet, ist 1565 in Deutschland gedruckt – nur etwa einen Monat nach Aufhebung der Belagerung. Es zeigt die Aufstellung des türkischen Heeres und der türkischen Flotte, das Lager auf der Marsa und die zinnengekrönten Wälle von St. Elmo, St. Angelo und St. Michael.

Die beiden Dörfer Birgu und Senglea wurden bei der auf die Belagerung folgenden Verteilung von Ehren nicht vergessen. Birgu erhielt den neuen Namen »Vittoriosa«, die Siegreiche, und Senglea »Invitta«, die Unbesiegte.

Papst Pius IV. schickte, eingedenk der Tatsache, daß der Orden unter seinem persönlichen Schutz stand, dem Großmeister einen Kardinalshut. La Valette lehnte ihn ab, machte mit vorsichtiger Bescheidenheit Bedenken geltend, ob ihm eine solche Ehre zukomme. Er würde, so sagte er, seine Pflichten als Kardinal nicht angemessen erfüllen können, da er als Haupt des Ordens diesem fast seine gesamte Zeit widmen müsse. Als Großmeister, auch daran dachte er wohl, genoß er das Ansehen eines Kardinals – doch ohne dem Papst verpflichtet oder in die vatikanische Politik verwickelt zu sein. Man hat die Ablehnung des Kardinalshuts durch La Valette manchmal seiner Bescheidenheit zugeschrieben. Wahrscheinlicher ist, daß ihn gesunder Menschenverstand dazu veranlaßte.

Während des ganzen Herbstes und Winters 1565 arbeiteten der Großmeister, sein Rat und alle Bewohner der Insel daran, die Verteidigungsanlagen wieder instand zu setzen für den Fall, daß eine weitere Belagerung folgen sollte. Eifrig ging La Valette auch die Fürsten Europas um finanzielle Hilfe an. Er besaß jetzt ein so großes Prestige und die Insel solchen Ruhm, daß diese Hilfe ohne Verzug und in ansehnlicher Höhe einlief. Auch die Mitglieder des Ordens, fast alle sehr vermögend, halfen, die leeren Kassen wieder zu füllen. Die überholten und neu bemannten Ordensgaleeren lagen im darauffolgenden Jahr wieder bereit für die einträgliche Aufgabe, des Sultans Nachschublinien zu stören.

Am 28. Dezember 1565 traf der italienische Baumeister Francesco Laparelli (den der Papst für diese Aufgabe eigens ausgewählt hatte) auf Malta ein. Bei sich hatte er Pläne für neue Verteidigungsanlagen und für eine neue Stadt. Man hat zuweilen Laparelli und La Valette allein das Verdienst an der Einsicht zugeschrieben, daß der Monte Sciberras für die neue Heimat des Ordens die ideale Lage besitze. Tatsächlich aber war dieser Vorschlag bereits vor der großen Belagerung von mehreren Baumeistern gemacht worden, welche damals die Insel besucht hatten. Unter ihnen befanden sich Graf Strozzi (der den ersten Anstoß zur Errichtung von Fort St. Elmo gegeben hatte) und Antonio Ferramolino (der die neuen Pläne für St. Angelo und die Verteidigungsanlagen von Birgu entworfen hatte). Dennoch bleibt die Tatsache, daß es La Valettes praktisches Genie, seine Fähigkeit, die Kassen des Ordens wieder aufzufüllen, und sein schnelles Aufgreifen der Pläne Laparellis waren, welche die Stadt entstehen ließen, die seinen Namen trägt.

Der Monte Sciberras, der den Großen Hafen von Norden und Marsamuscetto von Süden her beherrschte, stellte ganz offensichtlich einen idealen Platz dar für die neue Heimat der Ritter. Am 28. März 1566 wurde der Grundstein gelegt. Der Großmeister und alle Ritter versammelten sich auf den Abhängen, auf denen die Blüte des türkischen Heeres gefallen war, zum feierlichen Gründungsakt der neuen Stadt. Sie wurde nach dem Großmeister genannt: Humillima Civitas Valettae, Allerdemütigste Stadt Valetta. Das war eine recht euphemistische Bezeichnung, mag man zu denken versucht sein, für die Stadt, welche die aristokratischste und exklusivste Festung Europas werden sollte, eine Stadt, die man späterhin oft die »Superbissima«, die Stolzeste, nannte.

Während 1566 mehr als 8000 Arbeiter an den Hängen des Sciberras werkten, den Boden planierten und die ersten Mauern hochzogen, wurde die Insel von 15000 Mann Besatzung geschützt. Philipp II. hatte sie, in Erwartung eines weiteren türkischen Angriffs, nach Malta geschickt. Aber der Sultan führte Krieg in Ungarn, und die Mauern begannen in Frieden über den felsigen Ufern des Großen Hafens und Marsamuscettos emporzuwachsen. Während die Galeeren im Süden vor der Berberküste und im Osten, in der Ägäis, Kaperkrieg führten und die jungen Ritter auf »Karawane« gingen, um das harte Seemannshandwerk zu erlernen, weilte La Valette Tag und Nacht in seiner neuen Stadt. Dort gab er Gesandten Audienzen, hielt Ratsversammlungen ab, überwachte die Verwaltung des Ordens und konferierte mit den Ingenieuren und Festungsbaumeistern.

Drei Jahre nach der Belagerung, im Juli 1568, erlitt La Valette, nach einer ganztägigen Falkenjagd in der heißen Sonne, einen Schlaganfall. Er wurde durch die wiederhergestellten, aber immer noch engen Straßen, die Zeugen seines größten Triumphes, zum Großmeisterpalast in Birgu getragen. Mehrere Wochen lang siechte er dahin, seiner Sinne immer noch so weit mächtig, daß er seine letzten Anordnungen treffen und verfügen konnte, seine persönlichen Sklaven sollten freigelassen werden, und daß er seine Brüder zu ermahnen vermochte, in Frieden und Einigkeit zusammenzuleben und die Ideale des Ordens hochzuhalten. Am 21. August des Jahres 1568 vernahm eine schweigende Volksmenge in den Straßen, der Großmeister Jean Parisot de la Valette sei tot.

Seinen letzten Befehlen gehorchend, brachten die Ritter des Ordens seine sterbliche Hülle an Bord der Admiralsgaleere und ruderten sie über den Großen Hafen zu der Stadt, die seinen Namen trug. Vier andere Galeeren, schwarz verhängt, begleiteten diesen größten der Großmeister auf seiner letzten Reise. Der Sarg wurde durch die neuen Straßen von Valetta getragen. Er wurde in der Kapelle bestattet, die der Allerseligsten Jungfrau, Unserer Lieben Frau vom Siege, geweiht war.

Jetzt liegt La Valette in der großen Krypta der Kathedrale St. Johannis. Neben ihm ruht ein Engländer, sein Sekretär und treuer Freund, Sir Oliver Starkey – der einzige in der Krypta Begrabene, der nicht Großmeister war.

Die lateinische Inschrift auf La Valettes Grab verfaßte Sir Oliver Starkey. In Übersetzung lautet sie:

»Hier ruht La Valette, ewiger Ehren würdig. Er, einst die Zuchtrute Afrikas und Asiens und der Schild Europas, als er die Barbaren mit heiligen Waffen vertrieb, wurde als erster in dieser geliebten Stadt begraben, die er gegründet.«

Um ihn herum ruhen die Großmeister, die nach ihm kamen. Über ihm und dem Mosaikfußboden der großen Kathedrale glänzen die Waffen und Insignien der Ritter, die, über 200 Jahre lang, die unbezwingbare Festung Valetta hielten.

Die maltesische Inselgruppe zur Zeit der großen Belagerung 1565

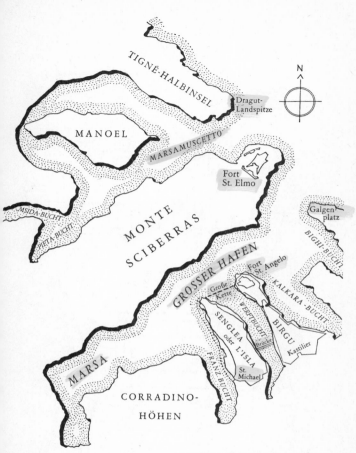

Der Große Hafen, Marsamuscetto und die Verteidigungsanlagen Maltas um 1565

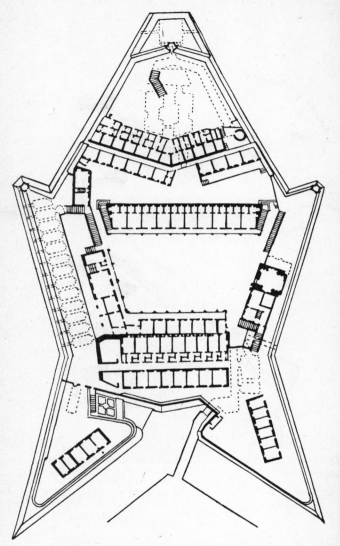

*Plan von Fort St. Elmo, entworfen 1552 vom spanischen Festungsbau-
meister Pedro Pardo*

Literaturverzeichnis

Abela, Commendatore Fra F. G., *Della Descrittione di Malta* (Malta 1647)

d'Aleccio, Matteo Perez, *I veri Ritratti della guerra e Dell' Assedio dali alla Isola di Malta dall'Armata Turchesa 1565* (Rom 1582)

Balbi, Francisco di Correggio, *La Verdadera relaçion de todo lo qui el año de MDLXV ha succedido en la Isla de Malta* (Barcelona 1568)

Baudouin, J., *Histoire des Chevaliers de l'Ordre de S. Jean de Hierusalem* (Paris 1624)

Boisgelin, L. de, *Ancient and Modern Malta and the History of the Knights of Jerusalem* (London 1805)

Bosio, G., *Dell'istoria della Sacra Religione et Illma. Militia di San Giovanni Gierosolimitano* (Rom 1594)

Bowerman, H. G., *The History of Fort St. Angelo* (Valetta 1947)

Brantôme, L'Abbé de, *Œuvres du Seigneur de Brantôme* (Paris 1740)

Brydone, P., *A Tour through Sicily and Malta* (London 1773)

Cambridge Modern History, Vol. III, *The Wars of Religion* (1907)

Cavaleiro, R., *The Last of the Crusaders* (London 1960)

Corso, C., *Commentarii d'Antonfrancesco Cirni Corso ...e l'Historia dell'Assedio di Malta diligentissimamente raccolta, insieme con altre cose notabili* (Rom 1567)

Cousin, R. J. D., *The Siege of St. Elmo* (Malta 1955)

Crema, Cavaliere F. T. da, *La Fortificazione, Guardia, Difesa e Espugnatione delle fortezze* (Venedig 1630)

Curione, Celio Secondo, *Nuova Storia della Guerra di Malta.* Aus dem Lateinischen übersetzt von E. F. Mizzi (Rom 1927)

Currey, E. Hamilton, *Seawolves of the Mediterranean* (London 1910)

Downey, Fairfax, *The Grande Turke* (London 1928)

Floriana Pompeii, *Discorso intorno all'isola di Malta e di cio che porra succedere tentando il Turco dal impresa* (Macerta 1576)

Gauci, Gaëtano, *Il Grande Assedio di Malta* (Malta 1891)

Gravière, Jurien de la, *Les Chevaliers de Malte et la Marine de Philippe II.* (Paris 1887)

Hammer, J. von, *Geschichte des Osmanischen Reiches* (Ofenpest 1827–1835)

–, *Histoire de l'Empire Ottoman depuis son origine jusqu'à nos jours.* Aus dem Deutschen übersetzt von J.-J. Hellert (Paris 1841)

Hughes, J. Quentin, *The Building of Malta 1530–1795* (London 1956)

Laking, Sir G. F., *A Catalogue of the Armour and Arms in the Armoury of the Knights of St. John of Jerusalem in the Palace, Valetta* (London 1905)

Lucini, Anton F., *Disegni della Guerra, Assedio et Assalti dati dall'Armada Turchesa all'Isola di Malta l'anno MDLXV* (Bologna 1631)

Luke, Sir Harry, *Malta – an Account and an Appreciation* (London 1949)

Macerata, Paolo F. da, *Defesa et Offesa delle Piazze* (Venedig 1630)

Molle, Stefano, *L'Ordine di Malta e la Cavalleria* (Rom 1929)

Pantaleone, H., *Militaris Ordinis Johannitarum Rhodiorum aut Melitensium Equitum ... Historia Nova* (Basel 1581)

Porter, Whitworth, *The History of the Knights of Malta* (London 1883)

Pozzo, B., *Historia della sacra religione militare di S. Giovanni Gerosolimitano, detta di Malta* (Verona 1703)

Prescott, W. H., *History of the Reign of Philipp II.* (London 1855)

Ryan, F. W., *Malta* (London 1910)

Schermerhorn, E. W., *Malta of the Knights* (London 1929)

Taafe, J., *History of the Order of St. John of Jerusalem* (London 1852)

Vassallo, G. A., *Storia di Malta* (Malta 1848)

Vendôme, P. Gentil de, *Della Historia di Malta et Successo della guerra seguita tra quei Religiosissimi Cavalieri et il potentissimo Grand Turco Sultan Solimano l'anno 1565* (Rom 1565)

Vertot, L'Abbé de, *Histoire des Chevaliers Hospitaliers de S. Jean de Jerusalem* (Paris 1726)

Viperanus, J. A., *De Bello Melitensi Historia* (Perugia 1567)

Zabarella, Conte Carlo S., *Lo Assedio di Malta* (Turin 1902)

Zammit, Sir T., *Malta – The Islands and Their History* (Malta 1926)

–, *Valetta – An Historical Sketch* (Malta 1929)

Anmerkungen

An den Dialogen in diesem Buch ist nichts erdichtet. Die Reden des Großmeisters und anderer wurden möglichst den ältesten erreichbaren Quellen entnommen. Am Beginn der Anmerkungen zu den einzelnen Kapiteln habe ich in der Reihenfolge der Zitation die wichtigsten Quellen angeführt, denen die Zitate entnommen sind.

Erstes Kapitel

Fairfax Downey, *The Grande Turke* (London 1928)
R. J. D. Cousin, *The Siege of St. Elmo* (Malta 1955)
Conte Carlo S. Zabarella, *Lo Assedio di Malta* (Turin 1902)
E. Hamilton Currey, *Seawolves of the Mediterranean* (London 1910)
J. Taafe, *History of the Order of St. John of Jerusalem* (London 1852)
The Cambridge Modern History, Vol. III (1907)

Die Beschreibung des Divan vom Oktober 1564 und seiner Beschlüsse verdanke ich hauptsächlich J. von Hammers *Geschichte des Osmanischen Reiches,* in der französischen Übersetzung von. J.-J. Hellert (Paris 1841).

Zweites Kapitel

Louis de Boisgelin, *Ancient and Modern Malta* (London 1805)
Sir Themistocles Zammit, *Malta – The Islands and Their History (Malta 1926)*

Die Schenkungsurkunde des Kaisers über die maltesische Inselgruppe befindet sich in der Royal Malta Library. Sie wurde 1530 im Namen Kaiser Karls V. und seiner Mutter, Königin Johanna, ausgestellt.

Drittes Kapitel

Conte C. S. Zabarella, *a. a. O.*
J. Baudouin, *Histoire des Chevaliers de l'Ordre de S. Jean de Hierusalem* (Paris 1624)

Viele der Informationen über die Galeeren des Mittelmeers verdanke ich dem Werk Jurien de la Gravières, *Les Chevaliers de Malte et la Marine de Philippe II.* (Paris 1887). Gravière bezieht sich auf Forfait, einen französischen Marine-Ingenieur, der eine Spezialstudie über Galeeren veröffentlichte. Forfait nimmt an, daß eine Galeere bei völliger Windstille in der ersten Stunde etwa 4 $^1/_2$, in den darauffolgenden beiden Stunden 2 $^1/_4$ bis 1 $^1/_2$ Knoten laufen konnte.

Eines der größten Schiffe der Zeit war die »Große Karake von Rhodos«, welche die Ritter mitbrachten, als sie die Insel verließen, und die dann ihre Tage in Malta beschloß. J. Taafe hat sie in seiner *History of the Order* beschrieben: »Sie glich unseren Rettungsbooten darin, daß sie trotz zahlreicher Lecks und einer Menge Wasser im Schiff nicht sinken konnte. Als in Nizza die Pest umging und so viele Menschen starben, daß in der von Gestank erfüllten Luft die Vögel tot herniederfielen, gab es an Bord der ›Karake‹ nie einen Kranken, was man hauptsächlich den vielen Feuern zuschrieb, welche die Handwerker zur Anferti-

gung der benötigten Schrauben, Nägel und anderen Eisenteile unterhielten ...
(Sie) besaß acht Decks und so viel Raum für Magazine und Warenspeicher, daß
sie sechs Monate lang auf See bleiben konnte, ohne daß sie zur Aufnahme irgendwelcher Vorräte oder selbst von Wasser einen Hafen aufsuchen mußte; denn sie
hatte für diese ganze Zeit gewaltige Reserven an allerfrischestem und klarstem
Wasser. Die Besatzung mußte keinen Zwieback essen, sondern lebte von ausge-
zeichnetem, jeden Tag frisch gebackenem Weißbrot. Das dazu benötigte Getreide wurde in vielen Handmühlen gemahlen, dann das Brot in einem Ofen
gebacken, der so groß war, daß er 2000 Laib faßte. Das Schiff war mit sechs
Schichten von Metall beschlagen, von denen unter der Wasserlinie zwei mit
Bronzeschrauben befestigt und verlötet waren, die das Lötmetall nicht zerstören
wie die eisernen Schrauben. Es war mit so vollendeter Kunst gebaut, daß es
niemals sinken und keine menschliche Gewalt es versenken konnte. Prächtige
Räume, eine Rüstkammer für 500 Mann gab es, und von der stattlichen Zahl von
Kanonen jeder Art will ich nur erwähnen, daß 50 von ihnen außerordentlich
groß waren. Alle diese Vorzüge wurden jedoch gekrönt von der unvergleichli-
chen Schnelligkeit und Wendigkeit des gewaltigen Schiffes und von der Tatsache,
daß seine Segel erstaunlich leicht zu bedienen waren und für alle Manöver mit
wenig Mühe gesetzt oder gerefft werden konnten. Wenn wir von der kämpfenden Besatzung einmal absehen, betrug die Zahl der Seeleute allein 300; zu der
Karake gehörten zwei Galeeren zu je 15 Ruderbänken, deren eine ihr im
Schlepptau folgte, die andere trug sie an Bord; nicht zu reden von den vielen
Booten verschiedener Größen, die auch an Bord genommen wurden. Ihre Seiten-
beplankung war so stark, daß, obwohl sie oft im Kampf gestanden hatte und von
Kanonenkugeln getroffen worden war, niemals ein Geschoß ihre Bordwände
oder ihre Aufbauten direkt durchschlug.«

Viertes Kapitel

Celio Secondo Curione, *Nuova Storia della Guerra di Malta;* das Original latei-
nisch, datiert 1565 und ins Italienische übersetzt von E. F. Mizzi (Rom 1927).

Antonio Ferramolino war italienischer Ingenieur und unter Großmeister
d'Omedes der Baumeister, der zwischen 1541 und 1550 den größten Teil der
Festungsbauarbeiten leitete. Sein Nachfolger wurde Pedro Pardo. Während des
Jahres, das der großen Belagerung vorherging, hatte Evangelista als Festungsbau-
meister La Valettes die Arbeiten an den meisten der Werke unter sich. R. J. D.
Cousin gibt die Anzahl der bei Draguts großem Raubzug 1551 gefangenen Ein-
wohner Gozos an mit »700 Männern sowie zwischen 5000 und 6000 Frauen und
Kindern«. Das scheint eine etwas hoch angesetzte Schätzung, fast soviel wie die
gesamte Bevölkerung der Insel zählte.
    Viel Material über den Stand der Verteidigungsanlagen Maltas vor der großen
Belagerung verdanke ich J. Quentin Hughes mit seinem Buch *The Building of
Malta 1530–1795* (London 1956). Die Royal Malta Library und die Archive des
Ordens enthalten ebenfalls viele unschätzbar wertvolle Informationen über die
Befestigungsanlagen, darunter den ersten Plan für Fort St. Elmo aus dem Jahre
1552 (s. Seite 230).

Fünftes Kapitel

Wir sind in der äußerst glücklichen Lage, einen ausgezeichneten Augenzeugenbericht über die Kämpfe und Ereignisse jeden Tages der großen Belagerung zu

besitzen. Er wurde aufgezeichnet von Francisco Balbi di Correggio, einem sechzigjährigen Poeten, Schriftsteller und Söldner, der während der ganzen Belagerung bei der Besatzung von Senglea stand. Die Royal Malta Library besitzt zwei Exemplare der 1568 in Barcelona erschienenen Ausgabe seines Werkes.

Der einzige andere Augenzeuge, der über die Belagerung berichtete, war Antonfrancesco Cirni »Corso«, ein korsischer Kleriker, der mit dem großen Entsatzheer nach Malta kam. Anders als Balbi, der von Anfang bis Ende dabei war, sah Cirni nur die allerletzte Phase des Feldzugs. Er sammelte jedoch sorgfältig Material von den Überlebenden der Belagerung. Pierre Gentil de Vendôme veröffentlichte seine Geschichte Maltas und der Belagerung in Rom, nur wenige Monate, nachdem die Insel befreit worden war. Auch von den Soldaten der Entsatzarmee hat er Material gesammelt.

Die 541 Ritter und Waffenknechte, die sich im Frühjahr 1565 auf Malta befanden, verteilten sich auf die einzelnen »Zungen« wie folgt:

	Ritter	Waffenknechte
Provence	61	15
Auvergne	25	14
Frankreich	57	24
Italien	164	5
England	1	–
Deutschland	13	1
Kastilien	68	6
Aragonien	85	2

Sechstes Kapitel

Von Hammer gibt in seiner *Geschichte des Osmanischen Reiches* den folgenden Abriß der türkischen Streitkräfte, die in Konstantinopel an Bord gingen: 7000 Spahis aus Kleinasien, 500 Spahis aus Karamanien, 500 Spahis aus Mytilene, 4500 Janitscharen, 3000 Freischärler, 12000 Freischärler-Spahis, 3500 Freischärler aus Rumelien.

Balbi gibt folgende Zahlen: 6300 Janitscharen, 6000 Spahis aus Anatolien, 500 Spahis aus Karamanien, 2500 rumänische Spahis, 400 Iayalaren von den Inseln, 3500 Iayalaren vom Balkan, 4000 Freiwillige, 6000 Mann ausgehobene Truppen.

Obwohl es menschlich ist, die Stärke des Gegners zu übertreiben, ist Balbi in den meisten seiner Angaben sehr vorsichtig und sein ganzer Bericht nüchtern und gewissenhaft. Es scheint keinen stichhaltigen Grund zu geben, seine Zahlen anzuzweifeln, die eine Gesamtstärke von 29200 Mann ergeben. Nicht berücksichtigt sind dabei natürlich Draguts Korsaren, Hassems Algerier oder die ägyptischen Truppen. Ich sehe keinen Anlaß, daran zu zweifeln, daß sich auf dem Höhepunkt der Belagerung etwa 40000 Mann Belagerungstruppen auf der Insel befanden.

Siebtes Kapitel

J. Taafe, *a.a.O.*
Jurien de la Gravière, *a.a.O.*

Das schlechte Verhältnis, welches ohne Zweifel zwischen der Malteser Aristokratie und den Rittern vom Orden des heiligen Johannes bestand, ist nicht schwer zu erklären. Die Ritter betrachteten die Nobilität der Insel (meist spanischer Abkunft) nicht als genügend standesgemäß für eine Aufnahme in den

Orden. E. W. Schermerhorn bemerkte in *Malta of the Knights* (London 1929) folgendes: »In den vornehmen Kreisen der gebildeten Malteser Adeligen, die sich in der Lokalgeschichte gut auskennen, darf über den herrischen Orden, der ihr Parlament und ihre freien gesellschaftlichen Institutionen beseitigte, mit den geheiligten Privilegien ihres Bistums in Konflikt lag, der den Söhnen von Familien, deren Adelstitel älter waren als die Besetzung von Rhodos, überheblich die Aufnahme verweigerte ... einfachhin nicht gesprochen noch zu seinen Gunsten eingetreten werden.«

Achtes Kapitel

J. Taafe, *a. a. O.*

Antonio Ferramolino, den Kaiser Karl V. 1541 als Berater zum Großmeister d'Omedes schickte, hatte auf alle schwachen Punkte im Verteidigungssystem der Insel hingewiesen. Er hatte sogar angeregt, man solle Birgu räumen und den Konvent auf den Monte Sciberras verlegen. Man kann als ziemlich sicher annehmen, daß La Valette sich an diesen Rat erinnerte, als er den Bau Valettas in Angriff nahm.

Die Beschreibung St. Elmos ist den Werken Boisgelins und Bosios entnommen. Des letzteren Ordensgeschichte (Rom 1594) ist vergleichsweise gut belegt.

Pialis Bestehen auf der Notwendigkeit, den Hafen von Marsamuscetto zu besetzen, läßt den Stein des Anstoßes sichtbar werden, der den türkischen Feldzug in Schwierigkeiten brachte. In Wirklichkeit hätte sehr wenig Gefahr für seine Flotte bestanden, wenn sie den ganzen Sommer über in Marsasirocco geblieben wäre. *The Mediterranean Pilot*, Bd. I (Admiralität, London 1951) widmet auch dem Gregal und seiner Häufigkeit in den verschiedenen Jahreszeiten einen Abschnitt. In fünfjährigen Segelfahrten um Malta und im zentralen Mittelmeer sind mir in den Sommermonaten selten Nordostwinde von einiger Stärke begegnet.

In diesem und mehreren anderen Kapiteln habe ich zitiert aus General Whitworth Porters Buch *The History of the Knights of Malta* (London 1883). Die seltene Ausgabe von 1883 besitzt fast den doppelten Umfang wie die sechs oder sieben anderen Ausgaben dieses Buches. Etwa drei Viertel des gesamten Werkes wurden durch Feuer vernichtet, und die vollständige Ausgabe wurde nie wieder gedruckt.

Zehntes Kapitel

In diesem und anderen Kapiteln zitiere ich aus W. H. Prescott, *History of the Reign of Philipp II*. (London 1855). Die beiden ersten Bände dieses Geschichtswerkes wurden 1855 in London veröffentlicht, und der große amerikanische Historiker arbeitete am dritten Band, bis er 1859 starb. Der zweite Band enthält einen klaren und genauen Bericht von der großen Belagerung, der sich hauptsächlich auf Balbis Tagebuch stützt. Die der Belagerung gewidmeten Kapitel wurden in die maltesische Sprache übersetzt und als gesonderte Ausgabe in Malta veröffentlicht.

Elftes Kapitel

Abbé de Brantôme, *Œuvres du Seigneur de Brantôme* (Paris 1740)

Der große französische Historiker und Biograph (1540–1614) weilte kurze Zeit nach der Belagerung auf Malta. Er hatte dort Begegnungen mit La Valette und den anderen Rittern. Ich habe für mein Buch die Pariser Ausgabe von 1740 benutzt, die sich in der Royal Malta Library befindet; jedoch kann kaum Zweifel daran bestehen, daß die zwölfbändige Ausgabe (1864–1896) von Lalanne die beste ist. Der Abbé de Brantôme war ein großer Bewunderer des Ordens und nahm sogar auf dessen Galeeren an mehreren »Karawanen« teil.

Material über das Leben Draguts verdanke ich vielen Verfassern, darunter J. von Hammer, Jurien de la Gravière und E. Hamilton Currey. Ich lasse einen kurzen Überblick über seine Unternehmen gegen die maltesischen Inseln folgen:

1540 Angriff auf Gozo.

1544 Angriff auf Gozo. Während dieses Unternehmens soll Draguts Bruder getötet und seine Leiche vom Kommandanten der Zitadelle verbrannt worden sein. Dragut schwor Rache. Zur gleichen Zeit soll er eine prophetische Ahnung gehabt haben, auch ihn werde eines Tages der Tod »im Reich der Ritter« ereilen.

1546 Angriff auf Gozo.

1547 Angriff auf Malta, Landung in Marsasirocco.

1551 Zwei Angriffe auf Malta, einer im Frühjahr, einer im Sommer. Dieses Mal benutzte er Marsamuscetto als Hauptquartier. Von den Rittern vor Birgu zurückgeschlagen, richtet er nunmehr seinen Angriff gegen Gozo und führt fast die gesamte Bevölkerung in die Sklaverei.

1565 Stößt als Berater für die Belagerung zu Mustapha Pascha und Piali. Durch Splitter einer Kanonenkugel verwundet, stirbt er in seinem Zelt auf der Marsa am 23. Juni, dem Tag, an dem St. Elmo fiel.

Zwölftes Kapitel

J. von Hammer, *a. a. O.*
Balbi, *a. a. O.*

Dreizehntes Kapitel

W. H. Prescott, *a. a. O.*
J. Taafe, *a. a. O.*

Bosio, Vertot, Taafe und andere Ordenshistoriker klagen alle Don Garcia de Toledo kleinmütiger Haltung, wenn nicht schlimmerer Dinge an. Prescott hat folgende Bemerkung: »... Weit davon entfernt, seine Maßnahmen zu beschleunigen, schien der Vizekönig gewillt, die Rolle des Matadors in einem seiner heimatlichen Stierkämpfe zu spielen, indem er die beiden streitenden Parteien sich im Kampf erschöpfen ließ und sein eigenes Erscheinen für einen Zeitpunkt aufsparte, in dem ein einziger Hieb seines Degens den Kampf dann entscheiden sollte.«

Vierzehntes Kapitel

Bosio und Vertot nennen Vitelleschi als den Ritter, den man als Überbringer der von den Meuterern verfaßten Botschaft an La Valette ausgewählt habe. Zabarella schreibt, ohne seine Quelle zu nennen, diese zweifelhafte Ehre dem französischen Ritter Bonnet de Breuilhac zu. Vielleicht handelt es sich dabei nur um nationalen Parteiengeist. Es ist bemerkenswert, daß Zabarella in seinem ganzen Belagerungsbericht der italienischen Ordensprovinz den Löwenanteil des Ruhmes zuteilt. Sowohl Vitelleschi als auch de Breuilhac starben beim Fall von St. Elmo.

Der Originalbrief der Meuterer ist noch nicht aufgefunden worden. Der von mir gegebene Wortlaut beruht auf früheren Angaben. Wahrscheinlich hat man das Original entweder unmittelbar nach der Belagerung oder zu einem späteren Zeitpunkt vernichtet, um zu vermeiden, daß auf dem Andenken von Männern, die so tapfer gestorben waren, ein Makel von Feigheit verbleibe.

Fünfzehntes Kapitel

Balbi, *a a. O.*
Jurien de la Gravière, *a. a. O.*
E. Hamilton Currey, *a. a. O.*

Sechzehntes Kapitel

W. H. Prescott, *a. a. O.*

Ein Portrait des gefürchteten Seemanns und Kriegers Dragut, des Gouverneurs von Tripolis, befindet sich im Palazzo Reale zu Mailand.

Jurien de la Gravière schreibt über seinen Tod folgendes – es mag wohl als sein Epitaph dienen: »Il est mort sans déclin, dernière faveur de la fortune pour un homme qu'elle avait toujours gâté.«

Siebzehntes Kapitel

R. J. D. Cousin, *a. a. O.*
P. Gentil de Vendôme, *a. a. O.*
E. Hamilton Currey, *a. a. O.*
J. Taafe, *a. a. O.*
Abbé de Vertot, *a. a. O.*

Achtzehntes Kapitel

Alle Maßnahmen La Valettes, vom Beginn der Belagerung an, zeigen, daß ihm dies eine gewiß war: Es konnte von Malta keinen Rückzug geben wie einst von Rhodos. Was die Grausamkeit angeht, die beide Seiten an den Tag legten, scheint mir Moritz Broschs Bemerkung im dritten Band der *Cambridge Modern History* treffend: »In Sachen der Toleranz gegenüber Andersgläubigen stand der Sultan über seinen Gegnern. Daß er jedes zehnte Kind männlichen Geschlechts der besiegten Christen in die Sklaverei führte, war ein Akt der Grausamkeit; aber abgesehen davon wurde unter Solimans Regierung niemand verfolgt, und das zu einer Zeit, da die Inquisition ihr grausames Werk in Spanien und den Niederlanden weiterführte. Wenn man all dies berücksichtigt, kann man nicht sagen, daß es in den Kriegen Solimans nur auf seiten der Türken Grausamkeiten gab. In manchen Punkten läßt sich nicht leugnen, daß die Türken besser, die Spanier und Kaiserlichen schlechter waren als ihr Ruf.« (J. E. Flecker, *War Song of the Saracens*, S. 169.)

Neunzehntes Kapitel

Was die Nachrichten über La Valettes Handeln und Reden während des kritischen Stadiums der Belagerung angeht, so habe ich hauptsächlich Balbi, Cirni

Corso, Vertot und Brantôme benutzt. Auch Bosio hat eine Anzahl Anekdoten über den Großmeister.

Zwanzigstes Kapitel

Die Lascaris waren eine bithynische Familie, die dem Ostreich während des 13. Jahrhunderts drei Kaiser geschenkt hatte. Nach dem Fall Konstantinopels wurden viele Familienmitglieder von den Türken verbannt, andere getötet. Lascaris überlebte die Belagerung und erhielt von La Valette eine Leibrente aus der Ordenskasse zugesprochen.

Die Palisade aus Pfählen, die in der Verteidigung Sengleas während dieses ersten Angriffs eine so bedeutende Rolle spielte, gehörte zu La Valettes brillanten Improvisationen. Eine Reihe von Autoren, wie Boisgelin und Prescott, vermuten fälschlicherweise, diese Palisade sei von der Landspitze Sengleas aus quer über die Einfahrt der Bucht bis zur Landspitze der Corradinos verlaufen. Das wäre wegen der Wassertiefe wie auch wegen der Beschaffenheit des Meeresgrundes unmöglich gewesen. (Die Bucht ist an der Einfahrt heute 7 Faden – etwa 13 Meter – tief und hatte wahrscheinlich nie weniger als 5 Faden Tiefe.) Perez d'Aleccios Kupferstiche (gefertigt vor 1600 und auf Augenzeugenberichten aus der Belagerungszeit beruhend) zeigen ganz klar, daß die Palisade parallel zum Westufer Sengleas verlief.

Einundzwanzigstes Kapitel

Einen großen Teil des in diesem Kapitel enthaltenen Materials verdanke ich dem Werk von C. J. Ffoulkes *The Armourer and His Craft* (London 1912) sowie Sir G. F. Laking, *A Record of European Armour and Arms* (London 1920) und *Catalogue of the Armour and Arms in the Armoury of the Knights of St. John of Jerusalem in the Palace, Valetta* (London 1905).

Zweiundzwanzigstes Kapitel

Balbi, *a. a. O.*
Porter, *a. a. O.*

Zweifellos ist der Einsatz von Chevalier de Lugnys Kavallerie an Bedeutung dem der Batterie de Guirals (die beim ersten Angriff auf Senglea die zehn Boote mit Janitscharen an Bord vernichtete) gleichzustellen. Ohne ein gewisses Maß von Glück und ohne geschickte Nutzung dieses Glücks wäre Senglea bei beiden Gelegenheiten verlorengegangen.

Dreiundzwanzigstes Kapitel

Balbi gibt an, beim ersten Angriff auf Senglea seien 4000 feindliche Soldaten gefallen. Das mag sehr wohl übertrieben sein. Vertot ist noch großzügiger in seinen Angaben über die Verluste.

Während der ausgedehnten Diskussionen in Messina über die Frage der Hilfe für Malta war Giannettino Doria – Neffe des berühmten Admirals – einer der eifrigsten Fürsprecher der Ritter. Die Gegenpartei trat dafür ein, La Valette solle die Kapitulationsbedingungen des Feindes annehmen, wie es Villiers de l'Isle Adam in Rhodos getan hatte. Alvarez de Sandé, später stellvertretender Kommandeur der Entsatztruppe, soll ebenso für eine Kapitulation La Valettes gewesen sein.

Vierundzwanzigstes Kapitel

Die Zahlenangabe über die während der großen Belagerung abgegebenen Kanonenschüsse stammt von Jurien de la Gravière. Wenn irgend etwas, dann muß man seine Zahl von 70000 Schuß als Untertreibung ansehen. Man muß daran erinnern, daß eine große Anzahl der Kanonenkugeln, die auf St. Elmo abgegeben wurden, leicht wieder gebrauchsfertig gemacht und verwendet werden konnten. Man hat in den vergangenen Jahren mehrere davon aus dem Großen Hafen und den Gewässern vor der Landspitze von St. Elmo gefischt.

Sir Harry Luke beschreibt in seinem Buch über Malta die Pflanze, die auf Fungus Rock wächst. Ihr botanischer Name lautet *Fusus coccineus melitensis,* und sie scheint, wie übrigens auch die einzigartigen Eidechsen auf dem Inselchen Filfla, in anderen Teilen des Mittelmeers unbekannt zu sein.

Fünfundzwanzigstes Kapitel

Vertot, *a. a. O.*

Die Beschreibung von Mustaphas »teuflischer Maschine« ist aus Balbi genommen.

Letzterer konnte sie gut beobachten, denn er gehörte damals zur Besatzung von St. Michael.

Sechsundzwanzigstes Kapitel

Für die Beschreibung der Sitzung des Großen Rates am Abend des 23. August habe ich Balbi, Antonfrancesco Cirni Corso und Celio Secondo Curione benutzt, ebenso spätere Kommentatoren wie Vertot, Boisgelin, Zabarella und Taafe. Mir scheint es sicher, daß La Valettes Weigerung, Birgu zu räumen und sich nach St. Angelo zurückzuziehen, die Insel rettete.

Für den letzten Teil der Belagerung unterscheiden sich die Chronologien der verschiedenen Kommentatoren und Historiker beträchtlich voneinander. Wo immer es möglich war, folgte ich Balbi, aber an gewissen Stellen habe ich den von Cirni und Curione angeführten Daten den Vorzug gegeben. W. H. Prescott folgt fast durchweg Balbi. Es stimmt zwar, daß Balbi die ganze Belagerung miterlebte, aber er veröffentlichte seinen Bericht erst zwei Jahre später. Cirni und Curione veröffentlichten ihre Berichte innerhalb desselben Zeitraums und hatten, obwohl sie nicht selbst bei der Belagerung zugegen waren, wahrscheinlich leichteren Zugang zu den Akten als Balbi. Der Abbé de Vertot schrieb mehr als ein Jahrhundert später und hatte ebenfalls Zugang zu allen Akten und Archiven. Trotzdem ist Balbis Darstellung bei weitem die beste – der einfache, ungeschminkte Bericht eines kämpfenden Soldaten.

Siebenundzwanzigstes Kapitel

W. H. Prescott, *a. a. O.*
Vertot, *a. a. O.*

Don Mesquita, der Kommandant von Mdina, spielt in den Chroniken der Belagerung nur eine geringe Rolle. Es bleibt aber bestehen, daß bei wenigstens zwei

Gelegenheiten seine Aktionen von entscheidender Bedeutung waren. Die eine Gelegenheit war die erfolgreiche Verschleierung der Schwäche Mdinas, die zweite seine wagemutige Kavallerieattacke auf die türkische Basis in der Marsa in einem Augenblick, da es Mustapha schon fast gelungen war, Senglea zu nehmen.

Achtundzwanzigstes Kapitel

Die Bedeutung, die das Hospital während der Belagerung besaß, darf nicht übersehen werden. Roderick Cavaleiro weiß in *The Last of the Crusaders* (London 1960) über seine Aufgaben folgendes zu sagen: »Das Hospital war verpflichtet, kostenlos für Kranke und Verwundete aller Stände, Glaubensbekenntnisse und Hautfarben zu sorgen. Keinem Kranken durfte die Behandlung versagt werden, obwohl er, wenn er Protestant, griechischer Schismatiker oder Moslem war, in eine gesonderte Abteilung eingewiesen wurde. Auch Sklaven waren zugelassen . . .«

Der Sturm, der die Entsatztruppe auseinandertrieb, hatte seine Parallele während der zweiten Belagerung Maltas. Am 9. Juli 1943 richtete ein ähnlicher unerwarteter Sturm beinahe Unheil an bei der alliierten Flotte, die damals die Meerenge von Malta überquerte, um in Sizilien zu landen.

Neunundzwanzigstes Kapitel

Alle Angaben dieses Kapitels sind Balbi entnommen. Seine Angaben über Verluste sind gewöhnlich zuverlässig, aber bei dieser Gelegenheit scheint ihn der Sieg zu Übertreibungen veranlaßt zu haben. Er gibt an, bei dem Rückzug an der St.-Pauls-Bucht hätten die Türken 3000, die Christen dagegen nur acht Mann verloren.

Dreißigstes Kapitel

Balbi, *a. a. O.*

Das Lied ›Goldenes, silbernes Malta . . .‹ erwähnt, in französischer Übertragung eines zypriotischen Gesangs aus dem 16. Jahrhundert, Hubert Pernot in seiner Ausgabe von Vendômes *Le Siège de Malte* (Paris 1910). In derselben Ausgabe findet sich ein eigenartiges und in seiner Art seltenes Gedicht von A. Achélis. Es beruht auf Vendômes Belagerungsbericht und stellt eine epische Gestaltung des Ereignisses dar, in Neugriechisch geschrieben und in zwanzig Kapitel eingeteilt.

Balbi zählt alle während der Belagerung gefallenen Ritter auf, spätere Historiker wie Zabarella folgen seiner Aufzählung mit nur wenigen Änderungen und Zusätzen. Vertot setzt die Verluste der Christen sogar noch niedriger an als Balbi, jedoch besaß er als Ordenschronist ein lebhaftes Interesse daran, den Ruf des Ordens zu mehren.

Einunddreißigstes Kapitel

Vertot berichtet, der Sultan habe die geplante zweite Expedition gegen Malta verschieben müssen, weil ein Saboteur, den La Valette mit diesem Unternehmen beauftragt hatte, das große Arsenal in Konstantinopel zerstörte. Das ist eine merkwürdige Geschichte, ich habe keinerlei Beweise dafür finden können. Leider gibt Vertot kaum einen Hinweis auf seine Quellen. Nur bei ihm finden wir auch die Angabe, La Valette habe sich bei Philipp II. über das Verhalten Don Garcias de Toledo beklagt.

Der Dolch, den der Großmeister von Philipp II. erhielt, befindet sich jetzt in der Bibliothèque Nationale zu Paris. Er gehörte zu den sehr zahlreichen Kostbarkeiten, die Napoleon erbeutete, als er die Insel 1798 besetzte.

In *The History of the Knights of Malta* (1883) schreibt General Whitworth Porter in prophetischer Ahnung: »Englische Herzen und englische Schwerter schützen nun die Wälle, auf denen früher die Insignien des Ordens vom heiligen Johannes erglänzten; und sollte sich dieses Opfer einst als notwendig erweisen, dann wird die Welt sehen, daß britisches Blut bei der Verteidigung dieses Felsens, den Europa einhellig der Obhut Englands anvertraute, in Strömen fließen kann. An diesem Tag wird das Andenken an die große Belagerung seine Wirkung tun, und diese Wälle, schon mit so viel edlem Blut getränkt, werden aufs neue heroische Taten sehen, die, wenn sie ihn schon nicht zu übertreffen vermögen, doch dem großen Kampf von 1565 ebenbürtig sein werden.« Während der am längsten, nämlich von 1940 bis 1943 dauernden Belagerung Maltas floß tatsächlich »britisches Blut bei der Verteidigung dieses Felsens in Strömen«.

Basilisk. Ein großes Geschütz, das Kugeln von zwischen 48 und 200 Pfund Gewicht verschoß.

Bastion. Eine Verteidigungsanlage, die aus zwei Frontseiten und zwei Flankenseiten bestand, mit vorspringenden Ecken.

Brigantinenwams. Ein Lederwams, auf dem kleine übereinandergreifende Eisenplättchen befestigt waren.

Cavalier. Besonderes Verteidigungswerk innerhalb einer Befestigungslinie, das bisweilen über den Hauptwall emporragte.

Faschinen. Bündel von Reisig oder Astwerk, die bei der Anlage von Erdschanzen Verwendung fanden.

Galeasse. Eine große Galeere mit drei Masten und 15 oder mehr Rudern an jeder Seite.

Galeere. Ein hauptsächlich durch Ruder angetriebenes Schiff. Im 16. Jahrhundert fast ausnahmslos Kriegsschiffe.

Karawane. Hier ein im Orden des heiligen Johannes gebräuchlicher Terminus, der den einjährigen aktiven Dienst auf einer Galeere bezeichnete.

Pascha. Türkischer Titel eines Generals, Admirals oder Gouverneurs. Dieser Titel umfaßte drei Stufen, bezeichnet durch einen, zwei oder drei Roßschweife, wobei der letzte den höchsten Pascha-Rang anzeigte.

Ravelin. Ein einzelnes Verteidigungswerk mit zwei Frontseiten, die sich vorne in einem vorspringenden Winkel trafen, hinten offen. Gewöhnlich vor einem Wall mit Brustwehr gelegen, um diesen und die Seiten angrenzender Bastionen zu decken.

Salade. Ein offener Helm, der dem Gesicht keinen Schutz bot.

Register

Ernle Bradford

Kreuz und Schwert
Der Johanniter/Malteser-Ritterorden
270 Seiten mit 16 Kunstdrucktafeln, Leinen

Nelson
382 Seiten mit 16 Kunstdrucktafeln, Leinen

Die Reisen des Paulus
278 Seiten, Leinen

Der Schild Europas
Der Kampf der Malteserritter gegen
die Türken 1565
310 Seiten, Leinen

Der Verrat von 1204
Venezianer und Kreuzritter plündern
Konstantinopel
320 Seiten mit zahlreichen Fotos, Leinen

Universitas